Deutschbuch

Grundausgabe

Handbuch für den Unterricht

9

Herausgegeben von
Heinrich Biermann und Bernd Schurf

Erarbeitet von Heinrich Bie
Gerd Brenner, Ulrich Can
Friedrich Dick, Günther Ein
Dietrich Erlach, Ute Fensk
Josi Ferrante-Heidl, Karlheinz Fing hut,
Margret Fingerhut, Susanne Gasse,
Andrea Gefeke, Heinz Gierlich,
Cordula Grunow, Rolf Kauffeldt,
Marlene Koppers, Markus Langner,
Monika Lenkaitis, Hans-Waldemar Nürnberg,
Norbert Pabelick, Bernd Schurf,
Christiane Setzkorn und Andrea Wagener

Cornelsen

Vorwort

1 Zur Grundkonzeption des Lehrwerks

Das „Deutschbuch“ ist ein **integriertes Lehrwerk**. Es trennt den Deutschunterricht nicht in Sprach- und Literaturunterricht mit den traditionellen Leitmedien Sprachbuch und Lesebuch, sondern geht von der Erfahrung vieler Lehrerinnen und Lehrer aus, dass die Binnengliederung des Fachunterrichts in die Teildisziplinen „Sprache“ und „Literatur“ weder von den Gegenständen her gerechtfertigt ist noch dem pädagogischen Grundsatz entspricht, dass alles erfolgreiche Sprachlernen sich aus komplexen und realitätsnahen Lernsituationen heraus entwickelt. Mündliche und schriftliche Mitteilungen, Gebrauchs- oder Sachtexte eröffnen die Möglichkeit, ihre sprachliche Verfasstheit zu thematisieren sowie die Bedingungen sprachlichen Handelns zu reflektieren. Literarische Texte sind solche, in denen sich ein Überschuss an Sprache geltend macht. Insofern sind sie besonders geeignete Objekte, um Sprachaufmerksamkeit zu erzeugen. Deshalb ist die Integration von Sprache und Literatur im Fach Deutsch ein didaktisches Konzept, zu dem es eigentlich keine Alternative gibt. Auch die meisten Lehrpläne verlangen – selbst wenn sie das Fach gegenstands- und bereichsspezifisch gegliedert vorstellen – die Integration der Teilbereiche des Faches in der konkreten Planung von Lernprozessen.
Integration im „Deutschbuch“ heißt stets **Integration von den Gegenstandsstrukturen her und Integration von den intendierten Lernprozessen her**. Ausgangspunkte der dreizehn Kapitel, in die jeder Jahrgangsband gegliedert ist, sind im Sinne eines erfahrungsbezogenen Unterrichts Problemstellungen und Themen, die sich an der Alltagsrealität der Schüler/innen orientieren. Sie erhalten ihre fachspezifische Ausprägung jeweils dadurch, dass in den auslösenden Lebens- und Lernsituationen Sprache zum Problem wird oder literarische Texte Erfahrungen anderer Menschen zur Kenntnis bringen und zur Diskussion stellen.
Die konsequente Anknüpfung an die Lebenswelt der Schüler/innen und an gesellschaftliche Schlüsselprobleme verlangt, dass das Integrationsprinzip an manchen Stellen auch die Fachgrenzen überschreitet. Dies gilt vor allem dann, wenn Unterricht handlungsorientiert (bis hin zum Projekt) angelegt werden soll und der zu erarbeitende oder zu erforschende Bereich nicht nur Sprache und Literatur umfasst. Hier schließt das fachimmanente Integrationsprinzip nahtlos an das fächerverbindende an. Das ist gerade im Deutschunterricht auch insofern gerechtfertigt, als in den Sachfächern ja häufig sprachlich und an Texten gearbeitet wird. Deswegen wird man im „Deutschbuch“ Aufgabenstellungen finden, die auf Gegenstände, Textbeispiele oder Arbeitsergebnisse anderer Fächer zurückgreifen. Mit der Berücksichtigung der sprachlichen Dimension in den Sachfächern versucht das „Deutschbuch“ einen Beitrag zur Überwindung der Aufsplitterung des schulischen Lernens und Arbeitens im künstlichen System der „Fächer“ zu leisten. Dabei gewährleistet das Prinzip des exemplarischen Arbeitens eine angemessene Reduktion der Stofffülle.

Die drei Lernbereiche

In vielen Lehrplänen hat sich eine Gliederung des Faches in die drei Lernbereiche „Sprechen und Schreiben“, „Reflexion über Sprache“ und „Umgang mit Texten“ als eine pragmatische Entscheidung durchgesetzt. Viele Fragen bleiben offen: Warum ist „Schreiben“

zum Beispiel kein eigener Bereich? Wo wird die Orthografie eingegliedert, wo der Bereich „Medien“? Trotz einiger Überschneidungen und Unschärfen dient die Untergliederung des Deutschunterrichts in Lernbereiche aber der Übersichtlichkeit und der gewünschten didaktisch-methodischen Schwerpunktsetzung im konkreten Unterricht. Aus diesen Erwägungen heraus berücksichtigt auch das „Deutschbuch“ die **Einteilung des Faches in drei Lernbereiche** bei der Anordnung der einzelnen Kapitel.
Nach einem einleitenden Kapitel, das anhand einer besonders wichtigen, altersspezifischen Fragestellung in das Deutschprogramm des jeweiligen Jahrgangs einführt, sind immer mehrere thematisch orientierte Kapitel den drei Lernbereichen, die aus Schülerperspektive als Arbeitsbereiche fungieren, zugeordnet. Dadurch ist eine formale Gleichgewichtigkeit erreicht. Das wirkt sich vor allem positiv für den Arbeitsbereich „Sprechen und Schreiben“ aus, der in der traditionellen Zweiteilung der Leitmedien des Deutschunterrichts in Sprach- und Lesebuch kaum eigenes Profil gewinnen konnte. Das „Deutschbuch“ möchte zur didaktischen Überwindung dieser Defizite dadurch beitragen, dass es in mehreren Kapiteln Sprechen/Schreiben ins Zentrum rückt und von dort aus Brücken zu anderen fachspezifischen Tätigkeiten schlägt.
Die Entscheidung für eine angemessene Berücksichtigung der Leitprinzipien „Schüler-“ und „Wissenschaftsorientierung“ ist von den Herausgebern und Mitarbeitern am „Deutschbuch“ so getroffen, dass in jedem Einzelfall überlegt wird: „So viel Situations- und Erfahrungsanbindung wie möglich, so viel Fachsystematik wie unbedingt nötig.“
Die Folge des durchgehend geforderten Prinzips „Lernen in Zusammenhängen“ ist, dass das Lehrgangsprinzip im „Deutschbuch“ nur noch dort Gültigkeit für die Organisation von Lernprozessen hat, wo fachlichem Klärungsbedarf anders nicht zu entsprechen ist, z. B. beim Aufbau einer grammatischen „Verkehrssprache“ in Sachen Wortarten und Satzbau. Aber auch dort geht es nicht um das systematische Lernen von Regeln und Definitionen, sondern um operatives Erarbeiten und „(sprach-)entdeckendes“ Lernen. Einheiten des Rechtschreibunterrichts können sich zum Beispiel im Gefolge eines Schreibvorhabens oder aber im Anschluss an eine Sprachreflexion ergeben. Natürlich wird man auch die Grammatik als thematisierte Sprachreflexion wiederfinden. Aber es gibt immer Angebote, die Sprachreflexion mit anderen Bereichen des Deutschunterrichts thematisch zu verklammern. Schreib- und Lesesituationen, kommunikative Verwendungssituationen oder auch Sprachspiele ermöglichen Einsichten in Bauformen, Funktionen und Leistungen der Sprache.

Das Prinzip der Integration in den einzelnen Kapiteln

„Integration“ bedeutet im „Deutschbuch“ nicht das Hintereinanderschalten von Arbeitsteilen aus den drei Sektoren des Deutschunterrichts, sodass überall ein gewisses Fortschreiten zu verzeichnen ist, sondern das gemeinsame Entwickeln traditionell unterschiedlich zugeordneter **fachspezifischer Tätigkeiten der Schülerinnen und Schüler im Zusammenhang einer nachvollziehbaren Lernsituation**. Aus dem Umgang mit literarischen Texten z. B. kann eine produktive Schreibaufgabe, eine analytische Operation oder eine Sprachbetrachtung erwachsen – je nach der konkreten Unterrichtskonstellation.
Die meisten Kapitel des „Deutschbuchs“ sind nach dem Prinzip des **Dreischritts** aufgebaut: Im 1. Teilkapitel wird einer der drei Lernbereiche dominant gesetzt. Im 2. Teilkapitel wird ein weiterer Lernbereich integriert. Das 3. Teilkapitel dient dem Anwenden, Üben und Vertiefen des zuvor Gelernten. Ein Farbsystem informiert über das jeweilige Zusammenspiel von dominanten und zugeordneten Lernbereichen. Der dritte Lernbereich wird in allen Teilkapiteln situativ durch einzelne Aufgabenstellungen integriert.

Die vorgeschlagenen Tätigkeiten der Schülerinnen und Schüler verknüpfen den dominanten Lernbereich mit dem ergänzenden oder erweiternden Bereich. Der „Ausflug“ über die Grenzen der Lernbereiche hinaus erfolgt also nicht nur auf der Ebene der Materialien, sondern konkret auf der Ebene der einzelnen Tätigkeiten. Ersatz- und Umstellproben etwa sind nicht nur Operationen des Grammatikunterrichts zur Bestimmung von Satzgliedern, sondern sie haben eine weitere Funktion beim Verbessern eigener Texte und beim Analysieren von Literatur. Im dritten Schritt, dem der Übung und Festigung, werden die integrativen Momente dadurch verstärkt, dass nicht mehr klassifikatorisch unterschieden wird, wohin nun eine vorgeschlagene Tätigkeit gehört.
Der dritte Lernbereich wird in allen Teilkapiteln durch einzelne Aufgabenstellungen integriert, wo es die entworfene Situation erfordert. Im Kapitel „Alltagsprobleme – Argumentieren und Erörtern“ (S. 41 ff.) wird z. B. das Entwickeln von Thesen und (Gegen-)Argumenten geübt (dominanter Lernbereich „Sprechen und Schreiben“), es werden die sprachlichen Mittel des Begründens analysiert (ergänzender Arbeitsbereich „Nachdenken über Sprache“), darüber hinaus werden aber auch Sach- und literarische Texte auf ihren argumentativen Gehalt hin untersucht.
Derartige situationsbezogene Formen der Integration finden sich darüber hinaus flexibel in allen Teilkapiteln des Lehrwerks, sind aber nicht mehr ausdrücklich im didaktischen „Fahrplan“ der Teilkapitel vermerkt. Hier liefert der unterrichtliche Nachvollzug einer realen Lernsituation wie von selbst die Begründung der „Integration“.

2 Weitere Besonderheiten des Konzepts

Einzelne Kapitel weichen von dem Dreischritt „dominanter Lernbereich“, „integrierter Lernbereich“ und „Anwenden und Üben“ ab. Es sind die abschließenden Kapitel „Grammatik- und Rechtschreibtraining“, „Unterrichtsprojekt“ und „Arbeitstechniken“. Zusätzlich hat das Einführungskapitel eine besondere Ausrichtung.

Das Einführungskapitel

Das Eröffnungskapitel setzt einen **kommunikationsorientierten Schwerpunkt**, der vom **Lebensumfeld der Schülerinnen und Schüler**, ihren unmittelbaren Erfahrungen und Deutungsmustern, ihren Interessen und Erwartungen ausgeht. Diese didaktische Akzentuierung spiegelt sich in den Kapitelüberschriften wider, z. B.: „Wir und unsere Schule“ (Bd. 5), „Freundschaften“ (Bd. 6), „Wer bin ich?“ (Bd. 7), „Vorbilder“ (Bd. 8), „Jugendkultur“ (Bd. 9).
Sich über eigene Situationen mündlich und schriftlich zu verständigen, sich selbst und die persönliche Lebenswelt besser kennen zu lernen, ist Voraussetzung für die Klärung der individuellen Lage im gesellschaftlichen Handlungsfeld. Die eigenen Lebenswelterfahrungen werden mit den Erfahrungen anderer in Beziehung gesetzt, wobei aktuelle Fremderfahrungen und multikulturell vermittelte Andersartigkeit in den Blick rücken.
Die dezidierte **Schülerorientierung** der einleitenden Kapitel bildet einerseits das Fundament eines eigenverantwortlichen und handlungsorientierten Lernprozesses. Andererseits werden hier bereits fachliche und methodische Kompetenzen entfaltet, die für den Arbeits- und Lernbereich „Sprechen und Schreiben“ grundlegend sind.

Lernen in Unterrichtsprojekten

Jeder Jahrgangsband enthält ein Kapitel mit einem ausführlichen Projektvorschlag (abgesehen von verschiedenen Projekthinweisen in den anderen Kapiteln). Diese Projekte haben jeweils einen fachspezifischen Ausgangspunkt, sie beschränken sich aber nicht auf das Fach Deutsch, sondern beziehen Aspekte anderer Fächer mit ein. Aus der Didaktik des Projektunterrichts stammen die beiden wichtigsten pädagogischen **Prinzipien des handlungs- und erfahrungsorientierten Lernens** und des **selbst organisierten und selbsttätigen Arbeitens in Gruppen**. Aus der Fachdidaktik stammen die Prinzipien der besonderen Berücksichtigung des sprachlichen Anteils an den Lernprozessen. Dabei können unterschiedliche Texte, Alltagssprache, Fachsprache, der funktionale Einsatz von Sprache zur Verständigung der Teilnehmer und zur Organisation der Arbeit besondere Aufmerksamkeit verdienen.
Der Anteil „Deutsch“ ist weder zu unterteilen in „Sprechen“ und „Umgang mit Texten“ noch abzugrenzen gegenüber Fächern wie „Kunst“, „Politik“, je nach Thema auch gegenüber „Geografie“ oder „Geschichte“ oder „Sport“.
Die Projektkapitel sind so konstruiert, dass sie Absprachen zwischen den Fachlehrerinnen und Fachlehrern einer Klasse wünschbar und sinnvoll erscheinen lassen, dass sie aber auch von der Deutschlehrerin oder vom Deutschlehrer allein durchgeführt werden können.

Fächerverbindendes Lernen

Nicht nur in den Projektkapiteln ist **fächerverbindendes Arbeiten** sinnvoll. Auch in den übrigen Kapiteln finden sich immer wieder entsprechende Arbeitsschritte: vgl. die Aufgabenstellungen mit -Piktogramm.

3 Didaktische Prinzipien in den drei Lernbereichen

Innerhalb der drei Lernbereiche haben sich in den letzten fünfzehn Jahren eine Reihe **fachdidaktisch begründeter methodischer Neuansätze** ergeben, die auch in einem modernen Lehrwerk wie dem „Deutschbuch“ Anwendung finden. Im Bereich „Sprechen und Schreiben“ sind das die Integration des darstellenden Spiels in den Deutschunterricht und die Reform des Aufsatzunterrichts zur prozessorientierten Schreibdidaktik, im Bereich „Reflexion über Sprache“ der integrative, funktionale und operative Grammatikunterricht und die neuen Wege im Rechtschreibunterricht. Im Bereich „Umgang mit Texten“ sind es der erweiterte Textbegriff, speziell die Integration des Umgangs mit den elektronischen Medien, und der produktive Ansatz im Literaturunterricht. Das bedeutet, dass im „Deutschbuch“ dem kreativen Schreiben in all seinen Formen der angemessene Platz eingeräumt wird.

Sprechen und Schreiben

Die didaktisch-methodischen Innovationen im Bereich des „Sprechens“ beziehen sich weniger auf den kommunikativen Grundansatz, der weiter ausgebaut wird, indem explizit Gesprächsregeln und bewusste Formen der Gesprächsführung angeboten und gelernt werden sollen, sondern auch auf das Wiederhereinnehmen von methodischen Möglichkeiten, die in den vergangenen Jahrzehnten vernachlässigt worden sind. Zu diesen gehört

das **gestaltende Sprechen**, der freie Vortrag von literarischen Texten und das geübte Lesen mit verteilten Rollen.
Durch die systematische Berücksichtigung methodischer Möglichkeiten des **Darstellenden Spiels** bei den Aufgabenstellungen und bei den Vorschlägen zur Projektarbeit soll gewährleistet werden, dass die ästhetische Komponente in diesem Arbeitsbereich angemessen berücksichtigt wird.
Im Bereich „Schreiben" haben sich in der fachdidaktischen Diskussion erhebliche Veränderungen vollzogen. Nach der sogenannten „kommunikativen Wende" in der Aufsatzdidaktik waren bereits die traditionellen Aufsatzgattungen und deren Begründung als „Naturarten" der Schriftlichkeit stark in Zweifel gezogen worden. Die gattungstypologische Unterscheidung von „Erlebniserzählung" und „Bericht" oder gar „Schilderung" muss heute keinen Schüler mehr quälen, ebenso wenig wie der zwischen „Erörterung" und „Besinnungsaufsatz". Die Angabe des Adressaten im Thema und die Einbettung der Schreibaufgabe in eine wiedererkennbare Situation gelten seitdem als zentrale Schreibsteuerung.
Um den **Prozesscharakter des Schreibens** zu betonen, spricht das „Deutschbuch" vom **Erzählen, Berichten** oder **Erörtern** als **Tätigkeiten**. Die Grenzen, die die entsprechenden Nomen in den Köpfen der Kinder aufrichten, sind weggefallen. Beim erörternden Schreiben – und darauf legt die Schreibdidaktik des „Deutschbuchs" besonderen Wert – ist der sorgfältige Aufbau einer Argumentation entscheidend: Was ist ein Argument? Was ist ein Belegbeispiel, eine Stützung des Arguments durch Berufung auf eine Autorität, auf allgemeine Erfahrung usw.?
Kreative Formen des Schreibens erhalten im „Deutschbuch" einen besonderen Stellenwert. Das Spektrum reicht vom freien, spontanen, textungebundenen Schreiben bis zum produktiven Schreiben im Anschluss an Textvorlagen.
Wichtig und neu hinzukommend zu allen Formen des „Aufsatzschreibens" ist das **funktionale Schreiben**. Es handelt sich um Arbeitstechniken der Schriftlichkeit, die nicht zu in sich geschlossenen Texten führen, wohl aber im Alltag zur Bewältigung von Lernsituationen große Bedeutung besitzen. Dazu gehören nicht nur die bekannten „Notizzettel" und „Stichpunktsammlungen", sondern auch der schriftliche Entwurf von Argumentationsskizzen, die Mitschriften in Gesprächen und der Entwurf von Gliederungen für umfangreichere Ausführungen.
Eine besondere Art des funktionalen Schreibens ist das Verbessern von Geschriebenem. Der Arbeitsschwerpunkt **„Textoptimierung"** (mit und ohne Einbezug der Benutzung von Schreibprogrammen der PCs) besitzt ein großes Gewicht im gegenwärtigen Deutschunterricht. Er geht bis zu dem Vorschlag, Texte von Schülerinnen und Schülern erst nach der gezielt vorgenommenen Textverbesserung zu bewerten.

Umgang mit Texten/Medien

Eine wichtige Forderung der Lehrpläne beim „Umgang mit Texten" ist die Berücksichtigung der Tatsache, dass Texte Schülerinnen und Schülern nicht nur in schriftlicher Form begegnen, sondern auch als Kombination von Bildern und gesprochener Rede im Fernsehen. Der hier auftretenden Schwierigkeit, dass Filmtexte nicht ausführlich dokumentiert werden können, begegnet das „Deutschbuch" dadurch, dass es in den Aufgabenstellungen häufig auf einzubeziehendes Material (Video und Angebote der Filmbildstellen) hinweist.

Die **Integration der Medien** und der nichtliterarischen Texte in den „Umgang mit Texten" ist am besten in projektartigen Unterrichtsformen zu gewährleisten, für die in den einzelnen Teilkapiteln Vorschläge gemacht werden.
Eine zweite Forderung bezieht sich auf das kreative und freie **Schreiben im Literaturunterricht**. Gemeint sind unterschiedliche Formen des Wechsels der Schülerinnen und Schüler aus der Rezipienten- in die Produzentenrolle. Das „Deutschbuch" entwickelt hier zahlreiche Vorschläge, bis hin zur Einbeziehung produktiver Aufgabenstellungen in Klassenarbeiten. Der Sinn dieses didaktischen Ansatzes ist es, den Schülerinnen und Schülern das Recht auf subjektive Formen des Verstehens zu verschaffen und ihnen nahe zu bringen, dass das fantasievolle Weiterdenken und das experimentierende Eingreifen in Gegenstände der Lektüre nicht deren Zerstörung bedeutet, sondern ein Weg zu besserem und tieferem Verstehen sein kann. Produktionsorientierte Arbeitsweisen beim Umgang mit Texten stellen eine wesentliche Ergänzung analytisch-hermeneutischer Methoden dar, die selbstverständlich ihre Berechtigung behalten.

Nachdenken über Sprache

Im Bereich „Nachdenken über Sprache" ergeben sich wesentliche Innovationen. Besonders wichtig ist der Schritt vom systematischen Grammatikunterricht hin zum situativen und funktionalen. Es geht um den Weg vom **Regel- und Auswendiglernen zum operativen Lernen.** Ausgangspunkt sind spontan gebildete subjektive („innere") Regeln, über die Schülerinnen und Schüler verfügen, Ziel ist die Schreibentscheidung des erwachsenen und kompetenten Schriftbenutzers.
Der traditionelle und nachgewiesenermaßen für die Beherrschung der Muttersprache völlig wirkungslose Grammatikunterricht arbeitete an Definitionen von Wortarten und Satzgliedern. Er veranlasste die Kinder, aus Beispielsätzen unter der Leitung des Lehrers „Regeln" abzuleiten und mit deren Hilfe die eigene Benutzung der Schriftsprache zu verbessern, Fehler zu erkennen und zu vermeiden. In den seltensten Fällen konnten dadurch sprachliche Defizite behoben werden; genauso wenig kam es zu einer hinreichenden Sicherheit in der Benutzung der grammatischen Terminologie. Deswegen wird im „Deutschbuch" in Anlehnung an neuere didaktische Konzepte ein anderer Weg beschritten. Sprachliche Phänomene werden nicht mehr über Definitionen gelernt, sondern **funktional** eingeführt. Dabei sind sowohl grammatische Merkmale wichtig als auch deren semantische, syntaktische, stilistische oder kommunikative Funktion. Die Schülerinnen und Schüler bauen auf diese Weise ein Sprachwissen auf, das ihnen hilft, Situationen zu bewältigen, die metasprachliche Kompetenzen erfordern. Dies bezieht sich z. B. auf die Analyse und Interpretation von Texten, das Thematisieren sprachlicher Alltagssituationen sowie auf die Beherrschung der Rechtschreibung.
Auch wenn die beiden **Trainingskapitel zu Grammatik und Rechtschreibung** die grüne Farbe des Lernbereichs „Nachdenken über Sprache" haben, heißt das nicht, dass sie von den beiden anderen getrennt wären: Im Sinne des integrativen Konzepts des „Deutschbuchs" ergeben sich immer wieder im funktionalen Zusammenhang mit Sprech- und Schreibsituationen und der Analyse von Texten/Medien grammatische und orthografische Fragestellungen; über Querverweise mit den Trainingskapiteln verbunden, können sie dort vertieft werden.

4 Methodische Entscheidungen

Die methodischen Entscheidungen kommen in besonderer Weise in den mit differenzierenden Piktogrammen versehenen Arbeitsanregungen zum Ausdruck. Es wird den Benutzern des „Deutschbuchs“ vor allem die Mischung aus kreativen, handlungsorientierten und analytischen Aufgabenstellungen auffallen.

Selbstständiges Lernen/Aufgabenstellung

Eigenverantwortliches und handlungsorientiertes Arbeiten der Schülerinnen und Schüler fördert die Effizienz des Lernprozesses und stärkt die Selbstständigkeit. Diese Zielsetzung wurde bei der Formulierung der Arbeitsanregungen besonders berücksichtigt. Oftmals kann die Aufgabenstellung von der Lehrkraft je nach situativem Unterrichtskontext problemlos modifiziert werden; sie enthält Alternativen oder sie lädt ein, einen Versuch zu unternehmen, der nicht unbedingt zu einem vorzeigbaren „Ergebnis“ führen muss. Insgesamt ist der Prozess des Lernens wichtiger als das jeweils entstehende Produkt.
Aufgabenstellungen haben im „Deutschbuch“ oft einladenden Charakter, sie enthalten mehrere Vorschläge, von denen sinnvollerweise nur einer wirklich realisiert werden sollte. Darin liegt auch eine Aufforderung an die Schülerinnen und Schüler, selbst mitzuentscheiden, welche Variante der vorgeschlagenen Tätigkeiten sie für sich aussuchen. Besonders bei Anregungen für Gruppenarbeit und in den projektartig angelegten Teilen des Unterrichts ist es wünschenswert, dass die Lerngruppe aushandelt und selbst organisiert, was jetzt von wem zu tun ist.

Differenzierung

Lerngruppen sind in aller Regel heterogen. Individuelle Erfolgserlebnisse für die Schülerinnen und Schüler lassen sich nur dann erreichen, wenn angemessen differenziert wird. Differenzierung und Individualisierung können zugleich in den Dienst sachlicher Klärungsprozesse gestellt werden sowie das eigenständige Arbeiten fördern. Individualisierung bedeutet auch, unterschiedlichen Lerntypen gerecht zu werden, wobei grob zwischen kognitiv orientierten und praktisch-anschaulichen Lernern unterschieden werden kann.
Im Rahmen des vorliegenden „Handbuchs für den Unterricht“ werden über die Angebote des Schülerbandes hinaus unter der Überschrift **Differenzierungsangebot** weitere Materialien bereitgestellt, die sowohl für die innere Differenzierung im Klassenverband wie auch für die äußere Leistungsdifferenzierung in der Jahrgangsstufe verwendet werden können. Hinweise auf die Eignung für **leistungsschwächere** bzw. **leistungsstärkere** Lerner erleichtern die Orientierung für die Lehrkräfte.
Differenzierungsmaterialien werden zu allen drei Lernbereichen des Faches Deutsch angeboten: Sprechen und Schreiben, Umgang mit Texten/Medien, Nachdenken über Sprache.

Arbeitstechniken – das Lernen lernen

Schulen sollen ihre Schüler/innen dazu befähigen, sich in der Welt von heute zurechtzufinden. Dazu reicht Fachwissen allein nicht aus: Die Jugendlichen müssen lernen, ihre Arbeitszeit selbstständig einzuteilen; müssen ihre Fähigkeiten richtig einschätzen und erkennen, wann sie die Unterstützung anderer brauchen.

Zum Lernen sind unsere Schüler/innen täglich aufgefordert, seltener erfahren sie, **wie** sie lernen sollen. Deshalb widmet sich in jedem Band des „Deutschbuchs“ ein Kapitel wichtigen Arbeitstechniken und (Lern)methoden – wie man selbstständig lernt, entscheidet, plant, organisiert, Probleme löst …
Der Erwerb (fächerübergreifender) Lernstrategien fördert ohne jeden Zweifel die Selbstständigkeit und die Mündigkeit der Schüler/innen. Arbeitstechniken helfen beim Abbau von Leistungsschwächen, steigern Motivation und Selbstvertrauen, vermindern Stress und bedeuten langfristig auch eine Entlastung der Unterrichtenden.

Orientierungswissen

Eine wichtige Rolle für das selbstständige Lernen gerade der leistungsschwächeren Schüler/innen spielt das Orientierungswissen. Dort, wo in den Kapiteln das von den Schüler/innen erarbeitete Wissen gesichert werden muss, weil es die Grundlage für das weitere Vorgehen bildet, wird es zur Orientierung zusammenfassend dargestellt. Auf diese Weise festigt sich auch die eingeführte Terminologie, sodass den Schüler/inne/n die notwendigen Begriffe für ihre weiteren Lernaktivitäten zur Verfügung stehen. In keinem Fall beeinträchtigen die Orientierungshilfen das Prinzip des entdeckenden Lernens.
Entlastende Funktion kommt dem Anhang zu: Dort wird das Orientierungswissen im Überblick dargestellt, sodass die Schüler/innen es selbstständig nachschlagen können, wenn sie sich nicht im Kapitelzusammenhang bewegen.

Hinweise zur Arbeitsorganisation

Die Arbeitsorganisation bleibt weitgehend offen. Ob etwas als Gruppenarbeit oder Einzelaufgabe gelöst werden soll, ist zunächst einmal Angelegenheit der Lehrerpersonen und der Lerngruppen. Dennoch macht das Lehrbuch mittels differenzierender Piktogramme Vorschläge, die sinnvoll sein könnten und praxiserprobt sind.
Arbeitsschritte, Materialien und Aufgabenstellungen sind im „Deutschbuch“ so organisiert, dass Lehrerinnen und Lehrer phasenweise eine stärker moderierende und prozessbegleitende Rolle einnehmen können. Diese Lehrmethoden erlauben den Schülerinnen und Schülern zunehmend ein selbsttätiges und mitverantwortliches Arbeiten, das ihre sozialen und kommunikativen Kompetenzen stärkt.
Die Kapitel des „Deutschbuchs“ sind nicht darauf angelegt, vollständig erarbeitet zu werden. Je nach Lernsituation und vorgesehenem Zeitrahmen können einzelne Teilkapitel oder auch nur wenige Abschnitte in der gewünschten Schwerpunktsetzung sinnvoll behandelt werden.

Freiarbeit

Freiarbeit ist den Schüler/innen vielfach aus der Grundschule vertraut. In der Sekundarstufe I wird diese Lernorganisation, bei der die Schüler/innen weitgehend selbstgesteuert arbeiten, meist phasenweise eingesetzt. Das „Deutschbuch“ lässt sich in dreifacher Weise für solche Freiarbeitsphasen nutzen:
- Das **Schülerbuch** bietet an zahlreichen Stellen Möglichkeiten des Einsatzes von Freiarbeit im Rahmen des themengebundenen Unterrichtsvorhabens. Übungsbezogene Materialien, Hinweise für Projektschritte und vielfältige Impulse für Einzelarbeit finden sich schwerpunktmäßig jeweils im letzten (dritten) teil der verschiedenen Kapitel.
- Das **Handbuch für den Unterricht** liefert zahlreiche Zusatzmaterialien, die zur Akzentuierung einzelner Aspekte oder auch zur Förderung besonders interessierter

Schüler/innen genutzt werden können; dazu alle „Themen für Klassenarbeiten" in diesem Handbuch.

- Das **Arbeitsheft** enthält ein besonders reichhaltiges Angebot an Freiarbeitsmaterialien. Da den Schüler/innen zu sämtlichen Aufgaben die Lösungen in einem Beiheft vorliegen, ist hier die Chance des selbst gesteuerten Lernens im Sinne der Individualisierung und Differenzierung in besonderem Maße gegeben.

1 Jugendkultur

Konzeption des Gesamtkapitels

In regelmäßigen Abständen widmen die großen Wochenzeitschriften und Fernsehmagazine dem Thema „Jugendkultur" ihre besondere Aufmerksamkeit, meist dann, wenn bestimmte Strömungen, wie z. B. die Techno-Bewegung, in der Gesellschaft eine gewisse Ratlosigkeit verursachen oder wenn die gesellschaftspolitischen Folgen der Jugendarbeitslosigkeit oder von jugendlichem Rechtsradikalismus ins Blickfeld geraten. Oft scheint man dabei bestimmte Trends ausmachen zu können, z. B. Politikverdrossenheit oder eine kritiklose Konsumfreude („fun-generation"). Solche Etikettierungen gehen aber meist an der Realität vorbei, sie vermögen allenfalls besonders ins Auge springende Ausschnitte zu zeigen. Das folgende Kapitel bemüht sich, die Vielfalt jugendlicher Lebensstile zu dokumentieren.

Im Rahmen des Lernbereichs „Sprechen und Schreiben" widmet sich das erste Teilkapitel **(„Hauptsache Freizeit?")** der soziologischen Dimension des Themas. Anhand unterschiedlicher nichtfiktionaler Textformen, analytischer und produktionsorientierter Arbeitsvorschläge ist eine auf den Erfahrungshorizont der Schüler/innen zugeschnittene Annäherung an das Problemfeld „Jugendkultur" möglich. Zugleich lassen sich fachspezifische Arbeitsfelder wie „Argumentation", „Aufbau einer Reportage" etc. erarbeiten.

Das zweite Teilkapitel **(„Junge Leute in der (Jugend-)Literatur")** integriert den Lernbereich „Umgang mit Texten". Literarische Textbeispiele zeigen jugendliche „Typen", jugendspezifische Sprechhaltungen und geschlechterspezifische Ansichten.

Das dritte Teilkapitel **(„Graffiti-Kultur?")** setzt sich inhaltlich, sprachlich und stilistisch mit dem Phänomen „Graffiti" auseinander. Diese „Textsorte" wurde u. a. deshalb gewählt, weil sie zugleich Kunstform, Kommunikationsmedium und ein Ärgernis darstellt und insofern eine stark diskursive wie wertende Auseinandersetzung verlangt und ermöglicht.

Literaturhinweise

Klaus Janke/Stefan Niehues: Echt abgedreht. Die Jugend der 90er Jahre. München 1995

Jugend '97. Zukunftsperspektiven – Gesellschaftliches Engagement – Politische Orientierungen. Hg. v. Jugendwerk der Deutschen Shell. Leske+Budrich, Opladen 1997

Jugend 2000. Die 13. Shell Jugendstudie. Leverkusen 2000

Jungsein und Erwachsenwerden. In: Praxis Geschichte 1/1997

Peter Kreuzer: Das Graffiti-Lexikon. Heyne, München 1986

Pädagogik mit Jugendlichen. Hg. v. G. Brenner, B. Hafeneger. Juventa, München 1996

Schock und Schöpfung – Jugendästhetik im 20. Jahrhundert. Hg. v. Deutschen Werkbund und Württembergischen Kunstverein. Luchterhand, Darmstadt – Neuwied 1986

Stadt, Jugendkulturen und Kriminalität. Hg. v. W. Breyvogel. Bonn 1998

Wilde Zeit: Von Teddyboys zu Technokids. Unterrichtsmaterialien zur Jugendkultur von den 50er-Jahren bis heute. Hg. v. I.M.A.G.E. Essen. Verlag an der Ruhr, Mühlheim/Ruhr 1996

	Texte/Gegenstände	Intentionen
S. 7	**1.1 Hauptsache Freizeit?** – „Vergesst alle Systeme“: Die Jugend zerfällt – Konflikt der Generationen – Zwei Lehrkräfte im Streitgespräch über Jugendliche – Neues von der Erlebnisgesellschaft – Jugend – Markt – „Die meisten geben damit an“	– eine Bildreihe themenbezogen kommentieren und ergänzen – themenbezogen ein argumentatives Verfahren üben (pro und kontra) – Sachtexte zum Thema analysieren und dabei ein differenziertes Bild über heutige Jugendströmungen gewinnen – eigene, erfahrungsbezogene Berichte zum Thema „Generationenkonflikt/Jugendkultur“ vorbereiten und durchführen und dabei unterschiedliche Gestaltungsformen nutzen (Rollenspiele, technische Möglichkeiten, Moderation etc.) – sich kritisch mit den Auswirkungen des kommerziellen Jugendmarktes und der Freizeit- und Erlebnisgesellschaft auseinander setzen und dazu einen Leserbrief verfassen – sich mit Werbeanzeigen für Jugendliche auseinander setzen – sich argumentativ mit dem Handy auseinander setzen
S. 19	**1.2 Junge Leute in der (Jugend-)Literatur** – *Leonie Ossowski:* Die große Flatter – Jugendgerichtsgesetz JGG – *König/Straube/Taylan:* Oya. Fremde Heimat Türkei – *Angelika Mechtel:* Cold Turkey – *Jordan Cray:* danger.de – Schau mir in die Augen, Kleiner	– literarische Texte mit jugendlichen Erzählfiguren differenziert analysieren: sprachlich-stilistisch und inhaltsbezogen – Sprachwandel, Sprachschöpfung und Bedeutungswandel an Beispielen der Jugendsprache untersuchen – unterschiedliche literarische Jugendbilder kennen lernen und besprechen
S. 31	**1.3 Graffiti-Kultur?** – *Friedrich Ch. Delius:* Adenauerplatz – Graffiti-Fotos – Diverse Stellungnahmen zu Graffiti – *Hennig Müller/Guido Jäger:* Leben mit der Dose – Kleines Graffiti-Glossar – Graffiti-Projekte	– Graffiti als expressiven Typus der öffentlichen Kommunikation untersuchen und entwickeln – verschiedene Ausdrucksformen der Graffiti unterscheiden – die öffentliche Rezeption von Graffiti diskutieren – das Problem des Vandalismus und der Sachbeschädigung durch Graffiti an einem konkreten Fall durchspielen – sich argumentativ mit einem Sachtext auseinander setzen, zusammenfassen – die „Sprayer-Sprache“ analysieren

1.1 Hauptsache Freizeit?

S. 7

1 a/b) Die Bildreihe entspricht den oben auf der Konzeptionsseite gemachten Bemerkungen zur Vielgestaltigkeit heutiger Jugendkultur. Vielleicht lassen sich die Bilder unter der Überschrift „Karneval der Jugendstile“ diskutieren. Nähere Erläuterungen brauchen zu den Bildern wohl nicht gegeben zu werden, mit Ausnahme zum Foto in der unteren Reihe Mitte, das vom Evangelischen Kirchentag 1997 in Leipzig stammt.
Zum Einsatz im Unterricht bieten sich zwei Möglichkeiten an: Man kann die Schüler/innen spontan in einer offenen Gesprächsrunde ihre begründeten Meinungen äußern lassen. „Befürchtet“ man – im hermeneutischen Sinne – eine indirekte Einflussnahmelenkung durch die zuerst abgegebenen Schüler(innen)beiträge auf die folgenden, so ließen sich die Bildkommentare auch in einer kurzen individuellen Stillarbeit erstellen, um erst dann in einer offenen Runde ausgetauscht zu werden. Ähnliches gilt dann auch für die Bearbeitung von Aufgabe 1b.
Weitere Bildthemen könnten sein: Pop- und Rockkonzert, Pfadfinder, Aktivität im Sportklub, Besuch einer Sportveranstaltung, Party/Musikhören zu Hause etc.

2 a–c) Im Gegensatz zur Kapitelüberschrift steht hier hinter der These anstelle eines Fragezeichens etwas provokativ ein Ausrufungszeichen. Das Erstellen des Meinungsbildes wird dies sicherlich schnell relativieren. Das Meinungsbild (Tafelbild/Wandzeitung) könnte wie folgt gestaltet werden:

These: Jugend heute – Hauptsache Freizeit und Vergnügen?

Pro	*Kontra*
– *Im Gegensatz zu früher verfügen heute viele Jugendliche über vergleichsweise viel Geld; große Summen fließen in die Unterhaltungsindustrie.*	– *Viele Jugendliche engagieren sich für einen guten Zweck, z. B. durch Spendensammeln.*
– *Der Jugendmarkt ist auf Freizeit und Vergnügen ausgerichtet; dies zeigen auch spezielle Werbekampagnen für Jugendliche.*	– *... engagieren sich im Verein/Schule/Gemeinde für andere.*
– *Bei Popkonzerten und anderen Freizeit-‚events' herrscht stets großer Andrang.*	– *... denken an ihre berufliche Zukunft, informieren sich über Berufschancen, machen Praktika.*
– ...	– *Schule und Schularbeiten erfordern einen hohen Zeitaufwand.*
	– ...

Im Rahmen einer ersten Auswertung des Meinungsbildes sollte auch die These selbst problematisiert werden. Sie trägt deutlich abwertende Konnotationen: Freizeit und Vergnügen werden hier verstanden als bloßer Konsum, individueller Genuss, „nur Spaß haben wollen“ etc.; im heutigen gesellschafts- und jugendpolitischen Diskurs unterstreicht dies die kritische Komponente, die den in der Tat bedenklichen Auswirkungen einer mehr und mehr von bloßem Kommerz geprägten Jugendkultur gilt. Herauszustellen wäre, dass, abgesehen von den unter Kontra aufgeführten Beispielen, auch „Freizeit und Vergnügen“ nicht diesem negativen Muster unterliegen müssen. Interessante Hobbys und Arbeitsgemeinschaften z. B. liegen auch in der Freizeit und können dem Vergnügen dienen. Dasselbe gilt für das unbeschwerte Zusammensein in der Familie oder mit Freund(inn)en.

3 In vielen kleineren Lexika finden sich kurze Erklärungen wie die folgende:
Kultur: Gesamtheit der Lebensäußerungen der menschlichen Gesellschaft in Sprache, Religion, Wissenschaft, Kunst, u. a.

„Vergesst alle Systeme": Die Jugend zerfällt

S. 8

1 Zentrale **These**: Die *eine* Jugend gibt es nicht (Z. 35 f.). Begründung durch drei Beispiele: Chaos-Tage in Hannover (Z. 1–9), Love-Parade in Berlin (Z. 10–17), Evangelischer Kirchentag in Hamburg (Z. 18–26). Auch der **Aufbau** des Artikels lässt sich kurz skizzieren: Drei Beispiele fördern in ihrer divergenten Struktur und anschaulichen Schilderung die Aufmerksamkeit des Lesers; ab Z. 27 Zusammenfassung und Hinweis auf Exemplarität der Beispiele und öffentliche Resonanz, mündet in These (siehe oben); Fundierung der These durch Bezug zur Wissenschaft und „Auf-den-Begriff-Bringen" des Problems (Tribalisierung); schließlich noch einmal anschauliche, leicht provokative Schlussfolgerung (Z 45 f.).

2 a/b) In einer 9. Klasse muss der heute umstrittene Begriff „Tribalisierung" nicht näher problematisiert werden. Es reicht hier, wenn er mit der umgangssprachlichen Verwendung des Begriffs „Stamm" und seinen Attributen veranschaulicht wird (s. Z. 40–44). Hinweisen könnte man auf das hohe Identifikationspotential von Stämmen, das starke Wir-Gefühl, die Tendenz zur Abgrenzung etc. Stämme sind ja vorzivilisatorischen Ursprungs, das gilt so natürlich nicht für Jugendströmungen. Das Attribut „naturwüchsig" ließe sich in diesem Zusammenhang aber mit einer 9. Klasse durchaus diskutieren: im Sinne von gesellschaftlich nicht geplant und der Norm entsprechend.

◇3 Einer der Punker sagt, dass sie nur feiern wollten, die Bullen den Terror machten und dann bei ihnen die Tollwut ausbreche.
Eine 20-Jährige brüllt, sie wolle Spaß …
Nils sagt, dass er ein Kind gewesen sei und nur Fernsehen und Computerdaddeln wollte/gewollt habe. Jetzt treffe er seine Freunde.

Konflikt der Generationen

S. 8

1 Die gegliederte Arbeitsanregung macht schon einen recht detaillierten Vorschlag für eine mögliche unterrichtspraktische Umsetzung. Folgende Aspekte könnten z. B. die Schüler/innen zum Themenfeld „Generationenkonflikt" ansprechen:
- Ohne Eltern etwas unternehmen: pünktlich nach Hause kommen, abends länger fort sein dürfen, übers Wochenende bei der Freundin/beim Freund bleiben, nicht mit den Eltern, sondern einer Jugendgruppe in die Ferien fahren
- Verhalten zu Hause: zu laut Musik hören, zu Hause bleiben um auf die jüngeren Geschwister aufzupassen, im Haushalt helfen, Gestaltung des Zimmers, das Aufräumen, Taschengeldprobleme, Auseinandersetzung um äußere Selbstdarstellung (Kleidung, Frisur, bestimmtes Sprechverhalten, Modewörter), Ermahnungen mehr zu arbeiten …

Einige politisch interessierte Schüler/innen könnten vielleicht auch schon Themen wie „Überalterung der Gesellschaft", „Rentenprobleme" etc. ansprechen. Zumindest sollte kurz darauf hingewiesen werden, dass es neben dem subjektiv erfahrenen Konflikt auch diese allgemein geltende sozialpolitische Dimension gibt, umso mehr, als sie gut zu veranschaulichen ist.

Beobachtungsaufgaben könnten sein: Achtet auf die Verständlichkeit (akustisch und inhaltlich) der Redner/innen. Lesen sie nur ab oder beziehen sie sich auch auf das, was die Gesprächsteilnehmer/innen sagen? Äußern sie nur Meinungen oder untermauern sie ihre Äußerungen auch mit Fakten, Beispielen, klaren Argumenten?

⟨2⟩ Die unter Aufgabe 1 aufgeführten Beispiele geben passende Anregungen für kurze Rollenspieldialoge.

⟨3⟩ Ein Gedicht könnte z. B. immer mit „Die Jugend von heute …“ beginnen.

S. 10 Zwei Lehrkräfte im Streitgespräch über Jugendliche

[1]/[2] Die Bearbeitung des Textes wird schnell zeigen, dass es für beide Positionen Argumente und Beispiele gibt und sicherlich kontrovers diskutiert werden kann. Ähnlich wird die Abstimmung je nach Klasse und vorherrschenden Meinungen unterschiedlich ausfallen. Herauszustellen wäre deshalb, dass eine angemessene Auseinandersetzung mit diesem Thema und anderen gesellschaftlich relevanten Fragen nur durch eine differenzierte Betrachtung möglich ist. Die Aspekte Verallgemeinerungen und Vorurteile können ebenfalls in diesem Zusammenhang angesprochen werden. Die Schüler/innen können dabei erkennen, dass bei Gesprächen über populäre/aktuelle Themen und Streitfragen häufig persönliche Erfahrungen oder bestimmte Interessen eine Rolle spielen und die Sicht der Dinge lenken. Die Leitfrage, wie die beiden Lehrerinnen wohl zu ihren Meinungen gekommen sind, könnte das Gespräch in diese Richtung führen.

⟨3⟩ Die Schüler/innen sollten einen entsprechenden Fragebogen entwickeln, der differenziertere Einschätzungen als „Ja“ oder „Nein“ ermöglicht. Denkbar wäre eine Werteskala von 1 (stimme voll zu) bis 5 (stimme überhaupt nicht zu), mit der die insgesamt 8 Thesen/Meinungen der beiden Personen A und B vorgelegt werden. Am einfachsten: Die 8 Thesen/Meinungen auf einen DIN-A4-Bogen übertragen und durchnummerieren, darunter diese Werteskala:

	1 (stimme voll zu)	2	3	4	5 (stimme überhaupt nicht zu)
These					
1	❐	❐	❐	❐	❐
2	❐	❐	❐	❐	❐
3	❐	❐	❐	❐	❐
4	❐	❐	❐	❐	❐
5	❐	❐	❐	❐	❐

⟨4⟩ Um allgemeine Äußerungen wie „Mehr miteinander unternehmen“ etc. zu vermeiden, sollten möglichst konkrete Beispiele bzw. Ideen genannt werden. Eine Anregung kann z. B. das Projekt einer Schülergruppe aus Würzburg sein, älteren Leuten beim Umgang mit dem Computer zu helfen.

Differenzierungsangebot

Für Leistungsstärkere

Zukunft – Leistung – Politik[1]

Zukunft

„Wie stellst du dir deine Zukunft vor?“

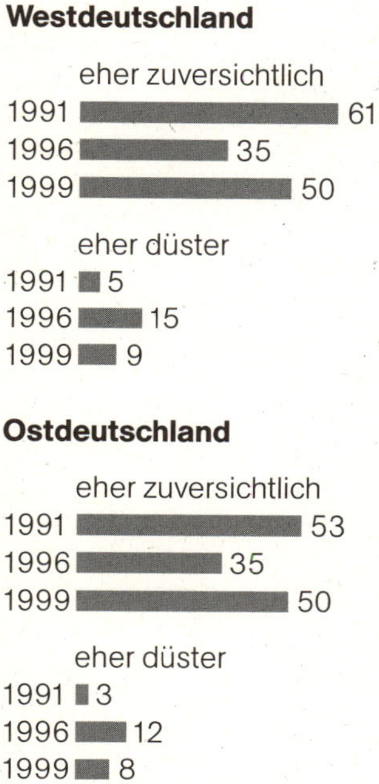

Leistung

„Ich betrachte mein Leben als eine Aufgabe, für die ich da bin und für die ich alle Kräfte einsetze. Ich möchte in meinen Leben etwas leisten, auch wenn das oft schwer und mühsam ist.“

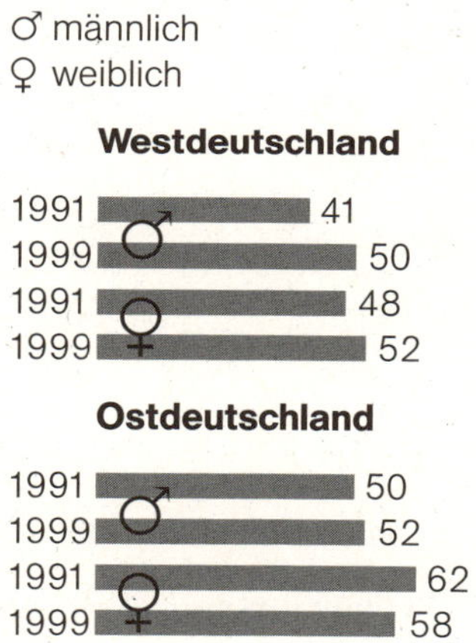

Politik

„Ja, ich interessiere mich für Politik.“

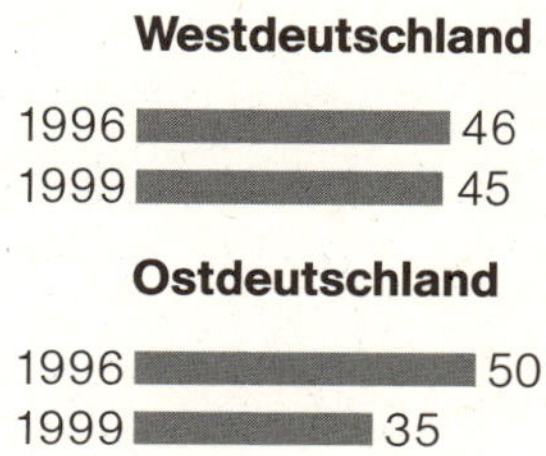

„Welche politische Gruppierung steht dir am nächsten?“

Befragung Mitte 1999

	1996*	1999*
SPD	20,0	21,2
CDU/CSU	15,4	21,7
Bündnis 90/ Die Grünen	21,6	11,1
PDS	2,8	2,9
FDP	2,1	2,0
Republikaner	2,4	1,8
andere	2,5	3,5
keine	32,7	35,9

**Von 100 abweichende Summen sind rundungsbedingt.*

[1]*Prozentangaben Jugendlicher zwischen 15 und 24*

(Der Spiegel 13/2000)

1 Schaut euch in Kleingruppen diese Statistik an und bereitet dann einen Kurzvortrag vor:

a) zu den Aussagen der Jugendlichen 1996

b) zu den Aussagen aus dem Jahre 1999

c) zu Veränderungen in den Aussagen von1996 bis 1999.
Berücksichtigt die geschlechtspezifischen Angaben zur „Leistung“!

2 Wie ist eure Meinung zu den 4 Positionen in der Statistik?

Für Leistungsschwächere

Vernetzt und verkabelt[1]

„Wie lange siehst du an Werktagen fern?"

1 Stunde	22
2 Stunden	33
3 Stunden	21
mehr als 3 Stunden	18

„Ja, ich besitze ein Handy."

Italiener	41
Türken	28
Deutsche	28

„Hast du zu Hause einen Computer?"

Ja, ich nutze ihn allein	30
Ja, ich nutze ihn mit anderen	25
Nein	44

„Wofür benutzt du deinen Computer?"
Mehrfachnennung möglich

	weiblich	männlich
Textverarbeitung	75	67
Computerspiele	39	66
Tabellenkalkulation	33	36
Lernprogramme	30	27
Internet	23	24
Sprachprogramme	20	17

[1] Prozentangaben Jugendlicher zwischen 15 und 24; 1999

(Der Spiegel 13/2000)

1 Schaut euch diese Statistik zum Thema „Technik" genau an:
- Was erstaunt euch?
- Wo hättet ihr andere Angaben erwartet?

2 a) Legt bei einer Umfrage eurer Lerngruppe (eurem Jahrgang) diese vier Fragen vor.

b) Vergleicht eure Ergebnisse mit den Ergebnissen aus dem Jahr 1999.

Weiteres Differenzierungsangebot

Ausländer

„Wie oft hast du mit ausländischen Jugendlichen zu tun?"

		Ostdeutschland	Westdeutschland
nie	♂ männlich	49,1	13,1
	♀ weiblich	48,5	17,3
weniger häufig	♂ männlich	44,4	47,1
	♀ weiblich	42,4	48,5
sehr häufig	♂ männlich	6,6	39,8
	♀ weiblich	9,1	34,1

„Wie beurteilst du die Höhe des Ausländeranteils in Deutschland?"

	Ostdeutschland	Westdeutschland
zu hoch	71,1	61,1
	67,7	59,6
gerade richtig	26,8	37,0
	30,4	38,5
zu niedrig	2,1	2,0
	1,9	1,8

(Der Spiegel 13/2000)

1 Fasst die Aussagen dieses Schaubilds in einem Kurzvortrag zusammen.

2 Macht eine ähnliche Umfrage (anonym) in eurer Lerngruppe (oder im Jahrgang). Vergleicht eure Ergebnisse mit der abgedruckten Statistik.

3 Fertigt auch zu eurer Umfrage eine Schaubild an.

Für Leistungsstärkere:

3 Fertigt ein neues Schaubild an, ohne nach West- und Ostdeutschland zu differenzieren.

Neues von der Erlebnisgesellschaft

S. 11

1 / 2 Insgesamt dürfte das im Text und der Hitliste fixierte Freizeitverhalten im Moment recht konstant sein. Einzelne Verschiebungen wird es natürlich in der Rangfolge geben und dies ist auch der Reiz, eine eigene Hitliste zu erstellen. Die geringen Unterschiede zwischen West- und Ostdeutschland sind nicht mehr sehr signifikant und beanspruchen eher historisches Interesse bzw. können dazu genutzt werden, auf die Bedeutung des sozio-kulturellen Umfelds hinzuweisen. An neuen Aspekten wird wohl am ehesten das Spielen mit dem PC/Internet hinzukommen.

3 a) Folgende Thesen lassen sich festmachen:
- Das Freizeitverhalten von Jugendlichen hat sich verändert.
- Es herrscht ein Überangebot an Freizeitmöglichkeiten vor: Problem der Auswahl → „Freizeitstress".
- Anerkennung durch Gleichaltrige erhält man vornehmlich durch intensive Teilnahme am „Unterhaltungs-Karussel".
- Sport und Freizeit haben weiterhin einen hohen Stellenwert, aber immer weniger im Verein etc.; der persönliche Spaßfaktor entscheidet.
- Konsumverhalten wird positiv gesehen ebenso wie Freizeitmöglichkeiten durch neue Informationstechnologien.
- Immer weniger Freizeit wird in der Familie verbracht.
- Vom Staat und den etablierten Parteien sind Jugendliche enttäuscht.

Die meisten Thesen lassen sich unter der Überschrift „Veränderung im Freizeitverhalten" zusammenfassen. Denkbar wäre auch eine Ordnung in Anlehnung an die Titelüberschrift „Kennzeichen der Erlebnisgesellschaft".

b) Beispiele: Die Thesen 1 bis 3 werden u. a. belegt mit „fachlichen Autoritäten"/Forschungsergebnissen und entsprechenden Zitaten, die Thesen 3 und 4 z. B. durch entsprechende Untersuchungsergebnisse zur Verbreitung von „Extremsportarten/-hobbys".

4 Die Klasse sollte nachdrücklich auf den **Tipp** hingewiesen werden. Bei ihrem Leserbrief können die Schüler/innen auf ihre Arbeitsergebnisse zurückgreifen (Umfrage/Hitliste), wenn es darum geht, die Argumente mit Beispielen und Belegen zu veranschaulichen. Falls notwendig können den Schülerinnen und Schülern auch einige Gestaltungsmöglichkeiten/Schreibmuster eines Leserbriefes vorgestellt werden. Dies gilt z. B. hinsichtlich der Frage, wie nehme ich adäquat Bezug auf den Brief. Das Abwägen von Pro und Kontra lässt sich so besonders einsichtig üben:

z. B. Einleitungsstereotype: Mit Interesse habe ich in der letzten Ausgabe Ihrer Zeitschrift den Artikel „Neues von der Erlebnisgesellschaft" gelesen …
z. B. Aspekt der Relativierung/Kritik: Ich stimme Ihnen zwar zu, wenn Sie schreiben, dass „… [Zitateinbau] …". Eine Untersuchung in unserer Klasse, die wir zu demselben Thema durchgeführt haben, hat aber gezeigt, dass dies nicht für alle Freizeitbereiche gilt. So wurde in unserer Befragung deutlich, dass … [Einmontieren von Beispielen] …

S. 12 Jugend – Markt

1 a) Schüler/innen sind durchaus selbstkritisch, sodass das angegebene Zitat sicherlich auch ohne gezielte Anregung von der Klasse kontrovers aufgenommen wird. Lohnend ist es auch, das Wort „authentisch" (Z. 36) zu klären: verbürgt, echt, hier auch: der Wirklichkeit der Jugendlichen entsprechend. Mögliche Leitfrage: Was ist für euch eine authentische Werbung für Jugendliche? Kennt ihr Beispiele?

b) Mögliche Erklärung: Das Beispiel soll zeigen, dass Werbung darauf abzielt, auch im Grunde genommen einfachen Produkten durch einen attraktiven Rahmen das Kennzeichen eines besonderen Genussfaktors zu vermitteln, mit dem mehr ausgedrückt wird als nur die spezifische Eigenart des Produktes, nämlich auch eine bestimmte Einstellung. Man will nicht nur das Produkt verkaufen, sondern auch ein lohnendes Bild von ihm. Negative Assoziationen, hier: fettig, klebrig, sollen ausgeschlossen werden. Das Image (der Ruf, das Ansehen) des Produkts soll positive Merkmale wachrufen.

2 a/b) Vorab sollten mit den Schülerinnen und Schülern die angesprochenen filmanalytischen Begriffe besprochen werden. Eine gute Zusammenfassung mit einfachen grafischen Bildbeispielen bietet Knut Hickethier: Begriffe der Filmanalyse, in: Praxis Deutsch, 57/1983, S. 20 ff. Anstatt die Schüler/innen die Aufgabe zu Hause erarbeiten zu lassen, ist natürlich die gemeinsame Analyse von entsprechenden Jugendwerbefilmen in der Klasse lohnender. Dies ist leicht zu organisieren. In der Regel finden sich einige Schüler/innen gerne bereit, zu Hause einen entsprechenden Werbeblock aufzunehmen (sie kennen am besten die Sendezeiten mit gehäufter Jugendwerbung). Weitere Gesichtspunkte zur Untersuchung von Jugendwerbung in Printmedien, Radio oder Fernsehen: Achtet auf Zielgruppe, Motiv, Perspektive. Erscheint das Produkt oder ist es nur indirekt vorhanden? Achtet auf Farbgebung, Verhältnis Text-/Bildanteile. Verraten die Textanteile sprachspielerische Ideen?

3 Es müssen nicht unbedingt 10 Gebote sein. Die Vorschläge sollten aber zeigen, dass die Schüler/innen zumindest im Ansatz das grundlegende Gebot einer moralisch/ethischen und sozialverantwortlichen Werbung verstanden haben (keine Sexismen, keine Abwertung gesellschaftlicher Minderheiten, keine Werbung für tendenziell ungesunde Produkte/Lebensführung). Die Gebote könnten in ein Plädoyer für eine durchaus positiv zu sehende, lebendige, ästhetisch kreative Werbung münden, die sich freiwillig einer ständigen Selbstkritik unterzieht.

4 Konsument, trendy, Reklame, Agentur, Produkt, Szene, Trendscout, Insider, Werbeästhetik, Spot, (tingeln), Image, (Pseudowissenschaft).

G-Shock-Werbeanzeige

S. 14

1 Ein junges Pärchen macht sich an einem Sommertag mit dem Auto auf den Weg. Frei-, Wohlhabend-, Unabhängigsein und Lebensgenuss strahlt das Foto aus.

2 Die Werbung für eine **Armbanduhr** am Mädchenarm auf dem Autodach geschieht äußerst „dezent". Wer die Uhrenmarke „G-Shock" nicht kennt, bemerkt die Werbung gar nicht („Understatement").

„Die meisten geben damit an"

S. 14

1 b) VERENA: Sie schreibt sofort zurück, wenn sie eine Mail bekommen hat. (Z. 201 f.)
SERKAN: Er ist süchtig auf ein Spiel, z. B. „Snake". (Z. 206)
PIERRE: In der Schule werden Spiele auf dem Handy in jeder freien Minute gespielt. (Z. 216 ff.)

2

Pro	**Kontra**
– *Hilft, wenn man etwas vergessen hat. (Z. 139)*	– *Beim Mailen lässt sich nicht so viel ausdrücken (Z. 71 f.)*
– *Hilfreich für Kranke, Geschäftsleute ... (Z. 148 ff.)*	– *Hohe Telefonkosten (Z. 87)*
– *Eltern können Kinder immer erreichen. (Z. 136 ff.)*	– *Alle (im Bus) hören mit. (Z. 82)*
	– *Klingeln ist unangenehm. (Z. 175 ff.)*

3 a) Man kann sich in der Schule verabreden. (Z. 193 ff.)
Das Handy ist der Kommunikation weniger dienlich: Wenn man etwas Wichtiges erzählt, klingelt das Handy und unterbricht das Gespräch. (Z. 169 ff.)

5 Mobiltelefone 1999 international/Angaben in Millionen:
- USA: 82,0
- Italien: 28,0
- Deutschland: 20,5
- Großbritannien: 17,4
- Frankreich: 16,0
- Spanien: 10,0

7 a) Bezeichnungen für „Handy":
mobile (telephone) *(engl.)* – cell phone *(amerik.)* – portable *(franz.)* – telefonino *(ital.)* – cep telefonu *(türk.)* – móvil *(span.)* – ...

b) die/eine Mail (Femininum)

c) Ich maile ihr ..., habe gemailt; ich mailte letzte Woche ...

d) Üblich ist „telefonieren mit dem Handy".
Denkbar wäre: „handieren"!

1.2 Junge Leute in der (Jugend-)Literatur

S. 19 *Leonie Ossowski:* Die große Flatter

[1] a) Hier werden die Schüler/innen viele Gründe nennen können, z. B. Auseinandersetzungen mit Vater/Mutter, Verbote, Angst vor Reaktionen der Eltern bei schlechten Leistungen …

b) Neben „abhauen" nennen die Schüler/innen sicher noch andere Bezeichnungen. Interessant ist auch ein Blick in ein Synonymwörterbuch oder in den Duden „Szenesprache" (Mannheim 2000).

[3] Etwa: „Noch kann ich es zu Hause aushalten. Meinst du etwa, ich will wie du von Polizisten eingefangen werden und mich wie ein weggelaufener Hund zu Hause abgeben lassen und dann vielleicht Prügel beziehen?" Richy sieht Schocker prüfend an, ob der vielleicht geprügelt wurde.

S. 21

[1] a) Richy hat keine Angst. Schocker dagegen hat Angst. Es ist sein erster Einbruch. Im Kindergarten kommen ihm sentimentale Erinnerungen.

b) Richy rennt weg und lässt Schocker allein mit der Polizei. Schocker ist gelähmt: Er hebt die Hände hoch und sagt, dass sie Weihnachten feiern wollten.

[2] Alter, sittliche und geistige Reife, Einsicht in das Unrecht der Tat sind u. a. Umstände, die wichtig für eine Bestrafung und ihre Höhe sind.

Literaturhinweis
Rolf Esser: Die große Flatter. Verlag an der Ruhr 1997 (Materialien für einen fachübergreifenden Unterricht (Deutsch, Politik, Sozialkunde, Wirtschaftslehre, Geschichte)

S. 22 Jugendgerichtsgesetz – JGG

[1] **Folgen:** Erziehungsmaßregeln, Zuchtmittel, Jugendstrafe; Unterbringung in einem psychiatrischen Krankenhaus/in einer Erziehungsanstalt.

[3] Für **Schocker** etwa Weisung 4, Arbeitsleistungen (z. B. Sozialstunden an Wochenenden in einem Altersheim).
Für **Richy** z. B. Weisung 5 (Betreuungshelfer).

◇4 a) Einfache, kurze Hauptsätze kommen praktisch nicht vor (Z. 12). Die Regel sind lange Satzgefüge und Relativsätze.

b) Fremdwörter fehlen fast ganz („psychiatrisch", Z. 15; „sozial", Z. 29). Dennoch gibt es viele alltagssprachliche ungewöhnliche deutsche Wörter:
strafrechtlich, sittlich, Vormundschaftsrichter, Erziehungsmaßregeln, Zuchtmittel, Ahndung

c) Z. 12: Der Richter kann aus Anlass der Straftat … Erziehungsmaßnahmen anordnen.
Z. 15: Der Richter kann von Zuchtmitteln … absehen, wenn die Unterbringung … die Ahndung entbehrlich macht.

d) Weisungen sind Gebote und Verbote, **die** die Lebensführung ...

e) § 10 enthält **Infinitivkonstruktionen**. Variante: Der Richter kann dem Jugendlichen auferlegen, **dass** er Arbeitsleistungen erbringt.
Diese **dass**-Variante ist bei den meisten Infinitivkonstruktionen möglich.

f) Jugendliche/r ist ... Heranwachsende/r ...
Jugendliche (= geschlechtsneutraler Plural) sind strafrechtlich verantwortlich ...

König/Straube/Taylan: Oya — S. 23

Für Leistungsschwächere

Dieser Text spricht wahrscheinlich zuerst Schüler**innen** an. Die Gruppenarbeit sollte daher in gemischten Gruppen stattfinden, um Verständnis und Austausch zu ermöglichen. Nur so wird auch ◇4 von Jungen ausgeführt werden.

Differenzierungsmöglichkeit:

Jungen schreiben einen Brief aus der Sicht des Bruders Avni an den Großvater, damit dieser auf seinen Sohn einwirkt.

Angelika Mechtel: Cold Turkey — S. 25

[1] a) Andy unter Drogeneinwirkung; Andy unter Entzugserscheinungen; Andy „normal“.

b) Häufung von Relativsätzen.

◇4 „Cold Turkey“: Bezeichnung für den Zustand Drogenabhängiger unter Entzugserscheinungen.
Nachzuschlagen in allgemeinen Lexika oder in Fachlexika.

Jordan Cray: danger.de — S. 28

(Für Leistungsschwächere, aber mit Internet-Kenntnissen.)

[1] Nicoles Mitteilung an Jonah:
Lieber Jon Boy,
okay, hier kommt die echte Nicole. Vergiss nicht, was du mir versprochen hast.
Wenn du enttäuscht bist – sag's mir nicht. Ich hab meinen Stolz, Baby.
Alles Liebe,
Gemini.

[5] a) **Internet-Jargon**
online = im Internet
Cybergirl = (nur) im Internet existierend
einloggen = sich anmelden, eintragen
Chatroom = Gesprächsforum im Internet

andere Fremdwörter
Date = Verabredung
Rebound = vom Brett oder Korb abprallender Ball
Cheerleaders (USA) = Mädchengruppe, die bei Sportveranstaltungen die Zuschauer anfeuert

b) Überwiegend kurze, teilweise Einwortsätze. Wenige, einfach gebaute Satzgefüge. Bis auf den das Komme ersetzenden Haken werden die üblichen Satzzeichen verwendet.

c) „Portmonee“ ist nach der Rechtschreibreform die eindeutschende Schreibung für „Portemonnaie“.

S. 29 Schau mir in die Augen, Kleiner

1 Das Unterrichtsgespräch wird sicherlich schnell zeigen, dass die Reaktionsmuster durchaus „aus dem Leben“ gegriffen sind, eben nur „spiegelverkehrt“. Das reizvolle erzählerische Spiel mit der Darstellung einer „verkehrten Welt“, der unerwartete Perspektiv- und Rollenwechsel führen fast automatisch zu einem Hinterfragen (oder auch zur Bloßlegung) des durchaus auch heute noch vorhandenen, typisch geschlechtsspezifischen Rollenverhaltens.

2 Typische **Verhaltensweisen von Mädchen** könnten sein: stehen lange vor dem Spiegel, machen sich schön; reden nur über „Klamotten und Frisur“; können es nicht lassen, unterwegs immer in Schaufenster zu schauen; lassen Jungen gerne „zappeln“, im Unklaren; zieren sich, machen Jungen erst Hoffnung und lassen sie dann „abblitzen“, „spielen“ mit ihnen
Verhaltensweisen von Jungen: interessieren sich nur für Autos, Sport. etc.; geben gerne an, Imponiergehabe; Jungen in der Gruppe ziehen über Freunde her, wenn sie sie mit einem Mädchen sehen; Jungen sind stets der aktivere Teil bei Kontaktaufnahme
Ob nur eine typische Situation oder eine kleine handlungsorientierte Geschichte dargestellt wird, kann bei dieser kreativen Schreibaufgabe als nachrangig betrachtet werden. Entscheidend wird es sein, dass entweder durch einen ähnlichen Perspektivwechsel wie in der Geschichte und/oder durch die Verwendung satirischer, ironischer oder parodistischer Schreibmittel bestimmte Verhaltensmuster erkennbar aufs Korn genommen werden.

3 Jungs – ein Date ausmachen – dass er auf mich steht – cool – hab gesagt – laaange – aufgebrezelt – rosa Lappen – echt überfragt – Mädels – rumhängen – anmachen – Schnepfe – Balzhenne – coole Masche abziehen – war mein Ding
Das sind Wörter und Wendungen der gesprochenen **Jugendsprache**.

1.3 Graffiti-Kultur?

S. 31 *Friedrich Christian Delius:* Adenauerplatz

Der Romanausschnitt zeigt sehr gut, dass die stark elliptische Ausdrucksform der Graffiti oftmals vielfache Bezüge zulässt und geradezu herausfordert; unter anderem darin liegt auch ihre Schlagkraft. – Für dieses Teilkapitel sollten die Schüler/innen unmittelbar eigene Erfahrungsbeispiele aus ihrem Stadtteil einbringen, z. B. Fotos und Skizzen, damit sie die konkrete Wirkung des Phänomens in ihrer Umgebung zur Diskussion stellen können. Zu unterscheiden sind verschiedene **Graffiti-Formen**:

- **Themen:** „Bewegungen" (Frauen-, Friedens-, Umwelt-) – Beton – Atom – Freizeit – Frieden – Krieg – Fußball – Zukunft – Ghetto – Ausländer – Null-Bock – Schule – Lehrer – Politik – Polizei – Sex – Erinnerungs-Graffiti/Initialen – Privatgrüße – Widerstand – Spaß …
- **Graffiti-Platzierungen:** Baumstamm – Boden – Wand – Schulbank – Gefängnis – Toiletten – an öffentlichen technischen Anlagen – …
- **Gesetz der Kürze:** Schlagwörter, Aphorismen, Aperçu, Epigramm, Parole, Sprüche, Spontisprüche
- **Kommunikationsformen:** Anrede, Aufforderung, Expression, Ausruf, Frage, Appell, Grußformel, Schimpfwörter, Interjektionen, Nachschöpfungen von „Kilroy was here" (Ich-war-hier-Syndrom) …
- **komische Formen:** verdrehte Redensarten, Nonsens-Sprüche, Maximen-Parodie, Werbe-Parodie, Liedertext-Parodie, Sprichwort-Parodien, Situationskomik, Wortspiel …
- **besondere sprachliche Formen:** gemischtsprachige Graffiti, Gleichungen, Schreibfehler als Widerstand
- **grafische Formen:** „tag"/Initialen (Namenskürzel der Sprayer); Zeichen, Bild, Emblem, Symbol, 3-D-Lettern, Wandbilder/Comics, rechtsradikale Runen; Peace-Zeichen – Anti-Atom-Zeichen-VARI Ⓐ TIONEN – Pentagramm: ⛤ – …
- **rechtliche Probleme:** Vandalismus, Sachbeschädigung, Kunst, freie Meinungsäußerung …

  „Graffiti – Wild Style". Dokumentarspielfilm, 80 min, USA 1982 – Wildstyle Productions ltd.

1
- Zunächst ein Ausdruck der **Not**: Der Kontext mit „Schreit!" und „Ich!" (Z. 10) oder mit „er hatte zu arbeiten" (Z. 18, im doppelten Sinne) zeigt eine Not an, aus der heraus gelogen werden könnte, z. B. bei Angaben vor dem Arbeitsamt, wenn Arbeitslose bei unzureichendem Arbeitslosengeld Nebenverdienste verschweigen oder wenn sie zu ihren Fähigkeiten falsche Aussagen machen, um überhaupt einen Job zu bekommen; oder Ausdruck der **Ironie**, des **Zynismus**, wenn sie Schwarzarbeit verschweigen, um den Steuerzahler auszubeuten, oder wenn sie generell dem mächtigen Staat (s. Amt, wilhelminische Mauern, Amtsgebäude) Wohlverhalten vortäuschen.
- zum anderen ein **Widerstandsappell**: Es wird auch deutlich, dass es sich wohl um einen allgemeinen Widerstand handeln soll, der sich gegen öffentliche Einrichtungen und das Leben in der „öden" Stadt richtet (s. Z. 6–10), dann würde sich „Ich!" als Form der Selbstbehauptung lesen lassen.
- schließlich eine **Anklage**: Mit „das Arbeitsamt […] forderte die ganze, die verlogene Aufmerksamkeit" (Z. 18 ff.) ergibt sich, dass das Graffito gegen das Amt und seine unzureichende Tätigkeit gerichtet sein kann, weil es – in Unterstellung – weniger hilft, als vielmehr durch die Arbeitslosigkeit selbst nur „fetter" wird (Z. 20 ff.: „erweitert", „neu", „anderthalbmal so groß", „angebaut"). Oder es wäre eine Anklage gegen die Gesellschaft, die Arbeitslosigkeit zulässt und zu ihrer geregelten Bewältigung nur noch die großen Bauten benötigt; dies liegt auch im „forderte die […] verlogene Aufmerksamkeit".

2 **der** oder **das Graffito** = Kratz- oder Sprühschrift, -parole; das Wort kommt aus dem Italienischen.

[3] Vgl. dazu die Einleitung zu 1.3.

[4] a) Themengruppen: z. B. Konsum (1, 2), negative/positive Gefühle (3, 4, 5, 11), Liebe (6, 9), Schule (10, 13), Sex (12, 15), Sprayen selbst (7, 8)

b) grafische Mittel – 1: Imitation und Parodie; 2: Abstufung, Unterstreichung, Frauensymbol; 3, 5, 6, 9, 15: Comicfigurenstil; 3, 5, 13, 15: der z. T. verwickelte Blockbuchstaben-Stil; 4: SS-Runenzeichen; 5: Explosionswolke; 12: Tag; 13: Schlange (in „School Life"); 14: ausgestalteter Farbfleck

c) sprachliche Mittel: 1, 2, 4, 8: Alliteration; 4: Parallelismus; 2: Antiklimax; 3, 5, 15: Gefühlswörter; 4, 8: Gefühlsfeststellungen; 11, 13: Kontrastbeziehung; 12: zweideutige wortspielerische Anspielung, darüber Ausruf in Fäkaliensprache; 11: Wortspiel, Aufforderung; 6: Gruß; 12: Dialog; 3, 7, 13: Fremdsprachliches; 15: Witziges

d) vorherrschende Sprachfunktion: Gefühlsausdruck: 1 (mit Urteil), 2 (Unzufriedenheit mit der Frauenrolle), 3 (nasty = scheußlich, gefährlich), 4 (Meinung zum Zusammenhang zwischen Beton und Gefühllosigkeit), 5 (Aggression durch Stress), 6 (Liebesgruß), 8 (Verärgerung), 9 (Liebe) – Information: 1 (wenn man die Richtigkeit der Aussage zulässt), 10 (Namen der Abiturienten von 1997), 12 (spielerische Behauptung) – Aufforderung: 7, 11

S. 35

[1] Vorzüge: S. 35: Farben für Beton und ins graue Leben (l/u), Witz und sprachliche Fantasie (r/u), künstlerischer Wert (r/o), Ausdrucksmöglichkeit für den ohnmächtigen Einzelnen (r/u) – S. 36: Leben und Farbe in die Stadt (r), erlaubte Graffiti-Gestaltung als Verschönerung (l/u)
Probleme: S. 35: Zeichen für Isolation, Kommunikationsprobleme (l/o), rechtlicher Konflikt (r/o), – S. 36: Zeichen für Vandalismus und Kommunikationsstörung (l/o), Straftat (r/u, l/u)

◇2 Die Form „Graffiti**s**" ist ein falscher Plural: „Graffiti" ist die korrekte Pluralform (Sg.: „der/das Graffito").

S. 37 *Hennig Müller/Guido Jäger:* Leben mit der Dose

Das in dem Textauszug erwähnte Interview MERY steht ausführlich in
W. Breyvogel (Hg.): Stadt, Jugendkulturen und Kriminalität. Bonn 1998
Bei MERY handelt es sich um das Pseudonym eines 1972 in Essen geb. Sprayers

[1] a) Informationsquelle ist hier ein (Fremd-)Wörterbuch.

b) „Ghetto" und „Getto"; „Style" (deutsch: „Stil") ist direkte Übernahme aus dem Englischen; neben „dekodieren" kommt (in der technischen Fachsprache) auch „decodieren" vor.

◇3 In der Fachliteratur findet man kaum etwas zur Geschlechtsspezifik des Sprayens.

[5] Die meisten Wörter stammen aus dem Englischen, meistens mit einer für die „Szene" eigentümlichen Bedeutung.
(Englische) Verben werden deutsch konjugiert: *biten, crossen*

Graffiti-Projektvorschläge S. 40

④ Hier detailliertere Vorschläge zur Aufgabe:
In der **Gerichtsverhandlung** werden zwei Sprayer beschuldigt, vor einem Museum in Köln römische Grabsteine besprüht zu haben.

a) Macht euch eine Übersicht zu den rechtlichen Bestimmungen, auf die man sich in dem Verfahren stützen könnte, indem ihr die folgenden Zitate des Münchner Juristen Christian Grimm auswertet:

„Im Falle der Wandparolen kollidieren das Individualrecht der freien Meinungsäußerung und das Postulat der freien öffentlichen Meinungsbildung auf der einen und das in Art. 14 GG (Grundgesetz) geschützte Eigentumsrecht auf der anderen Seite."

„Das Anbringen von Wandparolen stellt in der Regel eine Meinungsäußerung und -verbreitung dar, sodass eine grundsätzliche Einbeziehung dieser Aktivitäten in den Schutzbereich des Art. 5 Abs. 1 GG denkbar erscheint.
Bedenken hiergegen könnten allerdings laut werden, wenn man die Frage aufwirft,
a) ob der Gesetzgeber auch dem *anonymen* Entäußerer von Meinungen Grundrechtsschutz angedeihen lassen wollte und
b) ob Art. 5 Abs. 1 Satz 1 GG auch offensichtlich *rechtswidrige* Meinungsäußerungen erfassen soll."

„Betrachtet man ... die Themen der Parolenschreiber, so fällt auf, dass sie sich überwiegend ... mit Problemen befassen, die weite Teile der Bevölkerung als die Kernprobleme unserer Zeit empfinden. Der Bruch zwischen Parolenschreibern und der übrigen Gesellschaft ist – thematisch gesehen – also nicht so radikal, dass nicht noch ... eine gemeinsame Diskussionsplattform vorhanden wäre, unabhängig davon, welche Position man dann im Einzelnen bezieht."

b) Schlagt die angeführten Stellen im Grundgesetz sowie die §§ 303 und 304 im Strafgesetzbuch nach und formuliert die Bestimmungen in eigenen Worten.

c) Spielt den Fall durch.

Lernerfolgskontrolle/Themen für Klassenarbeiten

Vorschlag 1: Reibungspunkte zwischen den Generationen/Konflikte zu Hause (für Leistungsschwächere)

1 Verfasse zu einem der folgenden Themen einen Dialog. Versetze dich dabei in die beiden (oder auch mehrere, z. B. Vater, ältere Schwester und du) Dialogpartner und überlege dir für alle Teilnehmer treffende Äußerungen/Argumente. Entscheide dich schließlich für eine der beiden folgenden Versionen:
- Am Schluss wird eine Einigung erzielt, der alle im Großen und Ganzen innerlich zustimmen.
- Der Konflikt verschärft sich und es kommt zum Krach.

Mögliche Themen:
- Peter (14 Jahre) will mit seiner Clique in den Herbstferien fünf Tage in eine Jugendherberge fahren. Die Eltern sind dagegen.
- Die Eltern möchten unbedingt, dass ihre Tochter Carina (15 Jahre) in einen Sportverein eintritt. Sie aber hat keine Lust.
- Sandra (15 Jahre) ist Keyboard-Spielerin in einer Band. Am Wochenende haben sie in der Nachbarstadt einen Auftritt, von dem sie erst weit nach Mitternacht nach Hause zurückkehren würde.

Vorschlag 2: Leserbrief (für Leistungsstärkere)

1 Verfasst einen Leserbrief zum Thema „Neues von der Erlebnisgesellschaft".
(Siehe Aufgabe 4 im Schülerbuch S. 12. Die Aufgabe kann im Unterricht ausgespart werden und entsprechend gut vorbereitet als Klassenarbeitsthema dienen.)

Vorschlag 3 (für Leistungsstärkere)

Schmierer sollen ihre Schäden selbst beseitigen

Schneller Fahndungserfolg der Polizei – Zu wenig Hausbesitzer bringen Graffitis zur Anzeige – Polizei beobachtet Rückgang

Der Kölner an sich gehört eigentlich zur Gattung Gemütsmensch, so heißt es. Geht es aber um beschmierte Hauswände, besprühte Autoscheiben und Kotflügel, gerät auch er in Rage. Und so erhielt Kölns Leitender Polizeidirektor Winrich Granitzka prompt Post von zornigen Hausbesitzern, nachdem er während einer Diskussionsveranstaltung Anfang April das Problem der Graffiti-Schmierereien nicht mehr zu hoch gehängt wissen wollte. Anders als Hannes Schaefer, Chef des Kölner Haus- und Grundbesitzervereins, meldete Granitzka für die drei zurückliegenden Monate einen Rückgang der Anzeigen von 40 Prozent. In einem Brief an Granitzka beschwerte sich daraufhin ein Leser des „Kölner Stadt-Anzeiger", die Polizei solle doch einmal die beschmierten Wände an seinem Haus in Nippes in Augenschein nehmen. Gesagt, getan – vier Tage später waren zwei junge Männer ermittelt, die ihr Zeichen (tag) auf mehreren Gebäuden hinterlassen haben sollen.

Zwar gehe es nicht immer so schnell, räumte auch Granitzka gestern ein. Doch wo keine Anzeige erstattet werde, da werde auch nicht ermittelt. 1998 wurden die Ordnungshüter bislang nur 68-mal tätig, im gesamten Jahr zuvor waren es rund 350 Fälle gewesen. „Es ist daher wichtig, dass die Schmierereien auch angezeigt werden." Anscheinend sparen sich aber viele Geschädigte den Gang zur Wache. „Sie glauben, die Polizei interessiere sich nicht dafür. Das Gegenteil ist der Fall." Gleichzeitig appellierte er an die Geschädigten, die Malereien so schnell wie möglich zu beseitigen. Das sei zwar teuer, aber „Graffitis im Stadtbild sind Anzeichen für eine Verwahrlosung und machen den Leuten Angst", so der Leitende Polizeidirektor. Geht es nach Granitzka, sollen ermittelte illegale Sprayer über den Täter-Opfer-Ausgleich zur Verantwortung gezogen werden. „In New York bekommen sie einen Overall und müssen die Wände neu streichen."

(Kölner Stadt-Anzeiger, 15. 4. 1998)

1 Erläutere, um welche Probleme und Problemlösungen es den Beteiligten geht.

2 Untersuche und erkläre, wie der Journalist hier berichtet: Nachrichtenstil – Meinungsstil; subjektive und objektive Formen der Darstellung; Nachricht – Kommentar.

Vorschlag 4

Kritik an Graffiti-Kurs

Brühl – „Entsetzt" vernahm der Vorsitzende des Kölner Haus- und Grundbesitzervereins, Hanns Schaefer, dass die Stadt Brühl Jugendliche ab 13 Jahren zu einem „Graffiti-Workshop" einlädt. Unter „sachkundiger Leitung eines professionellen Sprayers" sollen sie in die „Kunst des Sprayens" eingeweiht werden. Schaefer schrieb Bürgermeister Willi Mengel einen Brief. Ob dieser sich der Folgen bewusst sei? Die Stadt wolle doch nicht etwa behaupten, dass Jugendliche sich nach diesem „Kurs" zu Hause an die Leinwand stellten, vielmehr würden sie doch Gebäude beschmieren. 70 Millionen Mark Schaden seien allein 1996 durch solche Schmierereien an privaten Gebäuden entstanden, rechnete Schaefer vor und forderte Mengel auf, den Kurs abzublasen.

Doch die Stadt Brühl sieht das nicht ein. Der Kurs finde wie angekündigt statt, erklärte die Pressestelle [...]. Dieses Angebot gebe es seit vielen Jahren, die Jugendlichen übten diese „Kunst" auf Karton, Leinwand und Holz aus. Schmierereien an öffentlichen Gebäuden seien im Anschluss daran noch nie festgestellt worden. Und wenn, dann nur, wenn es offiziell erlaubt war. So sei auf Wunsch der Stadt eine Fußgängerunterführung „verschönert" worden.

(Kölner Stadt-Anzeiger, 1. 4. 1998)

1 Erkläre die gegensätzlichen Standpunkte von H. Schäfer und W. Mengel. Schreibe eine Stellungnahme in Form eines Leserbriefes.

2 Alltagsprobleme Argumentieren und Erörtern

Konzeption des Gesamtkapitels

Das Kapitel dient der Schulung der Gesprächskompetenz der Schüler/innen. Sie können ihre Diskussions- und Argumentationsfähigkeiten praktisch erproben sowie in der Analyse argumentativer Texte weiterentwickeln. Das Kapitel ist darauf angelegt, dass die Schüler/innen eine bloße Meinungsäußerung vom fundierten Argumentieren unterscheiden lernen. Zugleich werden ihnen unterschiedliche Arten der Argumentation sowie verschiedene Formen sprachlicher Beeinflussung bewusst. Kommunikatives Handeln wird z. B. in Form von Argumentationsspielen und Pro-und-Kontra-Debatten trainiert.
Das erste Teilkapitel (**„‚Wer *in* sein will, muss leiden.' – Einen Standpunkt vertreten"**) mit dem Schwerpunkt „Sprechen und Schreiben" greift ein Thema auf, das bei Schülerinnen und Schülern in diesem Alter besonders attraktiv ist und das auch sehr kontrovers diskutiert werden kann: die Mode. Schritt für Schritt lernen die Schüler/innen einen Standpunkt zu vertreten. Dabei können Modetrends kritisch reflektiert werden.
Im zweiten Teilkapitel (**„Gleichberechtigung von Jungen und Mädchen – diskutiert in Jugendbüchern"**) bieten Ausschnitte aus Jugendbüchern, die unterschiedliches Material zu Rollenbildern von Mädchen/Frauen bzw. Jungen/Männern liefern, Anlass zur Argumentation. Auf Grund der Handlungsweisen und Motive literarischer Figuren können abwägende Erörterungen entstehen.
Das dritte Teilkapitel (**„Koedukation ja oder nein? – Eine Podiumsdiskussion"**) hat Projektcharakter. Es gibt den Schülerinnen und Schülern der 9. Jahrgangsstufe die Möglichkeit, sich kritisch mit dem Thema „Koedukation" auseinander zu setzen. Die Behandlung dieses Themas, das nicht nur für Pädagogen relevant ist, sondern auch dem Erfahrungsbereich der Schüler/innen angehört, ermöglicht u. a. eine auf persönlicher Erfahrung beruhende Diskussion. Die Schüler/innen üben darüber hinaus, die Rollen von Experten einzunehmen und Argumentationsgänge aus verschiedenen Perspektiven zu entfalten. Im Rahmen dieses Projekts kann auch mit dem Fach Politik zusammengearbeitet werden.

Literaturhinweise

Heinz Klippert: Methoden-Training. Übungsbausteine für den Unterricht. Beltz & Gelberg, Weinheim – Basel [3]1995

Liebe und Sexualität: Schüler '96. Themen-Jahresheft des Friedrich Verlags, Seelze 1996 (darin z. B. Kap. I: Lebenswelten; Kap. II: Jungen und Mädchen)

	Texte/Gegenstände	Intentionen
S. 41	**2.1 „Wer ‚in' sein will, muss leiden." – Einen Standpunkt vertreten**	– das Aufstellen von Thesen (in Form von Behauptungen, Urteilen, Empfehlungen oder Bewertungen) am Beispiel des Themas „Mode" erproben
S. 44	Eine These begründen – argumentieren – *Joachim Ringelnatz:* Es lebe die Mode! – *B. A. Cepielik:* Modischer Grauschleier – *K. Boldt:* Alle Pullover sind jetzt blau – Interview: Kaufzwänge abbauen – Erörterung	– Thesen mit Argumenten (Fakten, Grundsätzen/Normen, Expertenmeinungen) stützen und durch Beispiele, Belege oder Zitate veranschaulichen – Argumente sammeln, in eine sinnvolle Reihenfolge bringen und sprachliche Verknüpfungen herstellen – Argumente partnerbezogen formulieren und Gegenargumente abwehren – Argumente und Argumentationen in Gedicht und Zeitungsartikeln erfassen – einen Argumentationsgang durch Pro- und Kontra-Argumente sowie durch unmittelbare Gegenüberstellung von Argument und Gegenargument aufbauen – Argumente begründet abwägen und eigene Entscheidungen treffen
S. 52	**2.2 Gleichberechtigung von Jungen und Mädchen – diskutiert in Jugendbüchern** – *Aimée Sommerfelt:* Nennt mich nicht mehr Sofus! – *Michelle Magorian:* Altes Land, neue Welt – *Hedi Wyss:* Das rosarote Mädchenbuch	– adressatenbezogenes, taktisches Argumentieren und Appellieren untersuchen – alternative Gesprächsverläufe entwerfen – Alltagsgespräche beobachten und auf ihre Wirksamkeit hin prüfen – Jugendbuchauszüge auf die Arten überzeugender Argumente und auf andere Mittel sprachlicher Beeinflussung hin untersuchen – Dialoge mit verschiedenen Arten von Argumenten sowie Mitteln der sprachlichen Beeinflussung verfassen
S. 58	**2.3 Koedukation ja oder nein? – Eine Podiumsdiskussion**	– sich über eine strittige Frage auf der Grundlage argumentativer Textvorlagen informieren und eigene Meinungsbilder zum Thema erstellen
S. 59	Projekt: Podiumsdiskussion	– Argumentationsgänge auf Karteikarten festhalten und Ergebnisse von Befragungen in Schaubildern veranschaulichen
S. 67	Ein Protokoll führen	– eine Podiumsdiskussion durchführen und Perspektivenübernahme einüben – Ergebnisse einer Podiumsdiskussion protokollieren

2.1 „Wer *in* sein will, muss leiden." – Einen Standpunkt vertreten

S. 41 Durch die abgedruckten Äußerungen von Jugendlichen werden direkt verschiedene Einstellungen zum Thema „Mode" angesprochen. Gerade für den Bereich des Argumentierens und Erörterns ist es interessant, wenn ganz unterschiedliche Positionen aufeinander treffen.

1 Jeder Schüler/jede Schülerin soll sich selbst zunächst klarmachen, welche Einstellung er/sie zu diesem Thema hat. Hier kann auch deutlich gemacht werden, dass es bei jedem zu diskutierenden Thema notwendig ist, sich die eigene Voreinstellung bewusst zu machen. Im Laufe einer Auseinandersetzung kann sich diese durchaus verändern oder bestärkt werden. Da die Äußerungen zunächst schriftlich festgehalten werden, kann man im Anschluss an die Diskussionen prüfen, ob sich die eigene Meinung verändert hat oder nicht. Dabei geht es um keine Bewertung.

2 a) Mit den Meinungsäußerungen können die Schüler/innen nun insoweit weiterarbeiten, als sie eine Fülle von Schlüsselbegriffen sammeln, die ein breites Spektrum von Aspekten spiegeln.

b) Mögliche Definitionen:
- *Konsumterror tritt dann ein, wenn man unter dem Zwang steht, unbedingt neue Kleidung kaufen zu müssen, ohne dass man sie tatsächlich benötigt.*
- *Unter Mode versteht man die Kleidung, die zu einer bestimmten Zeit für eine bestimmte Personengruppe als ‚in' gilt.*
- *Mode ist der Ausdruck der besonderen kreativen Fähigkeiten des Menschen.*
- *Mode ist oft gegen die Tradition gerichtet.*
- ...

3 Erörterungsthemen werden mitunter in Frageform gestellt, da sich ein Problem häufig als Frage stellt (es ist frag-würdig geworden). Jede Frage fordert zu einer Antwort auf.
Die Formulierung der Fragestellung gibt außerdem Aufschluss darüber, welcher Aspekt eines komplexen Themas interessiert und erörtert werden soll.

4 Nun erst sollen die Schüler/innen Thesen formulieren. Die Aufgabe ist als Übung für unterschiedliche Formen der Thesen angelegt.
Beispiele:
<u>These (Behauptung):</u> „Männliche" und „weibliche" Eigenschaften sind wie Kleider, vom menschlichen Geist ersonnen und je nach Epoche und Modetrend zurechtgeschneidert.
<u>These (Meinung):</u> Kleidung drückt immer einen Teil deiner Persönlichkeit aus und unser Leben rast derart an uns vorbei, dass man diese Möglichkeit nicht ungenutzt lassen sollte.
<u>These (Bewertung):</u> Baggys sind ultracoole Beinkleider.

◇5 a) Aneinander gereihte Aufzählungen dehnen die Satzglieder aus und erschweren das Gesamtverständnis.

b) Auffällig sind die **Satzgefüge**; besonders Z. 1 ff. und Z. 9 ff. die Konditionalsätze mit *wenn* (S. 216, Schülerbuch).

Eine These begründen – argumentieren

S. 44

1 a) Anhand dieser Aufgabenstellung soll auf das Vorwissen der Schüler/innen zurückgegriffen werden, was ein Argument ausmacht. Sie sind aufgefordert, inhaltlich und formal zu begründen, wann sie eine Aussage für ein Argument halten.
Dabei werden auch bloße Eindrücke zur Sprache kommen („Es hört sich mehr so an wie ein Argument."; „Ich glaube, es ist keins."), die anschließend auf Begriffe gebracht werden können. Dabei soll der Blick dafür geschärft werden, zwischen einer bloßen Meinungsäußerung und einem Argument zu unterscheiden.
Ein Beispiel:
„Michael hat sich die Haare grün gefärbt," = Tatsachenaussage, die überprüft werden kann.
„deshalb bekommt er eine Fünf in Kunst." = Folgerung, die nicht argumentativ belegt ist.
Eine Folgerung sollte im Anschluss an ein Argument stehen (deshalb, daher) bzw. darf ihm vorangestellt werden, wenn sich eine Begründung anschließt. Beides ist hier nicht der Fall.
Mögliche Begründung:
Da Michael der Kunstlehrerin im ganzen Halbjahr keine fertige Arbeit abgeliefert hat, bekommt er eine Fünf in Kunst.

b) Argumente weisen – abgesehen vom betreffenden Sachverhalt – sprachliche Signale auf, die es zu erkennen gilt, z. B. den Gebrauch von Argumentationsadverbien wie „deswegen", „nämlich", „trotzdem", „dennoch". Argumentationsadverbien haben die Aufgabe, eine Feststellung so in den Argumentationsgang einzubinden, dass sie zu dem voraufgehenden Kontext oder zur Situation in Beziehung gesetzt wird. Diese Adverbien bringen eine Begründungsbeziehung zum Ausdruck. Der Sprecher kann seinem Gesprächspartner mitteilen, dass der zuvor festgestellte Sachverhalt als Stütze seiner Argumentation anzusehen ist. Es kann aber auch angezeigt werden, dass ein vielleicht nahe liegendes Argument von einem Sachverhalt nicht gestützt wird. Adverbien mit konzessiver Bedeutung zeigen an, dass eine mögliche Begründung in Frage kommt, aber nicht durchschlagend ist. Mit adversativen Adverbien (z. B. „doch", „allerdings", „hingegen") bringt der Sprecher zum Ausdruck, dass im Gang der Argumentation ein Zusatz- oder Gegenargument bedacht werden soll. (Vgl. Harald Weinrich: Textgrammatik der deutschen Sprache. Dudenverlag, Mannheim 1993, S. 600ff.)

2 Bei dieser Aufgabe geht es nicht nur darum, themengebunden zu argumentieren, sondern auch partnerbezogen und intentionsgerecht, da bei Argumentationen immer auch der situative Kontext berücksichtigt werden muss: In welchem Verhältnis steht der Gesprächspartner zu mir? Inwieweit kenne ich bereits seine Einstellung zu dem Thema? Gibt es gemeinsame Wertvorstellungen und Erfahrungen, an die ich anknüpfen kann?
Beim Argumentieren kann ich unterschiedliche Absichten verfolgen, z. B.: Ich will meine Meinung begründen, eine These in ihren verschiedenen Aspekten entfalten oder mein Gegenüber zu einer bestimmten Handlungsweise veranlassen.

3 a) Die Schüler/innen sollen ihre eigenen Formulierungen auf Begründungszusammenhänge in Satzgefügen und Satzreihen hin untersuchen. Dabei sollten z. B. Satzstrukturen näher bestimmt werden. Grammatikalische Begrifflichkeiten werden funktionsgerecht betrachtet und eingeprägt. Ggf. erfolgt hier eine erste Überarbeitung sprachlicher Mittel.

b) Eine weitere Überarbeitung der eigenen Argumente kann vorgenommen werden, indem die Schüler/innen das Augenmerk auf den Partnerbezug und die Intention legen. Hier kann mit den Schülerinnen und Schülern ein Überprüfungskatalog erarbeitet werden, z. B.:
- An welchen Stellen habe ich mein Gegenüber aus den Augen verloren?
- Habe ich an gemeinsames Vorwissen/gemeinsame Vorerfahrungen sinnvoll angeknüpft oder dadurch von der eigentlichen Argumentation nur abgelenkt?
- Wo entspricht meine Argumentation gar nicht meiner Absicht?
- …

4 These: *Tattoos sind beliebt.*

a) Argument: ... *weil man aus seinem eigenen Körper ein Kunstwerk machen kann*
Gegenargument: ... *nur Seeleute sind tätowiert*
Argument: *Immer mehr Personen des öffentlichen Lebens lassen sich tätowieren, z. B. Schauspieler und Sportler ...*

b) Die These wird zunächst mit einem Kausalsatz, eingeleitet mit der Konjunktion „weil", begründet. Es wird anschließend ein möglicher Einwand vorweggenommen („zwar …"), dem mit der bereits zu erwartenden „aber …"-Fortsetzung (= konzessiv), zur argumentativen Absicherung mit einem weiteren Kausalsatz („weil") abgestützt, begegnet wird.

5 Diese Aufgabe dient der schrittweisen Vorbereitung eines Argumentationsaufsatzes, in dem nicht nur die eigenen Argumente, sondern auch mögliche Gegenargumente berücksichtigt werden müssen. Um die Einleitung von möglichen Gegenargumenten zu schulen, soll nicht ein neues Thema angeschnitten, sondern auf bereits vorhandenes Material zurückgegriffen werden (Argumentationen aus Aufgabe 2). Dabei wird auch deutlich, dass man häufig Gegenargumente mitbedacht hatte, ohne sie jedoch zu formulieren, um die eigene Argumentation stärker abzusichern.
Eine argumentative Beziehung zwischen Begründung und Folgerung lässt sich mit syntaktischen Mitteln entweder bei der Begründung oder bei der Folgerung kennzeichnen. Präpositionen wie z. B. „wegen" oder Konjunktionen wie „weil" markieren die Begründungen. Auf die Folgerungen kann durch Adverbien wie „daher", „darum", „deshalb", „deswegen", „also", „folglich", „demnach", „insofern", „demzufolge", „infolgedessen" aufmerksam gemacht werden.
Geprüft werden muss, ob Begründungen mit Folgerungen nicht verwechselt wurden bzw. der umgekehrte Fall vorliegt.

6 Der Wettbewerbscharakter der Aufgabe motiviert die Schüler/innen noch einmal, Thesen und Argumente zu formulieren.

S. 46 *Joachim Ringelnatz:* Es lebe die Mode!

2 a) Die Mode wird begrüßt:
1. „… Denn sie erfreut …." (Z. 2)
2. „… weil sie keck ins Leben lacht." (Z. 8)
3. „Mode lebt …" (Z. 11)

b) In Z. 1 f. verbirgt sich eine Satzreihe mit nebenordnender Konjunktion (kausal) **denn**: „Für die Mode … sei der Mensch, **denn** sie erfreut …"
Z. 7 f. steht ein kausales Satzgefüge mit der unterordnenden Konjunktion **weil**.

◇3 Das Gedicht hat 3 Strophen zu je vier Versen; mit Kreuzreim (**abab**).
Das Metrum ist sehr einfach, es wechseln regelmäßig betonte – unbetonte Silben (Trochäen).

Ein modischer Grauschleier für den Sommer — S. 47

1 **Fremdwörter allgemein**
distinguiert *(f)*
Nuance *(f)*
sexy Show *(e)*
Event *(e)*
Extravaganz *(f)*
Modell *(i)*
Detail *(f)*
Insider *(e)*
Saison *(f)*
Mainstream *(e)*
Hightech *(e)*
sensationell *(f)*
dito *(l)*

Modewörter
Kollektion *(l)*
Designer *(e)*
greige, beige *(f)*
Jackett *(f)*
Revers *(f)*
Steppnaht, Knopfleiste
gecrasht, gesandet,
papertouched, oilfinished *(e)*
T-Shirt *(e)*
V-Ausschnitt
Rundhalsöffnung
Streetwear *(e)*

e = *englisch*
f = *französisch*
l = *lateinisch*
i = *italienisch*

2 Der Artikel stellt einen **Kommentar** dar, in dem die persönliche Meinung der Autorin schon in der Überschrift („Grauschleier") deutlich wird.

3 a) Der Unterton ist ironisch: Überschrift, Z. 5–10, Z. 45 f., Z. 86

b) „Die neue Herrenkollektion zeigt kaum Farbe"

c) Zum Beispiel: Überschrift, Z. 5–10, Z. 45 f., Z. 57 ff., Z. 85 f.

Alle Pullover sind jetzt blau — S. 48

1 **Pro**
- *keine Ablenkung der Sch. durch Äußerlichkeiten*
- *das Kind selbst, sein Charakter zählt jetzt*
- *keine Diskrepanz zwischen Reich und Arm*
- *keine Aggressivität unter Jugendlichen wegen der Kleidung*
- *kein Kaufdruck auf die Eltern*
- *Sch. fühlen sich zusammengehörig*
- ...

Kontra
- *wenig Individualität*
- *Schüler/innen werden zu einer Masse*
- *keine Kreativität*
- *keine Unterscheidungsmöglichkeit*
- ...

Differenzierungsangebot (für Leistungsstärkere)

Re-examining idea of school uniforms in US

In 1994, the heavily industrialised port city Long Beach in California mandated uniforms at all its elementary schools after trials at a couple of schools.
Test scores and grades rose. Absenteeism, failures and discipline problems declined. Schools in more than 35 States have now adopted uniforms policies, with Philadelphia scheduled to adopt such a policy this fall.
Now Long Beach takes the next step, completing the introduction of uniforms at its first high school. The school district that helped push school uniforms to the front lines has now pulled them back, if slightly, as a tool.
Woodrow Wilson High School, to which students must apply for entry, has phased uniforms in one year at a time, and next year, students in all grades will be wearing khaki bottoms and burgundy or white collared shirts.
But a visit to the school and conversations with administrators, parents and students reveal a subtle appreciation for the limitations as well as the merits of uniforms.
For one thing, if uniforms mean uniformity, these are a failure. The school allows the students to fulfill the require-ments in many ways.
They can wear trousers, skirts, baggy shorts or capri pants on the bottom, and a range of tops on condition they are white or burgundy and have collars.
Jon Meyer, the school's co-principal, said the administrators chose loose standards to allow older students to express themselves while minimising the potentially divisive effects of dress, like designating gang affiliation or economic differences.
The point, Meyer said, is that they have found uniforms just one of several tools for refocusing the school, and, he insisted, they require complete support by parents and students. "It's not the answer, but it contributes", he said. "I don't think that the uniform alone does a whole lot, actually."
Nonetheless, there have been improvements. Three years ago the school had 861 suspensions. This past year, there were 280.

aus: New Straits Times (Malaysia) 6. 7. 2000
www.emedia.com.my

1 Lest den Text mehrmals; schlagt unbekannte Wörter im Englischwörterbuch nach und erklärt sie euch gegenseitig.

2 a) Markiert wichtige Textaussagen.

b) Beantwortet ff. Fragen aus dem Artikel:
- Wann wurden in Long Beach an Grundschulen Uniformen Pflicht?
- Was war zu beobachten bezüglich Tests, Abschlüssen, Abwesenheit, Versagen und Disziplinproblemen?
- Wie viele Staaten haben bisher Schuluniformen eingeführt?
- Wann wird/wurde in Philadelphia die Uniform Pflicht?
- An welcher Schulform sollen als Nächstes Uniformen eingeführt werden?
- Wie sieht diese Uniform aus?
- Was sank innerhalb von 3 Jahren von 861 auf 280?

Kaufzwänge abbauen

S. 50

1 **pro**
- kein Kleiderraub mehr
- Kaufzwänge werden reduziert
- Stärkung des Zusammengehörigkeitsgefühls

kontra
- erinnert an Uniformierung während der Nazizeit
- gegenseitige Abgrenzung verschiedener Schulen
- Profilgewinnung auch über Kleidung wird verhindert

2 Hinweis auf die NS-Zeit.

Erörterung

S. 51

1 Mit der **Einleitung** soll – für den Leser/die Leserin motivierend und informierend – auf die Themenstellung hingeführt werden. Sie kann ein aktuelles Beispiel enthalten, auf eine Zeitungsnotiz verweisen oder das Zitat eines Experten voranstellen, mit dem der Themenschwerpunkt angedeutet wird. Dieser kann auch durch einleitende Fragestellungen angerissen werden. Die Einleitung soll aber noch keine Argumente, Urteile und Forderungen oder persönliche Entscheidungen vorwegnehmen. Darüber hinaus können (müssen aber nicht) Informationen über das Vorgehen des Verfassers/der Verfasserin gegeben werden.
Der **Schluss** stellt eine Art Zusammenfassung der Ergebnisse dar, indem er eine Abwägung der Standpunkte enthält, die begründet wird. Es muss deutlich werden, ob der Verfasser/die Verfasserin der These zustimmt oder diese ablehnt. Dies kann mit Forderungen an das Verhalten des Lesers/der Leserin verknüpft sein. Außerdem kann ein Ausblick auf die Zukunft (z. B. Vermutungen über zu erwartende Entwicklungen) gegeben werden.

2 Im Unterricht können unterschiedliche Einleitungen miteinander verglichen und unter der Fragestellung auf ihre Wirkung hin untersucht werden: Inwieweit wurden die allgemeinen Überlegungen, was eine Einleitung leisten soll, berücksichtigt?

3 Zur Formulierung des Hauptteils können die Schüler/innen auf die bereits angelegte Tabelle zurückgreifen. Darüber hinaus können sie sich aber auch Argumente mit fiktivem Belegmaterial, z. B. Statistiken und Expertenmeinungen, ausdenken.
Die Überführung in den Bereich der Fantasie macht die Beschäftigung mit der Thematik wieder reizvoll und richtet die Aufmerksamkeit der Schüler/innen auch stärker auf die Anlage des Argumentationsteils (Gewichtung der Argumente/Überleitung).

2.2 Gleichberechtigung von Jungen und Mädchen – diskutiert in Jugendbüchern

S. 52 *Aimée Sommerfelt:* Nennt mich nicht mehr Sofus!

1 Anhand des Textauszuges ist klar zu erkennen, dass Hanne Sofie absichtsgebunden (sie will das Einverständnis ihrer Eltern für die Annahme eines Ferienjobs erreichen) und partnerbezogen (sie spricht mit der Mutter anders als mit ihrem Vater) bei ihren Gesprächen vorgeht. In die Erzählung fließen Andeutungen ein, wie sie ihr jeweiliges Gegenüber einschätzt, mit welchen Einwänden sie zu rechnen hat, was den anderen beeindruckt, überzeugt, auch irritiert oder gar überrumpelt. Nicht unberücksichtigt bleiben sollte auch die Art der nonverbalen Kommunikation, z. B.: „Sie kniete neben ihm nieder [= scheinbare Geste der Unterordnung], klopfte ihm das Seegras ab [diese fürsorgliche Geste signalisiert: Ich bin dir zu Diensten] und küsste ihn auf die Wange [Liebesbeweis der Tochter, schmeichelt ihm, mögliche vorweggenommene Beschwichtigung]“ (Z. 48 f.).
Es bietet sich auch an, die Dialoge arbeitsteilig untersuchen zu lassen: Eine Gruppe beschäftigt sich mit dem Dialog zwischen Vater und Tochter, die andere mit dem zwischen Mutter und Tochter.

Vater – Tochter
Hanne Sofie benutzt zunächst einen so genannten „Türöffner“, sie spricht von sich: „Ich habe einen Entschluss gefasst“ (Z. 1 f.). Diese positiv besetzte Formulierung wird durch den knappen Ausspruch „Ich will jetzt etwas tun“ (Z. 10) verstärkt, der Wille zur Aktivität betont, wobei Hanne Sofie noch bewusst offen lässt, welcher Art diese Aktivität sein soll. Sie zitiert nun – indirekt – den Vater, der sich wohl zuvor negativ über die Passivität seiner Töchter geäußert hat. Der Erzähler kommentiert bereits die Wirkung des Zitats: „... und damit nahm sie ihm allen Wind aus den Segeln“ (Z. 22 f.).
Hanne Sofie betont ihre Entschlusskraft durch die Redewendung „Ich möchte meine Kräfte messen“ (Z. 25 f.), wird aber immer noch nicht konkret. Entsprechend gehen die Erwartungen des Vaters in eine völlig andere Richtung, sodass Hanne Sofie nun die Wende einleiten kann, das Stichwort „Geld“ aufgreifend: „Ich will kein Geld haben, sondern ich will Geld verdienen“ (Z. 29 f.). Die rhetorisch gestellte Frage „Glaubst du an die Privatinitiative, Vater?“ (Z. 38) wendet Hanne Sofie dann auf ihre spezielle Situation an und gibt in knappen und präzisen Angaben Auskunft über ihre Arbeitsstelle. Damit dokumentiert sie: Ich habe bereits die „Initiative“ ergriffen. Ihre Entschlusskraft bezieht sich gar nicht nur auf die Zukunft, sondern erste Schritte sind bereits eingeleitet worden. Bevor der Vater aber schlagkräftige Gegenargumente bringen kann, knüpft Hanne Sofie – wieder indirekt – an ein früheres Gespräch an und kleidet die Schlüsselbegriffe („das Selbstbestimmungsrecht der Jugend“, Z. 53) erneut in eine rhetorische Frage (Parallele zu Z. 38). Dem eher schwachen Einwand des Vaters begegnet sie, indem sie ihn an seine eigenen Worte erinnert. Die Wiederholung des väterlichen Einwandes beantwortet Hanne Sofie nun mit dem Hinweis auf ihr äußeres Erscheinungsbild und mit einem Vergleich mit der Mutter, wobei der Kraftbegriff hier noch einmal (als Gegenpol zur vom Vater geforderten Erholung) ins Spiel kommt. Der Vater gibt sich geschlagen.

Mutter – Tochter
Hanne Sofie spielt zunächst einen möglichen Dialog in der Vorstellung durch. Ihre Willensbekundung, in den Ferien nicht nur faul auf der Haut zu liegen, sondern eine Tätigkeit übernehmen zu wollen, würde die Mutter auf häusliche Arbeiten anwenden, eine

Büroarbeit aber ablehnen. Der Erzähler kommentiert zunächst Hanne Sofies Vorgehen: „Hanne Sofie hielt es für das Beste, sofort selbst zum Angriff überzugehen" (Z. 118 f.). Dieser besteht darin, dass sie tatkräftig ihre Mutter bei der Gartenarbeit unterstützt und ihre Motivation für diese Hilfsbereitschaft bewusst übertrieben darstellt: „Du kannst dir ja eine Darmverschlingung oder einen Bruch oder einen Herzfehler davon holen" (Z. 125 ff.). Geschickt werden von Hanne Sofie Beweise für mangelndes Verantwortungsgefühl eingeflochten („Hat wohl die Zeit vergessen, genau wie ich", Z. 139 f.) und gesteht scheinbar eigene Schwächen und Fehler ein (vgl. Z. 146 f.).
Es hat den Anschein, als ob sie ihrer Mutter in deren Kritik an ihren Töchtern nur zustimmen kann, um dann zu der Mitteilung überzugehen, dass sie sich vorgenommen hat, genau diese Fehler zu beheben. Die Mutter hat den Eindruck, dass ihre Tochter zu einer Selbsterkenntnis gelangt ist (Z. 148). Nun erst gebraucht Hanne Sofie eine ähnliche Formulierung wie dem Vater gegenüber: „Wir haben eben zu wenig zu tun" (Z. 155). Sie ergänzt, dass sie den Beweis für eine aktive Feriengestaltung antreten wolle. Die Reaktion der Mutter ist identisch mit der von Hanne Sofie erwarteten, sodass sie ein Gegenargument parat hat. Sie bemängelt die bisherige Erfolglosigkeit der Methode (Z. 166 ff.) und bittet darum, eine eigene Methode ausprobieren zu dürfen. Die Mutter erteilt ihr daraufhin einen Freibrief, das von der Tochter gesetzte Ziel sei ihr wichtig, nicht der Weg dorthin. Daraufhin kann Hanne Sofie konkreter werden, wobei sie der Mutter suggeriert, dass sie diese erst um Erlaubnis fragt: „Darf ich ..." (Z. 178). Zur Bekräftigung führt sie das vom Vater bereits eingeholte Einverständnis an. Die Mutter gibt schließlich die Erlaubnis, da die Tochter sie im Glauben lässt, dass die Erfüllung einer Bedingung noch aussteht (Gebrauch des Konjunktivs, Z. 184): Wenn du eine Stellung gefunden hast, dann darfst du sie auch annehmen. Erst nachdem Hanne Sofie die Zustimmung ihrer Mutter bekommen hat, stellt sie sie vor vollendete Tatsachen: Die Bedingung ist bereits erfüllt. Hanne Sofie folgert: „Also fange ich Montag bei der Lebensversicherung an" (Z. 189 f.).

2 Bei beiden Elternteilen wird aus unterschiedlichen Gründen eine ablehnende Einstellung gegenüber einem Ferienjob deutlich: Der Vater ist der Ansicht, dass eine Schülerin sich in den Ferien ausruhen, erholen muss, um genügend Kräfte für das neue Schuljahr zu sammeln. Der Beruf einer Schülerin ist die Schularbeit. Die Mutter ist der Meinung, dass Kinder auch im Haushalt Aufgaben übernehmen sollen. Schließlich geht sie davon aus, dass die Tochter nicht so schnell eine Stellung finden würde. Vermutlich hätten weder Vater noch Mutter Anne Sofies Vorhaben so leicht zugestimmt, wenn sie die Taktik ihrer Tochter sofort durchschaut hätten.
Die Schüler/innen müssen in ihren Dialogen einerseits für die jeweilige ablehnende Position der Eltern Argumente finden, andererseits Textpassagen formulieren, in denen die Taktik der Tochter entlarvt wird.

3 Die Form **bewiese** ist der Konjunktiv II von **beweisen**.

S. 54 *Michelle Magorian:* Altes Land, neue Welt

1 In dem Gespräch geht es um Ausbildung und Rolle (junger) Frauen.

2 a) Rustys Vater geht noch von der Vorstellung aus, dass Frauen heiraten und den Haushalt führen sollen, während der Mann einen Beruf ergreift und das Geld nach Hause bringt. Er diskutiert auf der Grundlage dieser – für seine Frau bereits veralteten – Rollenbilder. Er tut die Auffassung seiner Frau, dass ihre Tochter die Möglichkeit eines Studiums bekommen soll, als abwegig, vollkommen unsinnig ab („So etwas Absurdes habe ich noch nie gehört ... Wie kommst du denn darauf?", Z. 12 f.). Außerdem wird eine notwendige Voraussetzung (Latinum) bereits mit dem abwertenden Begriff „unsinnig" (Z. 23 f.) belegt, um dann zu erklären, dass man sich über weitere Folgen keine Gedanken mehr zu machen braucht. Schließlich will er das Gespräch rigoros unterbinden, abwürgen: „Damit ist das Thema ein für alle Mal erledigt" (Z. 27 f.). Da seine Frau aber nicht aufgibt und ihre Zukunftspläne für die Tochter klar formuliert (Z. 46 f.), will er seine Argumentation stützen, indem er ihre persönlichen Erfahrungen als Beleg anführt: „Du bist doch auch ohne Beruf gut durchs Leben gekommen" (Z. 50 f.), er übersieht aber dabei, dass seine Frau inzwischen auch andere Erfahrungen gemacht hat. Ihren Einwand („Aber ...", Z. 52) versucht er in Frage zu stellen (Z. 55 f., 57 f.), was ihm aber nicht gelingt. Schließlich kann er die Arbeit seiner Frau bzw. ihre Einschätzung der eigenen Leistung nur abwerten: „... das ist wohl kaum etwas zum Prahlen" (Z. 61 f.).
Die Diskussionsbeiträge der Großmutter unterstützen ihren Sohn.
Man könnte versuchen, an die Vorstellungen des Vaters anzuknüpfen und ihn davon zu überzeugen, dass Rusty bessere Chancen hat, genau diesen Vorstellungen zu entsprechen, wenn sie die Möglichkeit eines Studiums erhielte, z. B.: Zu einer „guten Partie" gehört nicht nur Glück, sondern auch eine bestmögliche Ausbildung. Junge Männer wollen nicht mehr nur das Heimchen hinter dem Herd. Er selbst kann froh sein, dass er eine Frau hatte, die im Krieg für sich und die Tochter sorgen konnte.

3 Gespräche gelangen rasch an ihr Ende, wenn
- ein Gesprächspartner (u. U. nur scheinbar) mehr Autorität besitzt und das Handeln einfach bestimmen kann („Keine Diskussion! Die Vokabeln werden gelernt!"),
- Argumente sehr überzeugend sind,
- ein Kompromiss gefunden werden kann;
- sich jemand argumentativ unterlegen fühlt,
- ...

Gespräche ziehen sich mitunter in die Länge, wenn
- die Gesprächspartner/innen eine große Beharrlichkeit an den Tag legen,
- das immer gleiche Argument wiederholt wird,
- ständig Nebengleise beschritten werden,
- Scheinargumente eingebracht werden,
- ...

Ein Gespräch, das zwar lange dauert, da beide Parteien durchaus ihren Standpunkt beharrlich vertreten, indem sie immer wieder neue interessante Argumente bringen und diese belegen, führt aber vermutlich zu einem befriedigenderen Ergebnis als ein kurzer Diskussionsverlauf, in dem jemand schnell unterliegt, weil er sich der Situation nicht gewachsen fühlt. Hier müsste diskutiert werden, wonach sich eigentlich ein befriedigendes Ergebnis richtet.

Hedi Wyss: Das rosarote Mädchenbuch

S. 49

1
- Mädchen machen negative Erfahrungen mit Jungen, sie werden von diesen z. B. abgewertet, ausgegrenzt oder gemieden („jungenhafte Mädchenverachtung", Z. 20).
  Stütze: eigene Schulerfahrungen (Z. 5 ff.)
- Jungen werden in ihrem Verhalten durch Erwachsene noch bestärkt.
- Dadurch gelangen Mädchen zu der Auffassung, sie seien auf Grund ihres Geschlechts verachtenswert, was unterschiedliche Konsequenzen für ihr Verhalten hat: Die einen verachten sich selber, die anderen versuchen, sich doch noch beliebt zu machen.
- Das Vorbild der Erwachsenen zeigt, was typisch Frau und was typisch Mann ist: kultureller Einfluss.
- Mädchen und Frauen haben Angst vor dem beruflichen Erfolg, da ihnen suggeriert wird, sie müssten sich zwischen einer beruflichen Karriere und ihrer Rolle als Frau (Partnerin, Mutter) entscheiden.
  Stütze: Psychologische Tests an einem amerikanischen College

3 a)

auf Fakten beruhende Argumente (z. B. Zahlen, Statistiken)	auf anerkannten Grundsätzen basierende Argumente	erfahrungsgestützte Argumente (eigene Erlebnisse, Erfahrungen anderer)	andere Mittel der Beeinflussung (schmeicheln, drohen)
„Aber sie braucht Latein, wenn sie studieren will." (S. 55, Z. 24) „Du darfst doch den Rasen nicht allein mähen! Das ist viel zu schwer für dich." (S. 53, Z. 123 f.)	„... ich möchte meine Kräfte messen" (S. 52, Z. 25 f.)	„Mein ganzes Leben lang habe ich Rüben und Kohl jäten müssen, aber ich kann nicht behaupten, dass ich davon energisch geworden wäre." (S. 54, Z. 168 ff.) „Ich kann mich noch gut erinnern, wie zu meiner Schulzeit ..." (S. 56, Z. 4 ff.) „Du bist doch auch ohne Beruf gut durchs Leben gekommen ..." (S. 55, Z. 50 f.) „Die ‚Angst vor dem Erfolg', so haben Psychologen entdeckt, ..." (S. 57, Z. 73 f.)	„Glaubst du an das Selbstbestimmungsrecht der Jugend?" (S. 53 f., Z. 52 f., rhetorische Frage, die der Vater mit Ja beantworten muss) „Wir haben eben keinen Mumm in den Knochen." (S. 54, Z. 146 f., scheinbare Zustimmung einer Beurteilung) „Nun ja, ..., das ist wohl kaum etwas zum Prahlen." (S. 55, Z. 61 f., Abwertung)

4 a) Hier können mögliche Rollenerwartungen, die auch heute noch seitens der Eltern/der Gesellschaft bestehen, formuliert werden. So werden eher Mädchen als Jungen von ihren Eltern aufgefordert, abends nicht alleine den Nachhauseweg anzutreten, sondern gemeinsam mit anderen, am besten mit Jungen, eine Veranstaltung zu verlassen (Jungen als Beschützer). Es ist zu diskutieren, ob dies noch einem traditionellen Rollenbild entspricht oder nicht. Handelt es sich dabei um eine sinnvolle Empfehlung oder sollen Mädchen lieber Kurse zur Selbstverteidigung belegen?

Gibt es immer noch Hobbys (Boxen) oder Berufswünsche (Pilotin), die für Mädchen als zu „hart" eingeschätzt werden? Dabei können u. U. auch Erfahrungen aus bereits absolvierten Praktika eingebracht werden.

b) In den fiktiven Dialogen können die Schüler/innen mit Argumentationsabläufen experimentieren und bewusst auch andere sprachliche Mittel der Beeinflussung (z. B. Drohung, Schmeicheleien) einsetzen.

c) Das Vortragen der Dialoge ist wichtig, da die Schüler/innen sich üben sollen, genau zuzuhören und dabei Argumentationsverläufe zu erkennen, denn im Alltag basieren sehr viele Entscheidungen auf der Grundlage von kommunikativen Situationen („Ich kann mir nicht immer alle Argumente schriftlich geben lassen").

2.3 Koedukation ja oder nein? – Eine Podiumsdiskussion

S. 58 1 Die Schüler/innen können die Begrifflichkeiten in Lexika nachschlagen.

Chancengleichheit

„Jeder hat das Recht auf die freie Entfaltung seiner Persönlichkeit, soweit er nicht die Rechte anderer verletzt […]. Niemand darf wegen seines Geschlechts, seiner Abstammung, seiner Rasse, seiner Sprache, seiner Heimat und Herkunft, seines Glaubens, seiner religiösen oder politischen Anschauungen benachteiligt oder bevorzugt werden." (Art. 2 Abs. 1 und Art. 3 Abs. 3 des Grundgesetzes)

[…]

Was heißt Chancengleichheit?

Es gibt zwei grundsätzlich verschiedene Verstehensweisen von Chnacengleichheit. Für die einen ist damit eine gerechte Verteilung von Bildungschancen gemeint *(Chancengerechtigkeit)*. Alle erhalten formal die gleichen Möglichkeiten angeboten. Ob sie wahrgenommen oder genutzt werden können, ist Sache des Einzelnen. […]

Die anderen verstehen unter *Chancengleichheit*, dass durch unterschiedliche Maßnahmen, wie z. B. durch kompensatorische (Benachteiligung ausgleichende) Vorschulerziehung (→ Vorschule) oder Förderunterricht in der Grundschule, alle die gleichen Möglichkeiten zu einem gleichen Schulabschluss erhalten, der ihnen gleiche Rechte beim Zugang zu unterschiedlichen Berufen gibt.

Rollenklischee

Männer und Frauen werden in unserer Gesellschaft auf bestimmte *Rollen* festgelegt. Sie unterscheiden sich nicht nur auf Grund äußerer Merkmale, sondern an sie werden auch ganz bestimmte Erwartungen gerichtet in Bezug auf ihr Handeln (schnell entschlossene Männer/zögernde, zurückhaltende Frauen), ihr Denken (klar und logisch denkende Männer/unüberlegt und impulsiv reagierende Frauen), ihr Fühlen (aggressive, harte Männer/zärtlich besorgte Frauen). *Männer und Frauen werden von Kindheit an in ein ganz bestimmtes Bild (Schablonen) gepresst.*

Es wurde nachgewiesen, dass männliche Babys schon mit sechs Monaten weniger auf den Arm genommen werden als weibliche. Mit zunehmendem Alter wird das Verhalten Jungen und Mädchen gegenüber immer unterschiedlicher. Den Jungen wird abgewöhnt, sich um Zuwendung zu bemühen, von ihnen verlangt man eher Selbstständigkeit.

Entwicklungspsychologen sind der Meinung, dass Eltern ihren Kindern erst beibringen, „Jungen" bzw. „Mädchen" zu sein, indem sie z. B. bei Jungen „männliches" Verhalten belohnen (etwa wenn er beim Hinfallen die Tränen unterdrückt) und „weibliches" Verhalten bestrafen („Du bist doch kein Mädchen!"). Dadurch wird bestimmtes Verhalten erst gelernt (→ Lernen). Für die Verstärkung des jeweiligen Rollenverhaltens in der Familie, in der Schule und im Freizeitbereich gibt es viele Beispiele:

- Jungenbücher/Mädchenbücher
- Jungenspielzeug (Autos, Indianer, technische Baukästen)/Mädchenspielzeug (Puppen, Puppenküchen, Stickvorlagen)
- Jungenschaften/Mädchenkreise (→ Koedukation)
- Schulfächer (Werken für Jungen/ Handarbeiten für Mädchen)
- Sport (Fußball für Jungen/Gymnastik für Mädchen)

Emanzipation

bedeutet den Prozess der Befreiung von Herrschaft und/oder Autorität. Als → Erziehungsziel meint Emanzipation insbesondere das Mündigwerden des Kindes und Jugendlichen. Emanzipation ist auf die Selbstständigkeit, Selbstbestimmung bzw. die verantwortliche Mitbestimmung des Individuums in seinen bzw. gesellschaftlichen Angelegenheiten aus. Emanzipation ist seit der Zeit der Aufklärung (18. Jahrhundert) eine der wichtigsten pädagogischen Zielvorstellungen, wenn auch dieses Ziel aus politischen Gründen von den jeweils herrschenden Gruppen bekämpft wurde.

Koedukation

[...]

Die gemeinsame Erziehung von Jungen und Mädchen wird vor allem aus folgenden Gründen unterstützt:

- Jungen und Mädchen, die in der Familie und in ihrer Freizeit gemeinsam aufwachsen, sollen auch gemeinsam unterrichtet und nicht „künstlich" in einer wichtigen Lebensphase getrennt werden.
- Eine gute Schulbildung ist für Mädchen genauso wichtig wie für Jungen; die Gleichberechtigung in den Bildungsmöglichkeiten soll durch den gemeinsamen Unterricht sichergestellt werden.
- Auch die Organisation des Haushalts wird zunehmend mehr von Mann und Frau übernommen, deshalb nehmen in einigen Schulen auch Jungen an den hauswirtschaftlichen und Mädchen an den technischen Fächern teil.
- Jungen und Mädchen sollen möglichst viel Gelegenheit haben, die Verhaltensweisen, Empfindungen und Eigenheiten des anderen Geschlechts kennen und verstehen zu lernen und mehr über die eigene Rolle als Junge oder Mädchen zu erfahren; das ist besonders wichtig für Kinder, die ohne Schwester oder Bruder aufwachsen (→ Jungen/Mädchen).
- Mädchen und Jungen sollen die Angst voreinander verlieren und möglichst vielfältige soziale Kontaktmöglichkeiten im Arbeits- und Freizeitbereich lernen. Dabei ist die Aufnahme von angstfreien Liebes- und Sexualbeziehungen besonders wichtig.

(aus: Dorothea Kraus u.a.: Jugendlexikon Erziehung. Einfache Antworten auf schwierige Fragen. © 1976/95 by Rowohlt Taschenbuchverlag GmbH, Reinbek, S. 60f., 164f., 79, 168f.)

2 Auch hier wird wieder von den bisherigen Voreinstellungen der Schüler/innen ausgegangen. Durch das Aufhängen im Klassenraum kann für alle sichtbar/nachlesbar gemacht werden, welche Meinungen in der Klasse vorhanden sind. Dabei werden – z. T. unbewusst – Erfahrungen aus Familie und Schule einfließen.

3 Die Auflistung der Pro- und Kontra-Argumente dient der Sammlung und ist gegenüber den Karteikarten eine etwas objektivierte Arbeitsweise.

S. 59 Projekt: Podiumsdiskussion

1 a/b) Die Methode, mit Karteikarten zu arbeiten, hat den Vorteil, dass man farblich sichtbar die Pro- und Kontra-Argumente voneinander trennen und diese anschließend aufgrund ihrer Überzeugungskraft sortieren kann. Es ist auch leichter möglich, einem Argument das passende Gegenargument gegenüberzustellen. Außerdem können später problemlos zusätzliche Argumente, die aus weiteren Materialien gewonnen werden, eingeordnet werden. Für die Diskussion können die Schüler/innen die Karten schließlich erneut benutzen.

Einige **Pro-Argumente:**

- (von Schülern:) Mädchen sind wichtig für ein gutes Klassenklima, da sie die sozialen Beziehungen positiv gestalten können. Jungen unter sich sind disziplinloser und lösen Probleme eher mit Gewalt als Mädchen.
- (von Schülerinnen:) Jungen tragen zur Abwechslung im Unterricht bei, indem sie sich mehr Späße einfallen lassen als Mädchen. Eine Mädchenklasse ist sehr brav und langweilig.

(Mögliches Zusatzmaterial aus Jugendlexikon, Artikel „Koedukation“, s. o. S. 41)

Einige **Kontra-Argumente:**

- (von Schülerinnen:) In gemischten Klassen haben Mädchen mehr Angst, ausgelacht zu werden, wenn sie etwas Falsches sagen.
- Jungen behindern eine konzentrierte Arbeit, weil sie frech und laut sind.
- (von Schülern:) In naturwissenschaftlichen Fächern sind Jungen besser.
- Mädchen sind Petzliesen, Streberinnen, langweilig, nerven und machen vieles nicht mit.
- Internationale Studien belegen, dass durch den koedukativen Unterricht keine Gleichberechtigung geschaffen werden konnte, vielmehr herrscht eine „diskrete Diskriminierung“ der Mädchen.
- Mädchen werden von Lehrkräften dazu benutzt, schwierige Jungen ruhig zu halten.
- Weil die Lehrer/innen stärker mit den Jungen beschäftigt sind, werden die Interessen der Mädchen vernachlässigt.
- Eine Untersuchung des Berliner Max-Planck-Instituts für Bildungsforschung hat gezeigt, dass Mädchen v. a. in den Fächern Mathematik/Physik den Glauben an das eigene Können verlieren.
- Den Mädchen wird der Spaß an Fächern wie Informatik und Physik durch die Jungen verleidet. An Mädchengymnasien wählen mehr Mädchen Physik als Leistungskurse (bis zu 40 %) als an koedukativen Gymnasien.
- Da die Schulausbildung auch über die weitere Berufswahl entscheidet, werden Mädchen für den Rest ihres Lebens benachteiligt.

3 – 6 Die thematische Aufarbeitung wird umso lebendiger und zeigt Relevanz für die Schüler(innen)wirklichkeit, wenn Untersuchungen im eigenen Umfeld durchgeführt werden. Hierzu gehört sowohl der Unterricht als auch das Schulbuchmaterial. Kommen tatsächlich im Deutschunterricht die Mädchen mehr zum Zuge als im Fach Mathematik? Werden Rollenklischees in Schulbüchern weitertransportiert (z. B. sind Illustrationen, Texte, Aufgabenstellungen daraufhin zu untersuchen, ob und wenn ja welche Rollenklischees weitervermittelt werden, z. B. das Mädchen, das im Sessel sitzt und einen Liebesroman liest, der Junge, der lieber Skateboard fährt)?

Ein Protokoll führen

S. 67

1 Ein **Verlaufsprotokoll** hält den Ablauf einer Diskussion in chronologischer Reihenfolge fest. Alle wesentlichen Äußerungen müssen wiedergegeben werden. Es nennt Zwischenergebnisse und fasst das Endergebnis zusammen. Tempus ist vorwiegend das Präteritum. Die Anfertigung eines Verlaufsprotokolls ist sinnvoll, wenn der Prozess der Meinungsbildung und Ergebnisfindung dokumentiert werden muss. So kann es bei der Erarbeitung eines neuen Themas wichtig sein, Arbeitshypothesen, die Diskussion und schließlich erst mögliche Weichenstellungen für die nächste Stunde festzuhalten. Auch die Vorbereitung eines Versuches und dessen Durchführung im Fach Physik beispielsweise verlangt eher die Form eines Verlaufsprotokolls, denn das Festhalten des Ergebnisses allein würde über den Versuch kaum Auskunft geben und das Nachvollziehen der Stunde nicht ermöglichen.

2 In einem **Ergebnisprotokoll** werden nur die entscheidenden Arbeits- bzw. Diskussionsergebnisse in gegliederter Form festgehalten. Als Orientierungshilfen für die Gliederung können Tagesordnungspunkte (TOP 1, 2, …), Themenkomplexe oder die Vorgabe eines Thesenpapiers dienen. Das Festhalten der Ergebnisse ist für künftige Entscheidungsprozesse notwendig.

Protokoll 1:

Protokoll der Doppelstunde Deutsch vom 14. Februar 2002
Thema: Vor- und Nachteile der Koedukation
Unterrichtsmaterial: Drei Artikel aus dem Lokalteil einer Tageszeitung
Die gegebenen Materialien beschreiben die Koedukation sowie ihre Folgen am Beispiel eines Mädchengymnasiums.
In den Artikeln wurden folgende Thesen formuliert:
- *Jungen machen Dreck und schmieren die Wände voll.*
- *Sie zeigen ein negatives Sozialverhalten.*
- *Sie behindern Mädchen am effektiven Lernen.*
- *Jungen unterdrücken Mädchen.*
- *Mädchenschulen sind leistungsstärker, da sie eine bessere Förderung bieten.*

Der Kurs kritisierte die einseitige und stark wertende Berichterstattung des Autors zu Gunsten der Mädchenschulen. Der Artikel ist geprägt von Lokalpatriotismus und Pauschalisierungen. […]

Protokoll 2:

Protokoll der Deutschstunde vom 14. 2. 2002
Thema: Erörterung der Nützlichkeit der Koedukation anhand eines Zeitungsartikels vom 18. 3. 1998

Nachdem wir uns die Gründe für die Erstellung des Protokolls bewusst gemacht hatten, ging es ans eigentliche Thema.
Zunächst kam eine Erklärung des Wortes „Koedukation": gleichzeitige Erziehung von Mädchen und Jungen an einer Schule (O-Ton Sabine). Des Weiteren wurde vom Lehrer die Relevanz des Themas erläutert. Zum einen erwähnte er, dass das Thema von Eltern, Lehrern, Politikern und sogar Schülern immer wieder angesprochen wird.
Dabei ist auffällig, dass die Meinungen sich je nach Alter der Diskutierenden durchaus einigermaßen klar voraussagen lassen. So sind jüngere Schüler eher gegen Koedukation, während Schüler der 7. bis 10. Klassen eher dafür sind.
Scherzhaft wird noch auf Grund der im Kurs bestehenden Sitzordnung beigesteuert, dass man in der Jahrgansstufe 12 bereits wieder gegen die Koedukation ist. [...]

(aus: Heinrich Biermann/Bernd Schurf [Hg.]: Von der Sachtextanalyse zur Erörterung. Cornelsen, Berlin 1998, S. 13)

3 **Gesprächsnotizen** sind auf das Wesentliche zu beschränken: sinnvolle Abkürzungen von Wörtern wählen; Sätze verkürzen; Schlüsselbegriffe, Kernaussagen, Namen und Zahlen notieren; Symbole einführen, mit Pfeilen und Querverweisen Zusammenhänge/Widersprüche markieren

Übungsmaterial im „Deutschbuch 9 Arbeitsheft"

- Erörtern
- Protokoll schreiben

Lernerfolgskontrolle/Themen für Klassenarbeiten

Vorschlag 1 (für Leistungsstärkere)

1 Verfasse auf der Grundlage der Aussagen in dem folgenden Artikel einen Argumentationsgang, indem du einem Pro-Argument direkt ein Gegenargument gegenüberstellst. Formuliere zunächst eine treffende Einleitung und denke schließlich an eine eigene Stellungnahme (Abwägung).

Einheitliche Kleidung für Schüler?

JA

Eine Schule, die mit allen an der Schule Beteiligten eine Diskussion über Werte und Normen in Gang setzt, entwickelt gemeinsame pädagogische Ziele, ein Leitbild, eine Schulphilosophie. Das führt zu qualitativen Veränderungen im Schulalltag, stärkt die Identität und das Profil der Schule. Diese Innenwirkung

NEIN

Dass wir Schülern mehr Möglichkeiten eröffnen müssen, sich mit ihrer Schule zu identifizieren, ist richtig. Doch wer dafür eine Idee aus der Mottenkiste des 19. Jahrhunderts holt und sie mit dem modischen Begriff Corporate Fashion belegt, der macht es sich zu einfach. Schule kann nur dann die Begeisterung

soll aber auch im äußeren Bild der Schule erkennbar sein. Die Schüler entwickeln gemeinsam mit den Lehrern, den Eltern und vielleicht sogar mit Sponsoren ein eigenes Logo, das auf T-Shirts, Mützen und anderem mehr als Corporate Fashion dieser Schule genutzt wird. Eine solche Schulkleidung – zu besonderen Anlässen getragen – zeigt die Identifikation mit der eigenen Schule. Auch sie kann helfen, erkennbare Zeichen in einer zunehmend unübersichtlichen Welt zu setzen.

Die Wirtschaft wendet Corporate Identity (CI) mit ihren Bausteinen Corporate Design bzw. Corporate Fashion längst nicht nur zur Werbung, sondern auch zur Mitarbeitermotivation und damit Qualitätssteigerung erfolgreich an. Deshalb liegt es nahe, die CI als Identifikations- und Motivationsmedium auch an der Schule einzusetzen. Es geht also nicht um verordnete Schuluniformen, schon gar nicht um Coca-Cola-T-Shirts für alle. Hinzu kommt, dass die Imponieruniformen der Jugendlichen in Gestalt von Kapuzenpullis, Doc Martens und Markenjeans bei denen, die sie nicht besitzen, Minderwertigkeitsgefühle und aggressive Begehrlichkeit auslösen. Durch eine gemeinsam erarbeitete und akzeptierte Schulkleidung, die den Blick auf das Gemeinsame lenkt und das Dazugehören über das Cool-Sein stellt, würden solche Begehrlichkeiten an Bedeutung verlieren.

der Schüler wecken und sie wirklich an sich binden, wenn sie mehr ist als eine anonyme Lernfabrik. Dazu muss sie Lern- und Lebensort sein, der es den Kindern und Jugendlichen auch neben dem Unterricht in Arbeitsgemeinschaften, auf Schulfesten und Sportveranstaltungen ermöglicht, ein Wir-Gefühl zu entwickeln. Jugendliche von heute lassen sich nicht in eine genormte Einheitskluft zwängen und sind dann darauf vielleicht noch stolz. Schuluniformen sind nicht nur pädagogisch wenig sinnvoll, es gibt auch keine gesetzliche Handhabe, um Schüler zu zwingen, eine bestimmte Kleidung zu tragen. Auch die Finanzierungsfrage steht völlig in den Sternen. Ohne Sponsoren wären die Einheitsklamotten schlichtweg nicht zu bezahlen. Und wenn dann das Schulemblem neben dem Logo eines großen Getränkeherstellers oder einer Turnschuhfirma prangt, dann ist der gewünschte Effekt verfehlt. Schulen sollen stärker als zuvor darangehen dürfen, ein eigenes Profil zu entwickeln und autonom zu handeln. Dazu zählen vor allem eigene inhaltliche Schwerpunktsetzungen und schulische Angebote. Es ist auch denkbar, dass Schulen eigene T-Shirts entwickeln, die dann freiwillig getragen werden können. Doch die Einführung einer obligatorischen Schulkleidung geht weit an den Realitäten unserer Schulen und ihrer Schülerschaft vorbei.

(aus: Focus, 49/1997, S. 90)

Vorschlag 2 (für Leistungsschwächere)

1 Erörtere die Vor- und Nachteile eines koedukativen Sportunterrichts und beziehe dich dabei auf eigene Erfahrungen.

Vorschlag 3 (für Leistungsstärkere)

1 „Mode gehört zum Leben“
„Ein Ferienjob ist cool“
Erörtere eines der beiden Themen pro und kontra und nimm am Ende persönlich Stellung.

Vorschlag 4 (für Leistungsschwächere)

Ein modischer Haarschnitt gehört dazu!

Regina Riepe

Überall in den Städten Westafrikas versuchen Friseurläden, die Aufmerksamkeit der Kunden zu wecken. Gekonnte Friseurschilder oder die Bemalung der Holzwände machen den Laden zu einem Kunstwerk. Innen ist es eng, Poster aller Arten verdecken die Wände. An Spiegeln herrscht kein Mangel und auf einem Regal liegen Kämme, Bürsten, Haarschneidemaschine, Rasierer, Haargel ... Ein Kassettenrekorder spielt pausenlos Rap. Die Zeitschrift Planète Jeunes, die überall im frankofonen Westafrika von Jugendlichen gelesen wird, stellt einige der jungen Friseurinnen und Friseure vor und berichtet über ihre Zukunftschancen:

„Jean-Marie, 14 Jahre alt, schüttelt den Kopf, während er sorgsam seine Haarschneidemaschine auf dem Kopf seines Klienten kreisen lässt: ‚Meine Eltern hatten kein Geld mehr, um mein Schulgeld zu bezahlen, ich hab die Schule nach vier Jahren abgebrochen. Danach hat mir mein Großvater gezeigt, wie man Haare schneidet.‘ Es gibt keine Schule für Friseure, keine staatlich festgelegte Form von Lehre mit Lehrzeit und Gesellenprüfung, die Ausbildung wird ‚vor Ort‘ absolviert. Man sucht sich jemanden, der einem das Handwerk beibringt, und oft müssen die Lehrlinge nicht nur im übertragenen Sinne ‚Lehrgeld zahlen‘. Nach der Ausbildung braucht man Geld für einen kleinen Laden und das Werkzeug. Einige Jugendliche, wie Jean-Marie, arbeiten zunächst in einem größeren Salon, bis sie das nötige Geld zusammen bekommen. Jean-Marie träumt von einem eigenen Friseur-Kiosk, doch das tun viele in den großen Städten Westafrikas. Die Konkurrenz ist groß.

Komplizierter noch ist die Lage für Bernadette, die als Friseurin für Frauen arbeitet. Während ein Kamm und eine Haarschneidemaschine für Männerköpfe oft ausreichen, ist ein Friseursalon für Frauen eine aufwändige Sache. Zwischen 300.000 und 1.500.000 CFA-Franc, also zwischen 1.000 und 5.000 DM, kostet die Einrichtung, damit die komplizierten modernen Frauenfrisuren hergestellt werden können.“

Viele kunstvolle Frisuren sind kreative Weiterentwicklungen der alten Haartrachten, die bei allen afrikanischen Völkern zu einem guten Aussehen gehörten. Sie gaben Aufschluss über den sozialen Status der Frau und ihre Zugehörigkeit zu einer bestimmten Ethnie.

Die modernen Frisuren der Städterinnen sind nicht minder kunstvoll wie die traditionellen Haarstile, aber sie sind keinen Regeln unterworfen. Ob Sekretärin, Schülerin, Marktfrau oder die Frau

Minister, es sind die persönlichen Vorlieben und die allgemeinen Modetrends, die heute ihre Frisur bestimmen – und selbstverständlich das Geld, das sie dafür bei einer professionellen Friseurin ausgeben kann.

Aber man pflegt sich auch gegenseitig die Haare zu machen. Im Dorf oder in der Kleinstadt sitzen am Samstagnachmittag Frauen und Mädchen stundenlang zusammen und schmücken sich gegenseitig die Haare. Die Frisurenkünstlerin kann eine Nachbarin, Freundin oder Tochter sein, seltener eine professionelle Friseurin. Es ist die Zeit, um in entspannter Atmosphäre miteinander zu reden. Hausarbeit und Kinder, die anstrengende Arbeit auf den Feldern oder im Beruf müssen warten.

(Misereor-Lehrerforum Nr. 37, Mai 2000
Bischöfl. Hilfswerk Misereor e. V., Aachen
© Misereor Medienproduktion, Aachen, 2000

1 Markiere die wichtigsten Informationen in dieser Reportage.

2 Fasse den Artikel mit eigenen Worten zusammen.

3 Schreibe auf, was dich beim Lesen erstaunt oder nachdenklich gemacht hat.

3 Wir erkunden Berufe

Konzeption des Gesamtkapitels

Das erste Teilkapitel (**„Was willst du werden? – Informationen sammeln und präsentieren“**) ist dem Lernbereich „Sprechen und Schreiben“ verpflichtet. Die Schüler/innen werden aus verschiedenen Perspektiven zur Reflexion und Diskussion eigener Berufswünsche aufgefordert. Am Beispiel des wahrscheinlich eher unbekannten Berufsbildes Motopäde/Motopädin erhalten sie Textmaterial zur gemeinsamen Erarbeitung der für ein Referat notwendigen Schritte. Ziel ist darüber hinaus das eigenständige Verfassen und Präsentieren eines Referates über ein Berufsbild.
Das zweite Teilkapitel (**„‚Der Wettlauf ums Brot‘ – Die Arbeitswelt in literarischen Texten“**) wechselt den Lernbereich, knüpft an das erste Teilkapitel mit einem Text von Reiner Kunze an, der die Problematik des Berufswunsches aufgreift, und stellt mit Bölls „Anekdote zur Senkung der Arbeitsmoral“ die Frage nach dem Sinn der Erwerbsarbeit. In der „Asche meiner Mutter“ geht es um erste Berufserfahrungen eines 14-jährigen Iren in den 40er-Jahren. Es schließen sich ein historischer (B. Brecht, 20er-Jahre) und ein moderner Text (G. Ruck-Pauquèt) zur Arbeitslosigkeit an. Methodisch ist in diesem Teilkapitel neben dem analytischen auch der produktive Umgang mit Texten vorgesehen.
Das dritte Teilkapitel (**„Sie und er in der Welt der Arbeit“**) geht anhand von Sachtexten der Geschlechterfrage im Berufsleben nach. Dabei werden die Schüler/innen zu unterschiedlichen Darstellungs- und Kommunikationsformen angeregt: Diagramme, Tagesbericht, Leserbrief, Umfrage, Kurzvortrag.

Literaturhinweise

Siegwart Berthold: Reden lernen im Deutschunterricht. Essen 1997

Marita Papst-Weinschenk: Reden im Studium. Ein Trainingsprogramm. Cornelsen Scriptor, Berlin 1995

Praxis Deutsch: Reden lernen. Heft 144/1997

Josef W. Seifert: Visualisieren, Präsentieren, Moderieren. Offenbach 1998

Texte/Gegenstände		Intentionen
S. 69	**3.1 Was willst du werden? – Informationen sammeln und präsentieren**	– die eigenen Berufsvorlieben und -abneigungen reflektieren und diskutieren – Möglichkeiten der Einordnung von Berufen kennen lernen und Alternativen erarbeiten – eine Übersicht über die Abfolge der Erarbeitung eines Referats gewinnen – Präsentationstechniken kennen und beherrschen lernen
S. 69	Welche Berufe kennt ihr?	
S. 70	Jobsuche mit Köpfchen	
S. 72	Über einen Beruf referieren	
S. 77	**3.2 „Der Wettlauf ums Brot" – Die Arbeitswelt in literarischen Texten** – *Reiner Kunze:* Clown, Maurer oder Dichter – *Heinrich Böll:* Anekdote zur Senkung der Arbeitsmoral – *Frank McCourt:* Die Asche meiner Mutter – *Bertolt Brecht:* Der Arbeitsplatz oder Im Schweiße … – *Gina Ruck-Pauquèt:* Arbeitslos	– die Zusammenhänge zwischen Charakterzügen und Berufswunsch reflektieren – über Sinn und Ziele von Arbeit diskutieren – die Problematik der Arbeitslosigkeit (Ursachen und Auswirkungen) erkennen – einen humorvollen Text erfassen und seine stilistischen Elemente benennen können – Intention und Perspektive literarischer Texte erkennen – sprachlich-stilistische Besonderheiten erfassen – literarische Texte fortsetzen bzw. produktiv mit ihnen umgehen.
S. 89	**3.3 Sie und er in der Welt der Arbeit**	– sich anhand unterschiedlicher Sachtexte über die Rollenspezifik von Berufen klar werden – besonders die problematische Position der Frau im Berufsleben reflektieren – eine eigene Position beziehen und formulieren
S. 89	– *Klaus J. Schmidt:* Elkes Berufswunsch – Frauen für das Soziale … – *D. Stöbener:* Bügeln statt Trecker fahren – *I. Stratenwerth:* Das gestresste Geschlecht – *M. Kröger:* Mit Emotionen erreicht man wenig	

3.1 Was willst du werden? – Informationen sammeln und präsentieren

S. 69 Welche Berufe kennt Ihr?

1 Auf der Titelseite des Kapitels sind sechs Berufe abgebildet, die unterschiedlichen Berufsfeldern zuzuordnen sind. Ziel dieses Abschnittes ist ein offenes Gespräch, das Gelegenheit zur – noch relativ spontanen – Auseinandersetzung mit eigenen und fremden Berufswünschen bietet.
Die üblichen Doppelbezeichnungen sind möglicherweise für manche Schüler/innen irritierend, gerade in den beiden Bildern unten Mitte und unten rechts wird gängigen Berufsklischees („Krankenschwester" – „Kfz-Mechaniker") widersprochen, was als Gesprächsanlass und Einstieg ins Thema genutzt werden kann.
Die Berufe lassen sich unter unterschiedlichen Aspekten ordnen:

Selbstständige (Architekt)
Angestellte (Krankenpfleger)
Lehrberufe (Mechaniker)
Berufe mit Universitätsabschluss (Architekt)
überwiegend manuelle Tätigkeiten (Goldschmied)
überwiegende kognitiv-rationale Tätigkeiten (Journalist)

2
Goldschmied/in	–	*Kunst, Design/Kunsthandwerk*
Journalist/in	–	*Medien*
Architekt/in	–	*Bau-, Vermessungswesen ...*
DV-Kauffrau/-mann	–	*Handel, Banken, Versicherungen*
Krankenpfleger/in	–	*Medizin*
Kfz-Mechaniker	–	*Apparate- und Maschinenbau*

3 a) Die Schüler/innen sollten zunächst ohne weitere Materialien die Lösung dieser Aufgabe versuchen. Die gedoppelte Aufgabenstellung soll vorschnellem Abtun ganzer Berufsfelder vorbeugen – die Beschäftigung auch mit (oft unbekannten) ungeliebten Berufen kann einerseits den Blick für die Vielfalt öffnen, andererseits eine oft noch nicht gefestigte Vorstellung der eigenen Berufswünsche klären helfen.

b) Dieser Aufgabenteil dient der schriftlichen Präzisierung der spontanen Schülerreaktion. Die Erläuterung sollte argumentativ aufgebaut sein, auch als Hilfe zur Klärung der eigenen Wünsche.

4 Auch diese Aufgabe dient der kognitiven Vorbereitung. Ein selbst geordnetes, selbst kategorisiertes Sachgebiet lässt sich oft leichter überschauen. Zudem können an der Lösung bereits Hauptinteressen der Schüler/innen abgelesen werden.
Möglich wären zum Beispiel:
- Verdienst
- vorherrschende Tätigkeiten („Handarbeit", „Kopfarbeit" ...)
- Arbeitsplatz (im Freien, im Büro, am Heimatort, auf Reisen ...)

Über einen Beruf referieren

S. 72

Dieser Abschnitt dient der Erweiterung des Blickfeldes und möglicherweise der Interessen der Schüler/innen.

1 Einerseits wird durch diese Aufgabe eine größere Anzahl von Berufen der gesamten Klasse präsent, andererseits zeigen sich recht schnell durch Vielfachnennungen bzw. Auslassungen ganzer Berufsfelder Vorlieben und mögliche Informationsdefizite. Die Ordnung nach Berufsfeldern verhindert eine bloße Unterscheidung auf der Grundlage der Schulabschlüsse, vielmehr zeigen sich hier, da jedes Berufsfeld auch Berufe mit Studienabschlüssen beinhaltet, eher grundlegende Interessen oder Beeinflussungen z. B. von Elternseite. Dies bewusst zu machen, ist Ziel dieser Aufgabe.

2 Hier wäre es besonders von Interesse, einen bisher unbekannten Beruf vorzustellen, andererseits ist auch die Chance zu geben, den eigenen „Wunschberuf“ intensiv kennen zu lernen und im Referat darzustellen.

3 Leitfragen sollten die Vermittlung von Adressateninteresse und Sachgebiet darstellen. Es wäre in „referatungewohnten“ Klassen sinnvoll, die Leitfragen, die maßgeblich die Gliederung des Referates bestimmen, gemeinsam zu erstellen. Dazu können zunächst Fragen der Schüler/innen gesammelt und in eine sinnvolle Reihenfolge gebracht werden. Allerdings sollten Schüler/innen, die eigene Wege bei der Vorstellung ihres gewählten Berufes gehen wollen, nicht in ihrer Leistung beschnitten werden, sofern sie die Adressaten nicht aus dem Blick verlieren. Eine bloße Aufzählung von Fakten (z. B. aus dem Internet), seien sie auch noch so sachgerecht geordnet, ist für sich noch kein Referat.
Anregungen könnten neben den im Schülerbuch genannten sein (ungeordnet):
- Wie wird man ...?
- Ist die Arbeit abwechslungsreich oder eintönig?
- Hat man Chancen weiterzukommen?
- Wie hoch ist die Bezahlung?
- Wie ist die Verteilung von Frauen und Männern in diesem Beruf?
- Mit welchen Schwierigkeiten muss man bei der Ausbildungsplatzsuche rechnen?
- Gibt es Möglichkeiten, ins Ausland zu gehen?
- Sind die Tätigkeiten umweltverträglich?

4 Die vorliegenden Texte zum Berufsbild des/der Motopäden/Motopädin sind als Übungsmaterial gedacht, an dem die Bearbeitungstechniken von Informationstexten (Markieren und Zusammenfassen) wiederholt werden können. Darüber hinaus bietet sich hier eine Möglichkeit, an allen Schülerinnen und Schülern vorliegenden Texten die ausgewählten Leitfragen zu erproben. Dazu wäre arbeitstechnisch darauf zu verweisen, dass mit unterschiedlichen Farben Informationen zu verschiedenen Leitfragen zu markieren sind (s. Aufgabe 6).

Motopäde/Motopädin

Motopäden führen Übungen mit Kindern, Jugendlichen und Erwachsenen durch, deren Wahrnehmungs- und Bewegungsvermögen gestört ist: Das sind zum Beispiel Bewegungsstörungen in der Hand- und Fingergeschicklich-

Aufgabe:
Übungen mit Seh- und Bewegungsgestörten

keit, Sprachstörungen oder auch Lese- und Rechtschreibstörungen.

Schwerpunkte: Diagnostik, Therapie

Sie übernehmen Tätigkeiten in der Diagnostik, Planung und Durchführung der Therapie. In der Diagnose sprechen sie mit den Betroffenen und ihren Angehörigen, führen Untersuchungen und Tests zur Motorik, Wahrnehmung und zum Bewegungsverhalten durch, erheben Daten aus der Vorgeschichte der Persönlichkeit und zur geistig-seelischen sowie zur sozialen Entwicklung.

Beschäftigungsmöglichkeiten

Beschäftigungsmöglichkeiten bieten sich u.a. in Sonderschulen, Tagesstätten für Behinderte, Heimen, Erziehungsberatungsstellen, Kliniken oder in freiberuflicher Tätigkeit.

Ausbildung

In Thüringen gibt es eine 3-jährige Ausbildung.

Voraussetzungen

Zugangsvoraussetzungen: Realschul- oder vergleichbarer Abschluss, Mindestalter 17 Jahre

Weiterbildung

In Nordrhein-Westfalen und Thüringen werden Weiterbildungen von 1 bis 2 Jahren Dauer angeboten.
Zugangsvoraussetzungen für die Weiterbildung: abgeschlossene Berufsausbildung zum Beispiel als Physiotherapeut/in, Masseur/in, Erzieher/in, Krankenschwester/pfleger oder 1. Staatsprüfung im Rahmen des Lehramtsstudiums mit dem Fach Sport. Die Aufnahmebedingungen sind je nach Fachschule unterschiedlich.

(Blätter zur Berufskunde: 2-II A 33)

Die Aufgabe von Motopäden

Aufgaben

besteht darin, Kinder, Jugendliche sowie Erwachsene aller Altersstufen, deren Wahrnehmungs- und Bewegungsvermögen gestört ist und die in Folge davon Beeinträchtigungen im sozialen und emotionalen Erleben erfahren, zu fördern und Entwicklungsrückstände aufzuarbeiten. Motopädische Arbeit hat das Ziel, über vielseitige Erfolgserlebnisse ein intensives Entdecken, Erweitern und Erleben der eigenen Fähigkeiten zu unterstützen. Die Betroffenen sollen nach entsprechender Behandlung den Lebens- und Alltagsansprüchen adäquat begegnen können. Die Arbeit der Motopäden erfolgt daher in enger Zusammenarbeit mit Ärzten, Pädagogen, Psychologen und Angehörigen der Betroffenen. Zu den Hauptaufgaben zählen die anamnestische Datenerhebung, die Bewegungs- und Verhaltensbeobachtung, die Auswahl und Durchführung motorischer Tests, das Erstellen von Behandlungsplänen mit senso-, neuro-, psycho- und soziomotorischen Schwerpunkten, die Durchführung pädagogisch-therapeutischer Maßnahmen im Wahrnehmungs-, Bewegungs- und Erlebnisbereich und das Erstellen von Beobachtungs-, Verlaufs-, Entwicklungs- und Abschlussberichten.

Zusammenarbeit

Hauptaufgaben

(Aus: IBZ 29/1999)

Berufsaussichten

Gute Berufsaussichten

Das noch junge Berufsbild der Motopädin/Mototherapeutin hat in den Arbeitsfeldern der pädagogisch-therapeutischen Prävention und Rehabilitation in den letzten Jahren zunehmende Beachtung gefunden. Es wurden zunehmend Stellen für Motopädinnen/Mototherapeutinnen geschaffen, was darauf schließen lässt, dass sich ihre Arbeit in den Praxisfeldern bewährt hat.

Arbeitsmarkt

Beobachtungen der Arbeitsmarktlage durch den Berufsverband zeigen, dass weiterhin Stellen für Motopädinnen geschaffen und oftmals überregional ausgeschrieben werden. Da regional noch große Unterschiede beim Angebot und der Nachfrage nach entsprechenden Stellen bestehen, können manche ausgeschriebene Stellen über längere Zeit nicht besetzt werden.

Flexibilität

Absolventen der Ausbildungsstätten, die eine gewisse regionale Flexibilität besitzen, finden im Allgemeinen relativ schnell eine fachlich und inzwischen häufig auch finanziell adäquate Stelle.

Berufsaussichten

Da Motopädinnen/Mototherapeutinnen in einem Problemfeld arbeiten, das im Bildungs-, Sozial- und Gesundheitswesen zunehmend als gesellschaftliche Aufgabe erkannt wird, sind die Berufsaussichten bei weiter steigendem Bekanntheitsgrad des Berufsbildes in Zukunft als durchaus gut zu bezeichnen.

Eine nicht unerhebliche Rolle wird die allgemeine Entwicklung des Gesundheitswesens spielen, ebenso wie strukturelle Entscheidungen im Bildungs- und Sozialwesen im Hinblick auf die Öffnung für psychosoziale und therapeutische Berufsgruppen.

(aus: Blätter zur Berufskunde, 1999)

5 Fremd- und Fachwörter sind etwa
Motopäde („Bewegungsheilkundler“), Diagnostik, Therapie, Motorik, Physiotherapie, emotional, adäquat, anamnestisch (die Krankheitsvorgeschichte betreffend), senso-, neuro-, psycho-, soziomotorisch, Prävention, Rehabilitation, Absolvent

Syntaktisch zeichnet sich der erste Text (S. 72 f.) durch seinen Nominalstil und viele Aufzählungen aus.
Der zweite Text (S. 73) enthält lange Sätze, z. B. Infinitivkonstruktionen. Hier könnte man durch Auflösen in einzelne Sätze vereinfachen.

6 a) Leitfragen zu Text 1, etwa:
- Welche Aufgaben haben M.?
- Wo liegen ihre Arbeitsschwerpunkte?
- Wie ist die Beschäftigungssituation?
- Wie sind Ausbildung und Weiterbildung geregelt?

Text 2:
- Aufgaben und Ziele der M.
- Mit wem arbeiten M. zusammen?
- Welche Tätigkeiten werden im Einzelnen ausgeführt?

Text 3:
- Wie bekannt ist das Berufsbild M.?
- Wie ist die Arbeitsmarktlage?
- …

[7] Bei diesem Schritt geht es um eine Abfolge der gewonnenen und sortierten Informationen. Eine Ordnung kann sehr schematisch erfolgen (so liegt sie in den berufskundlichen Texten vor), sie könnte jedoch auch nach Interessen der Zuhörer/innen geordnet sein oder möglicherweise aus der Sicht einer Person, die für diesen Beruf werben will (Voranstellung der positiven Aspekte wie breite Einsatzmöglichkeit, gute Anstellungschancen …).

3.2 „Der Wettlauf ums Brot“ – Die Arbeitswelt in literarischen Texten

S. 77 *Reiner Kunze:* Clown, Maurer oder Dichter

[1]–[3] „Leg den Kartoffelkuchen auf einen Kuchenteller!“ – So könnte der Vater zum Sohn gesagt haben.
Der Vater (Erzähler) wünscht sich einerseits einen Sohn, der sich unauffällig „normal“ verhält – die außergewöhnliche Deutung seines Auftrages lässt ihn am Verstand seines Sohnes zweifeln (Z. 22, 30ff.). Andererseits hat er Bedenken, den Sohn Militärisches hören zu lassen (Z. 54ff.). Die Aussage in Z. 64f. lässt Spielraum für die Deutung, dass auch die anderen Berufsvorschläge nicht in seinem Sinne sind.
Der Sohn hat offenbar die Vorschläge der Gäste durchaus ernst genommen. Die Frage an die Schwester macht deutlich, dass ihn nicht die väterliche Strafpredigt, sondern die – womöglich scherzhafte – Unterstützung seiner eigenen Deutung des väterlichen Auftrages durch die Freunde beeindruckt hat. Der Vater möchte solche Eindrücke möglichst von ihm fernhalten; da er sich aber schon zu Beginn der Geschichte verteidigt (Plädoyerstil), zweifelt er offenbar selbst an seiner Legitimation und sucht im Leser/in der Leserin einen Verbündeten.

⟨4⟩ a) Die Reden werden indirekt wiedergegeben und stehen deshalb im **Konjunktiv**.

b) … gesagt zu haben: „Kuchenteller.“ Ich gebe ebenfalls zu, auf die Frage des Sohnes: „Soll ich allen Kuchen auf den Teller legen?“ geantwortet zu haben: „Allen!“
„Siehst du denn nicht, dass der Teller zu klein ist?“ … „Du musst doch sehen, dass der Kuchen … nicht passt.“ „Aber der K. passt doch“, entgegnete er.

... laut zu fragen: „Was soll aus einem Menschen werden, der ... stapelt, ohne ... zu zweifeln, dass sie ... könnte.“
Die wörtliche Rede wirkt „natürlicher“, direkter als der Konjunktiv.

5 Ausgehend von Homonymen und Homophonen („Teekesselchen-Wörter“) lassen sich Verwechslungsgeschichten recht leicht konstruieren: „Birnen mitbringen!“ (Glühlampen oder Obst?); „ein Referat über den Abfall der Niederlande halten“ (historisch oder entsorgungstechnisch?).
Andere Möglichkeiten bieten metaphorische Redensarten: „Da muss etwas für mich herausspringen!“; „Mach einen guten Schnitt!“ („Schnell bzw. erfolgreich arbeiten“ ist gemeint, mögliches Missverständnis: genauester oder abwechslungsreicher Schnitt eines Baumes oder einer Wiese); „Ein Geschenk einschlagen“ (in Papier oder mit dem Hammer?); „Hau rein!“ (im Sinne von „Iss tüchtig!“ oder wortwörtlich verstanden?); „Saftladen“; „eine tragende Rolle spielen“.

Heinrich Böll: Anekdote zur Senkung der Arbeitsmoral — S. 78

2

Tourist	*Fischer*
– *schick angezogen*	– *ärmlich gekleidet*
– *eifrig, flink*	– *dösend, schläfrig*
– *besorgt*	– *fühlt sich großartig*
– *strebsam*	– *zufrieden*
– *einseitig denkend (Zahlen sind wichtig)*	– *genügsam*
– ...	– ...

3 Böll will mit diesem Text den Leser/die Leserin (der Wirtschaftswunderzeit), der/die sich eher in dem Touristen als im Fischer wieder findet, zur Reflexion seiner Einstellung bewegen (Titel). Dazu überspitzt er die Darstellung der Lebensauffassungen des Touristen, sodass dieser entlarvt wird als Mensch, der, ohne seine Ziele zu kennen, eine sinnlose Vermehrung seines Reichtums verfolgt und dadurch sein Leben vergeudet.

■ **Für Leistungsstarke:** Mit welchen sprachlichen Mitteln arbeitet H. Böll?
Böll benutzt einerseits die **Struktur des Gesprächs**, das einen großen Teil der „Anekdote“ ausmacht: Die Überlegenheit des Touristen erweist sich als nur scheinbare, sie läuft bei aller Beredsamkeit ins Leere und der Tourist wird als „Schwätzer“ entlarvt.

- Z. 1–51: Der Tourist hat die Initiative, er versucht ein Gespräch anzuknüpfen, der Fischer zeigt durch seine Zeichensprache einerseits Desinteresse, andererseits Höflichkeit, die den störenden Frager nicht direkt abweisen will.
- Z. 52–84: Der Fischer geht zum gesprochenen Wort über, eine (scheinbar) symmetrische Gesprächspassage beginnt, der Tourist erhält ausführliche Antworten.
- Z. 85–122: Monolog des Touristen, der seine Lebensauffassung auf die Situation des Fischers überträgt, der Fischer reduziert seine Gesprächsbeteiligung auf wenige Zeichen (Nicken etc.), er übernimmt die Rolle des Zuhörers.
- Z. 123–132: Der Fischer zeigt sich als Herr des Gesprächs, er führt die umfangreiche Argumentation des Touristen mit einer kurzen Bemerkung ad absurdum.

Andererseits spielt die Personenzeichnung des Touristen eine wichtige Rolle für die Lenkung der Lesersympathien:

- Z. 2f.: **Kontrast** zwischen dem „schick angezogenen“ Touristen und dem „ärmlich gekleideten“ Fischer (vgl. Z. 117ff.: besorgter Tourist – friedliches Meer)

- Z. 5–10: **Ironie** des Klischees vom „idyllischen Bild", das ebenso wie die eingefügten Redensarten aus der Sicht des Touristen gesehen wird
- Z. 22–32: Die klare Bezeichnung des anbiedernden Verhaltens schließt eine erste **Charakterisierung** ab: Übereifer, „Zuviel an flinker Höflichkeit"
- Z. 38–63: Die überzogene Metaphorik erzeugt **Komik**: die Trauer „nagt an ihm" (Z. 46f.), sein Herz droht gesprengt zu werden (Z. 61f., vgl. auch Z. 117: „in tiefstem Herzen betrübt") – die Diskrepanz zwischen pathetischer Wortwahl und Anlass wirkt humoristisch distanzierend.
- Z. 84–115: Die überzogene Wiederholung der fast mechanischen **„Aufzählungs-rhetorik"** entlarvt den Touristen als Mann der Zahl, als einseitig denkenden Menschen.
- Z. 127–132: Die **Pointe**, auf die die Geschichte zuläuft, erkennt der/die aufmerksame Leser/in bereits, bevor der Fischer seine Antwort gibt: Die unangemessene Diskrepanz zwischen Einsatz und Ergebnis ist komisch: Die Antwort des Fischers zeigt den Touristen schließlich vollends als einen Menschen, der erst Ruhe zu finden meint, wenn er ein Vielfaches des Notwendigen aufgehäuft hat – seine Arbeitsmoral erweist sich also nur als Scheinmoral.

◇4 a) „... Sie **führen** ..." ist Konjunktiv II.

b) könnten (Z. 101), könnten (Z. 112), könnten (Z. 127)
Darüber hinaus gibt es mehrere **würde**-Umschreibungen in dem Abschnitt (z.B. „Sie würden ... Makrelen fangen", Z. 89f.)

c) Der Konjunktiv II dient der Beschreibung eines ungewissen Zustands (vgl. S. 304).

S. 80 *Frank McCourt:* Die Asche meiner Mutter

1 a) Er beginnt als Telegrammjunge. Vor lauter Aufregung geht er schon am Donnerstag statt am Montag zur Post (Z. 69f.)
Er wird diesen „Job" befristet machen, d. h. nur, bis er 16 Jahre alt ist (Z. 132ff.) Er bekommt keine Uniform, keinen Urlaub, weniger Lohn und kein wasserdichtes Cape wie die Jungen, die unbefristet Telegrammbote sind. Wenn er einen Tag krankfeiert, kann er gekündigt werden.

◇b) Z. 140–159 enthalten wichtige Informationen, um über einen Tagesablauf berichten zu können.

2 Sie träumen von einer Reise nach Amerika, wo die Menschen nichts anderes zu tun haben als zu singen und zu tanzen. (Z. 209f.)
Der Icherzähler errechnet, dass er sechs Jahre sparen muss, um sich eine Fahrkarte für die Schiffspassage kaufen zu können.

4 Erste Informationen werden sich im Englischbuch oder im Lexikon finden; dann natürlich in Reiseführern.

5 Das Geschehen erscheint an vielen Stellen (unfreiwillig) komisch; z.B.: Marmelade im Grammophon (Z. 10ff.); mit nasser Kleidung im Bett (Z. 31f.); Szene mit dem verfrühten Auftauchen auf dem Postamt (Z. 51ff.) usw.

6 a) Die angeführten Zeilen enthalten sehr lange Sätze. Da sie sich leicht in einzelne Teilsätze untergliedern lassen, bieten sie nicht zu große Verständnisprobleme.

b) Hierbei ist darauf zu achten, dass Doppelpunkt, Komma, Satzschlusszeichen und Anführungszeichen, dazu die Großschreibung korrekt verwendet werden!

c) Der Stil ist umgangssprachlich geprägt; etwa die Satzkonstruktion Z. 4–11 oder 16f.; oder Wörter und Wendungen wie „geh rein" (Z. 45), „verdammtnochmal" (Z. 50), „gackert" (Z. 59) usw.

Bertolt Brecht: Der Arbeitsplatz oder Im Schweiße deines Angesichts — S. 83

1

1924–1927	*Arbeitslosigkeit der Familie*	*Z. 1–9*
1927	*Brief des Kollegen*	*Z. 10–21*
	Reise des Mannes und der Kinder	*Z. 21–40*
	Tod des Mannes, Benachrichtigung der Frau durch Frau Leidner	*Z. 40–52*
	Die Reaktion der Frau: Der Plan entsteht	*Z. 52–75*
	Der zweite Aufbruch nach Mainz und die Besetzung der Arbeitsstelle	*Z. 75–107*
1927–1931	*Die „neue" Familie Hausmann (darin eingebettet Reflexionen des Erzählers)*	*Z. 108–137*
1931	*Der Zwischenfall: Gerüchte über den Portier und die angebliche „Frau Hausmann"*	*Z. 137–175*
	Unfall und Krankenhausaufenthalt: Enttarnung des Wächters	*Z. 176–202*
	Die Reaktion des Viertels, der Polizeigewahrsam	*Z. 203–217*
	Die Hausmann als Kellnerin	*Z. 217–225*
	Der unbekannte Verbleib der Hausmann in der Masse der Verlorenen	*Z. 225–236*

2 Frau Hausmann übernimmt Kleidung und Rolle ihres gestorbenen Mannes, die Freundin tritt an ihre Stelle als Ehefrau.

◇3 a) Der Erzähler zeigt seine Einstellung einerseits durch satirische Wortwahl (z. B. Z. 109f.: Leben/Produktion), andererseits durch Erzählerkommentare:
- Z. 1–10: Die Staaten halten die Wirtschaft nur durch Unterdrückung und Ausbeutung aufrecht.
- Z. 119–131: Der Produktionsprozess hebt die Unterschiede der Geschlechter auf.
- Z. 225–235: Die Folgen der Ausbeutung v. a. für Frauen wird beschrieben: Prostitution und unangemessene Arbeit.

4 a) Haupttempus ist das Präteritum.

b) Z. 88–107 steht Präsens – vielleicht um die Stelle im Text hervorzuheben, wo das Leben der Familie einen entschieden neuen, unerhörten Verlauf nimmt.

5 Besonders von den angeführten Stellen wirkt der Satzbau sehr verschachtelt.

S. 86 *Gina Ruck-Pauquèt:* Arbeitslos

[2] Erzählt wird aus der Perspektive eines Kindes des Arbeitslosen (vgl. Z. 1). Über das Alter gibt Z. 69f. Aufschluss; vielleicht auch über das Geschlecht – wenn man annimmt, dass es wohl ein Junge ist, der sich ein Moped zusammenbaut.

◇6 a) „Wegen **des** Rheuma**s**" (Genitiv nach **wegen**)
„Heino Lapps ist ein Freund meines Vaters."

b) Es handelt sich nicht um „vollständige" Sätze im grammatischen Sinn. Die Satzbruchstücke sollen „Gedankensplitter" veranschaulichen.

3.3 Sie und er in der Welt der Arbeit

S. 89 *Klaus J. Schmidt:* Elkes Berufswunsch

[2]

Pro	Kontra
Z. 3f.: schon als Kleinkind Interesse	Z. 16: lange Ausbildung
Z. 6f.: Traum: Tischlerin	Z. 34f.: „schmutzige Arbeit"
Z. 7f.: Ziel: eigene Werkstatt	Z. 40f.: Umgang mit „derben Männern"
Z. 23: Schülerpraktikum	
Z. 28: angebotener Ausbildungsvertrag	

◇4

Konjunktiv I	**Konjunktiv II**
sei (Z. 27, 38, 39)	*wäre* (Z. 15)
müsse (Z. 43, 52)	*bekäme* (Z. 27)
glaube (Z. 48)	*wären* (Z. 29, 41)
Konjunktive der indirekten Rede	Konjunktiv zum Ausdruck von Möglichkeiten

Wenn man die indirekten Reden in direkte umformt, werden die Konjunktive zum Indikativ; z. B.:
In der Firma hat man ihr zu verstehen gegeben: „Wenn dein/Ihr Schulabschluss in Ordnung ist, bekommst du/bekommen Sie problemlos einen Ausbildungsvertrag." (Z. 25ff.)

Frauen für das Soziale, Männer für das Technische? S. 90

Differenzierungsangebot

Mann und Frau im Haushalt

Es sagen …

92 % „Wenn eine Frau Kind und Karriere will, müssen sich beide Partner Hausarbeit und Kinderbetreuung teilen.“
(Männer 87 %, Frauen 96 %)

80 % „Emanzipierte Frauen machen den Haushalt nicht mehr allein.“

79 % „Männer sollten den Haushalt endlich auch beherrschen lernen.“

76 % „Es gibt Arbeiten im Haushalt, für die eindeutig der Mann zuständig ist.“

70 % der Frauen:
„Ich kümmere mich eher im Haushalt um Ordnung und Sauberkeit.“

45 % der Männer:
„Meine Partnerin beherrscht die Hausarbeit besser.“

35 % „Wir streiten uns öfter wegen Hausarbeit.“

33 % „Am besten funktioniert immer noch:
Der Mann verdient das Geld,
die Frau kümmert sich um Haus und Kinder.“

25 % der Männer,
aber nur
19 % der Frauen:

„Wir machen die meiste Hausarbeit gemeinsam.“

Frau und Mann und Karriere

Es sagen ...

69 %	„Wir unterhalten uns oft über unseren Berufsalltag."
47 %	„Der berufliche Erfolg ist mir heute wichtig." (in Zukunft wichtig: 56 %)
28 %	„Ich würde wegen meines Berufes in eine andere Stadt ziehen, auch wenn die Beziehung darunter leidet." (Männer 34 %, Frauen 24 %)
25 %	„Wir reden zu oft über meinen Beruf."
25 %	„Mein Partner hat sich wegen meines beruflichen Erfolgs in mich verliebt." (Männer 32 %, Frauen 20 %)
17 %	„Ich möchte beruflich Karriere machen." (Männer 23 %, Frauen 12 %)
17 %	„Mein Partner soll beruflich Karriere machen."
10 %	„Mein Beruf ist oft Anlass zum Streit."
8 %	„Ich will keine Kinder (mehr), weil der Beruf wichtiger ist."
4 %	„Ich möchte einmal aussteigen/ ein alternatives Leben führen."

Es kümmern sich im Haushalt um

Auto	76 % Männer	Behördengänge	55 % Frauen
Bankgeschäfte	38 % beide	Kochen	79 % Frauen
Wohnungsreparaturen	74 % Männer	Tägliche Einkäufe	67 % Frauen
Wohnungseinrichtung	42 % Frauen	Kinderbetreuung	47 % Frauen

aus: Brigitte 12 (30.5.2000)
Brigitte/Picture Press

❶ Setzt diese statistischen Informationen in möglichst anschauliche Schaubilder um!

91 *D. Stöbener:* Bügeln statt Trecker fahren

1 a) Er backt Kuchen, putzt Fenster, bügelt und erledigt Einkäufe.

b) Er wollte seiner Mutter helfen, die das Hof-Café nicht mehr allein führen konnte. Schon als Kind war er lieber in der Küche als draußen auf dem Trecker.

c) Einmal pro Woche besucht er die Berufsschule, büffelt Kinderpflege oder die Inhaltsstoffe von Reinigungsmitteln, Textilkunde, Wirtschafts- und Ernährungslehre. (Z. 91 ff.)

d) Nach der Gesellenprüfung will er die „Fachschule und die Prüfung als hauswirtschaftlicher Betriebsleiter absolvieren". (Z. 98 ff.)

93 *I. Stratenwerth:* Das gestresste Geschlecht

1 Mädchen, die eine handwerkliche Ausbildung machen, sind besser als die Männer (vgl. Z. 1 ff.)
Frauen, denen die Meisterprüfung gelingt, werden oft „sehr erfolgreiche Unternehmerinnen". (Z. 12 ff.)

2 Nur sehr wenige Frauen sind Mutter. Managerinnen leben oft allein, manchmal mit einem ebenso erfolgreichen Partner zusammen. Einen Ehemann, der Kinder erzieht und den Haushalt führt, haben nur sehr wenige.

4 a) Es überwiegt der Gliedsatz mit der einleitenden Konjunktion „dass". Er wird vorangestellt und erst nach dem 2. Gliedsatz folgt der Hauptsatz.

b) Nach Meinung von Chr. Ax ist es alles andere als ein Signal für Resignation und Rückzug, dass 51 Prozent … und dass nur … anstreben: „Junge Frauen …"

95 *M. Kröger:* Mit Emotionen erreicht man wenig

1 Es handelt sich um eine Reportage mit kommentierenden (z.B. erster Abschnitt) und berichtenden (Wiedergabe eines Interviews; Z. 37 ff.) Teilen.

2 a) Frau Wiemerslage ist Geschäftsführerin und Arbeitsdirektorin von IBM Deutschland. Sie trägt die Verantwortung für 26 000 Mitarbeiter/innen.
Die gelernte Juristin bildet in dieser Position eine Ausnahme:
- in der gesamten Wirtschaft sind nur 13 % weibliche Führungskräfte;
- in der EDV-Branche sogar nur 7 %;
- in den USA weniger als 5 %.

Eiserne Disziplin und planvolles Vorgehen halfen ihr auf der Karriereleiter. Sie absolvierte ihr Jurastudium mit Prädikatsexamen und nach Erlangen des Doktortitels entschied sie sich für den Einstieg bei IBM.
Ihr größtes Talent: mit Sachargumenten zu überzeugen und Ziele durchzusetzen. Zwei Jahre sammelte sie Erfahrungen in der Europa-Zentrale in Paris. Ein wenig Glück habe sie auch gehabt: durch Menschen, die sie unterstützt haben.

Lernerfolgskontrolle/Themen für Klassenarbeiten

Vorschlag 1 (für Leistungsschwächere)

Chip kontra Mensch?

Reinhold Löffler

1 Der Chef hält seinem Mitarbeiter einen Chip entgegen.
a) Welchen Dialog führen die beiden wohl?

b) Schreibe das Gespräch auf.

Vorschlag 2 (für Leistungsstärkere)

Bertolt Brecht: Der gute Mensch von Sezuan

FRAU YANG: […] am nächsten Samstag bei der Lohnauszahlung …

Ein Tisch wird aufgestellt und Shui Ta kommt mit einem Säckchen Geld. Neben dem Aufseher – dem früheren Arbeitslosen – stehend, zahlt er den Lohn aus. Sun tritt vor den Tisch.

DER AUFSEHER: Yang Sun – 6 Silberdollar.

SUN: Entschuldigen Sie, es können nur 5 sein. Nur 5 Silberdollar. *Er nimmt die Liste, die der Aufseher hält.* Sehen Sie bitte, hier stehen fälschlicherweise sechs Arbeitstage, ich war aber einen Tag abwesend, eines Gerichtstermins wegen. *Heuchlerisch:* Ich will nichts bekommen, was ich nicht verdiene, und wenn der Lohn noch so lumpig ist!

DER AUFSEHER: Also 5 Silberdollar. *Zu Shui Ta:* Ein seltener Fall, Herr Shui Ta.

SHUI TA: Wie können hier sechs Tage stehen, wenn es nur fünf waren?

DER AUFSEHER: Ich muß mich tatsächlich geirrt haben, Herr Shui Ta. *Zu Sun, kalt:* Es wird nicht mehr vorkommen.

SHUI TA *winkt Sun zur Seite*: Ich habe neulich beobachtet, daß Sie ein kräftiger Mensch sind und Ihre Kraft auch der Firma nicht vorenthalten. Heute sehe ich, daß Sie sogar ein ehrlicher Mensch sind. Passiert das öfter, daß der Aufseher sich zuungunsten der Firma irrt?

SUN: Er hat Bekannte unter den Arbeitern und wird als einer der ihren angesehen.

SHUI TA: Ich verstehe. Ein Dienst ist des andern wert. Wollen Sie eine Gratifikation?

SUN: Nein. Aber vielleicht darf ich darauf hinweisen, daß ich auch ein intelligenter Mensch bin. Ich habe eine gewisse Bildung genossen, wissen Sie. Der Aufseher meint es sehr gut mit der Belegschaft, aber er kann, ungebildet wie er ist, nicht verstehen, was die Firma benötigt. Geben Sie mir eine Probezeit von einer Woche, Herr Shui Ta, und ich glaube, Ihnen beweisen zu können, daß meine Intelligenz für die Firma mehr wert ist als meine pure Muskelkraft.

FRAU YANG *zum Publikum*: Das waren kühne Worte, aber an diesem Abend sagte ich zu meinem Sun: „Du bist ein Flieger. Zeig, daß du auch, wo du jetzt bist, in die Höhe kommen kannst. Flieg, mein Falke!" Und tatsächlich, was bringen doch Bildung und Intelligenz für große Dinge hervor! Wie will einer ohne sie zu den besseren Leuten gehören? Wahre Wunderwerke verrichtete mein Sohn in der Fabrik des Herrn Shui Ta!

Sun steht breitbeinig hinter den Arbeitenden. Sie reichen sich über die Köpfe einen Korb Rohtabak zu.

SUN: Das ist keine ehrliche Arbeit, ihr! Dieser Korb muß fixer wandern! *Zu einem Kind:* Du kannst dich doch auf den Boden setzen, da nimmst du keinen Platz weg! Und du kannst noch ganz gut auch das Pressen übernehmen, ja, du dort! Ihr faulen Hunde, wofür bezahlen wir euch Lohn? Fixer mit dem Korb! Zum Teufel! Setzt den Großpapa auf die Seite und laßt ihn mit den Kindern nur zupfen! Jetzt hat es sich ausgefaulenzt hier! Im Takt das Ganze! *Er klatscht mit den Händen den Takt, und der Korb wandert schneller.*

FRAU YANG *zum Publikum*: Und keine Anfeindung, keine Schmähung von Seiten ungebildeter Menschen, denn das blieb nicht aus, hielten meinen Sohn von der Erfüllung seiner Pflicht zurück. R

aus: B. Brecht: Große Berliner und Frankfurter Ausgabe, Band 6, Stück 6. © Suhrkamp Verlag Frankfurt am Main, 1989

1 Beschreibe die Entwicklung Suns und charakterisiere ihn. Was hältst du vom Verhalten Suns?

4 Verwandlungen
Kreatives Schreiben zu Bildern und Texten

Konzeption des Gesamtkapitels

Dieses fächerverbindend und produktionsorientiert angelegte Kapitel bietet den Schülerinnen und Schülern in der kreativen Auseinandersetzung mit Kunst, Literatur und eigenen Texten die Möglichkeit des subjektiven Selbstausdrucks. Im weit gefächerten Umgang mit dem in allen drei Teilkapiteln durchgängigen Motiv der Verwandlung können sie schreibend und auch malend die Grenzen der Realität überschreiten. Subjektive Fantasien, sinnliche Wahrnehmungen, seelische Empfindungen und Wünsche werden dabei zum Thema kreativer Schreibprozesse. Im Gegensatz zum eher vernunftgesteuerten Schreiben im Schulalltag (z. B. in analytischer, heuristischer, kommunikativer Funktion) erleben die Schüler/innen in diesem Kapitel Sprache als authentische Ausdrucksmöglichkeit ihrer selbst. Die Aufmerksamkeit wird aber auch auf die Sensibilisierung des Fremdverstehens, auf sprachliche Konventionen und die Ausbildung eines ästhetischen Urteilsvermögens gelenkt.

In allen drei Teilkapiteln liegt der Schwerpunkt im kreativ-produktiven Bereich. Der Lernbereich „Sprechen und Schreiben" steht im Mittelpunkt des ersten Teilkapitels, wird aber auch im zweiten Teilkapitel neben dem analytischen Umgang mit literarischen Texten weiterverfolgt und schließlich im dritten, projektorientierten Übungskapitel vertieft.

Das erste Teilkapitel (**„Bilder werden lebendig"**) bietet den Schülerinnen und Schülern vielfältige Anreize, zu Bildern zu schreiben. Sie können dabei nicht nur – angeregt durch fantastische Bildwelten – mit Ideen und Sprache experimentieren, sondern auch mit Hilfe konkreter Anleitungen zur Textüberarbeitung ihre Schreibkompetenz weiter entfalten. Die Schwerpunkte liegen im Erzählen, Schildern und Beschreiben. Der Prozess des Schreibens gewinnt dabei im Gegensatz zum bloßen Interesse am fertigen Text besondere Bedeutung.

Die Methoden kreativen Schreibens, welche die Schüler/innen in diesem Kapitel erwerben, sind nicht nur im Zusammenhang mit Bildern anwendbar, sondern lassen sich auch auf den Umgang mit Texten oder mit Alltagssituationen beziehen.

Im zweiten Teilkapitel (**„Verwandlungen – literarisch gestaltet"**) können die Schüler/innen mit literarischen Texten zum Thema „Verwandlungen" weitere erzählerische Potenziale entdecken. Mit der Anregung, die sprachlichen Mittel literarischer Texte kreativ schreibend nachzugestalten oder mit ihnen zu experimentieren, wird die Aufmerksamkeit auf ästhetische Strukturen gelenkt. An Erfahrungen aus dem ersten Teilkapitel wird angeknüpft, indem Parallelen in der künstlerischen und literarischen Wirklichkeitsverarbeitung aufgezeigt werden.

Im dritten Teilkapitel (**„Verwandlungskünste"**) stellt die Planung und Durchführung einer öffentlichen Präsentation der Arbeitsergebnisse eine besondere Motivation dar.

Literaturhinweise

Siehe Seite 83 in diesem Handbuch.

	Bilder/Texte	Intentionen
S. 97	**4.1 Bilder werden lebendig**	– in einem fächerverbindenden Unterricht Kunst als Anlass kreativer Schreibprozesse erleben und nutzen: zu (surrealistischen) Bildern fantastische Texte schreiben – Schreiben und Malen als einen wechselseitigen Prozess erproben (Text-Bild-Collagen) – Methoden kreativen Schreibens (zu Bildern) erlernen: Ideen finden (Mind-Map), automatisches Schreiben, Vorgeschichten und Dialoge zu Bildsituationen entwickeln, eine Bildsituation in einen Handlungsablauf wandeln, (Bild-)Gegenstände zum Sprechen bringen – in kreativen Texten erzählen, schildern und beschreiben sowie mit gewohnten Erzählstrukturen experimentieren – Methoden der Textüberarbeitung anwenden – beobachtend und schreibend den Blick auf alltägliche Dinge erweitern
S. 98	Text-Bild-Collagen: Ungewöhnliche Kombinationen malen und schreiben	
S. 100	Den Alltag verlassen: automatisches Schreiben	
S. 104	Befremdender Alltag: Vorgeschichten erfinden und Dialoge entwerfen	
S. 105	Ähnlichkeiten entdecken: Dinge vermenschlichen	
S. 107	**4.2 Verwandlungen – literarisch gestaltet** – *Ovid:* Metamorphosen – Katz und Maus – *Franz Kafka:* Die Verwandlung – *Günter Kunert:* Wie ich ein Fisch wurde – *Robert Louis Stevenson:* Dr. Jekyll und Mr. Hyde	– das Thema „Verwandlung“ als Motiv unterschiedlicher literarischer Texte kennen lernen – literarische Texte als Anregung bzw. Vorlage zur eigenen Textproduktion wahrnehmen und dabei erfahren, dass Schreiben dem Verstehen literarischer Texte dienen kann: Texte ausgestalten, in ähnlichem Stil fortsetzen, mit Handlungselementen experimentieren, die Erzählperspektive ändern
S. 115	**4.3 Verwandlungskünste**	– einen Vortrags- und Ausstellungsabend mit kreativen Texten und Bildern vorbereiten und durchführen
S. 115	Der Kunstabend – ein Projekt	

4.1 Bilder werden lebendig

Sowohl „realistische“ (S. 97) als auch mehr oder weniger stark verschlüsselte „surrealistische“ Gemälde wurden für dieses erste Teilkapitel ausgewählt.
Der **Surrealismus** entstand in den frühen 20er-Jahren des 20. Jahrhunderts. Viele Vertreter des Dada schlossen sich dieser Bewegung in Kunst und Literatur an, deren Ziel es war, die künstliche Trennung von Innenwelt (Unbewusstes, Traum, Gefühlsleben, Fantasie) und Außenwelt (Vernunft, Logik, Kontrolle durch das Bewusstsein) aufzuheben. Angeregt durch die Studien Freuds sollten das Unbewusste und die Traumwelt Einzug in die offensichtlich vernunftgesteuerte Realität halten: Die sichtbare, rational erfahrbare Wirklichkeit tritt im künstlerischen Schaffensprozess vor der, wenn auch nicht sichtbaren, so doch ebenso realen Dimension des Unbewussten zurück. So entsteht eine neue Wirklichkeit, die Über-Wirklichkeit (Sur-Realismus). Den Surrealisten gelingt es, die bewusste und damit kontrollierende Verstandestätigkeit durch besondere Methoden auszuschalten. Sie entwickeln Verfahren, die Zufall, Intuition, Assoziation und Spontaneität provozieren (automatisches Schreiben und Zeichnen, Hypnose, Halluzination durch Drogen, Frottage, Decalcomanie etc.). In der Bildwelt der Surrealisten werden die Gesetze von Vernunft und Natur aufgehoben; verschiedene Wirklichkeiten durchdringen sich. Mensch, Tier, Pflanze und Dingwelt gehen nahtlos ineinander über, in visionären Bildräumen finden sich vertraute und fantastische Gegenstände in sonderbarer Zusammenstellung, Inneres und Äußeres vermischen sich. Das Motiv der **Verwandlung** ist ein zentraler Gegenstand surrealistischer Kunst.

S. 97 Die drei Gemälde der Auftaktseite besitzen einen unterschiedlichen Realitätsgrad, der bei Dalís „Mädchen“-Bildnis am höchsten und bei U. Pfeifers „Sommernachmittag“ am niedrigsten ist (wenigstens auf den ersten Blick). Insofern ist zu erwarten, dass sich möglichst viele Schüler/innen von einem der drei Bilder angesprochen fühlen.

S. 98 Text-Bild-Collagen: Ungewöhnliche Kombinationen malen und schreiben

Die Schüler/innen werden angeregt, Schreiben und Malen als einen wechselseitigen, sich gegenseitig bedingenden Prozess zu erleben. Hier bietet sich an, den Kunstlehrer/die Kunstlehrerin der Klasse zur Mitarbeit zu gewinnen. Bei frühzeitiger Absprache lässt sich eventuell ein gemeinsames Projekt der Fächer Deutsch und Kunst durchführen (s. auch Teilkapitel 4.3). Vielleicht sind sogar einige der Abbildungen im „Deutschbuch“ als größere Kunstdrucke in der Kunstsammlung der Schule vorhanden.
Sollte eine Zusammenarbeit mit dem Kunstunterricht nicht möglich sein, bietet sich aus zeitökonomischen Gründen an, die Malaufgaben über einen längeren Zeitraum hinweg als Hausarbeit aufzugeben.

1 a) Die Schüler/innen sollten frühzeitig aufgefordert werden, Fotos mitzubringen, die dann mit dem Kopiergerät auf heller Stufe auf etwa 15 x 20 cm vergrößert werden. Dass die Kopien dabei an Qualität verlieren, blass und körnig werden, ist intendiert. So lässt sich die Vorlage leichter übermalen. Es sollte dabei den Schülerinnen und Schülern überlassen bleiben, ob sie lieber mit Buntstift zeichnen oder mit Wasserfarbe malen. Das kopierte Foto kann auch auf einen Zeichenbogen geklebt werden, sodass mehr Malfläche um das Gesicht herum zur Verfügung steht.
Vorab sollten in einem Gespräch über die Bilder von **Milan Kunc** gemeinsam Ideen gesammelt werden, welche Teile eines Gesichts sich auf Grund formaler Ähnlichkeiten

in welche Landschaftselemente verwandeln ließen. Viele Schüler/innen kennen das Erlebnis, in Naturdingen wie Wolken oder Felsen Figuren zu entdecken.
An solche Erfahrungen kann man anschließen. Mögliche Assoziationen könnten sein: Haare = Wolken, Büsche, Efeuranken, Gras …; Augen = Astlöcher, Sterne, Früchte, Blumen, Wasserringe …; Nase = Stein, Felsvorsprung, knorriger Ast …; Mund = Höhle, ein Boot, Mondsichel …

b) Die Schüler/innen assoziieren zu ihren eigenen Bildern. Sie vollziehen den Malprozess der Verwandlung ihres Porträts in eine Landschaft nun schreibend nach. Sie versetzen sich dazu in die von ihnen geschaffene Bildfigur und schildern anschaulich aus deren Perspektive, was um sie herum mit allen Sinnen wahrnehmbar ist. Vielleicht sehen sie Dinge aus einem ungewöhnlichen Blickwinkel (etwa Frosch- oder Vogelperspektive) und sie hören Tierstimmen, den Wind, Wasserrauschen, die Unterhaltung von Spaziergängern … oder sie riechen den Duft der Blumen, des Waldbodens …, sie fühlen die Wärme der Sonne, die raue Rinde eines Baumstamms, ein Tier, das sich auf ihnen niederlässt …

2 a) Durch Wortfelderschließung oder Arbeit mit dem Synonymlexikon lassen sich gerade im Bereich der Verben und Adjektive anschauliche Alternativen finden. Wichtig ist, sprachlich eine eindringliche Atmosphäre zu schaffen, die Empfindungen nachfühlen lässt.

b) Das Bild kann auf einen Bogen Papier geklebt werden, auf den die überarbeitete Textversion geschrieben wird. Die Schrift lässt sich grafisch gestalten, indem sie der geschilderten Stimmung angepasst (fett, fein, sanft geschwungen, zackig spitz …) und gezielt angeordnet wird (etwa in einzelnen Textblöcken oder kreisförmig um das Bild herum).

3 Mit dieser Methode können die Schüler/innen subjektive Konnotationen veranschaulichen, Gedankenwege und Interdependenzen aufzeigen.
Denkbar ist auch, die Mind-Map in Gemeinschaftsarbeit zu erstellen, sodass sie die Ideen der gesamten Gruppe aufnimmt. Jeder könnte sich anschließend für ihn Bedeutsames herausschreiben.

4 An dem Bild lassen sich typische **Gestaltungsprinzipien René Magrittes** aufzeigen: die unerwartete Konfrontation von aus verschiedenen Bereichen stammenden Dingen (Kombination von Mensch, Gewicht, geometrischer Figur, Knochen, Dompteur und publikumsfreier Natur), die Identität korrespondierender Dinge (formale Ähnlichkeit von Kopf und Kugel), die Aufhebung der Naturgesetze (mit Leichtigkeit balanciertes Gewicht) und die Metamorphose von Figur in Objekt (Gesicht nimmt Material und Farbe der Kugel an).
Magritte zeigt in seinen Bildern nicht die Ursache oder gar den Prozess einer Verwandlung. Er stellt Zustände dar, welche die Spannung der Ungewissheit aufrechterhalten, wie es zu diesen merkwürdigen Symbiosen gekommen sein mag.
Die unerwarteten Zusammensetzungen in dem Gemälde reizen die Schüler/innen, sich selbst weitere irritierende Kombinationen für die malerische Fortsetzung auszudenken. Die Frage nach dem Zustandekommen der dargestellten Bildsituation hingegen stiftet an, sich Vorgänge für die schriftliche Gestaltung auszudenken.

a) Das Bild sollte auf dem Kopiergerät mindestens um 50 % vergrößert werden. Die Abbildung ist ein Ausschnitt des Gemäldes. Die Schüler/innen sollen darauf achten, die Kopie möglichst in den linken oberen Bereich ihres Zeichenpapiers zu kleben. Denn die gestalterische Aufgabe ist auf die Ergänzung der Beine, des Objekts in der rechten

Hand der Figur, des geometrischen Gegenstands auf der Wiese und vor allem der angeschnittenen zweiten Kugel angelegt. Günstig ist, zunächst den kopierten Bildausschnitt mit Wasserfarbe auszumalen und dann von dort aus weiterzumalen.

b) Die Schüler/innen arbeiten möglichst parallel an Text und Bild. Die Wörter aus der Mind-Map können sie dabei zunächst auf Ideen für das Bild bringen. Haben sie dann einen Teil malerisch gestaltet, verlangt die neue Bildsituation vielleicht nach einer Erklärung, welche wiederum Stoff für eine Erzählhandlung bietet.

S. 100 Den Alltag verlassen: automatisches Schreiben

1 Das automatische Schreiben (écriture automatique) ist eine Erfindung der Surrealisten und gehört wie das automatische Zeichnen (dessin automatique) zu den assoziativen Verfahren, mit deren Hilfe der Einblick in das Unbewusste ermöglicht werden soll. Der Autor/Künstler wird dabei zum automatischen Berichterstatter seines Unbewussten.
Es empfiehlt sich – wie in allen kreativen Schreibphasen –, dass der Lehrer/die Lehrerin mitschreibt (s. Aufgabe 3).
André Breton erklärt die Methode in seinem „Manifest des Surrealismus“ (1924):

Geheimnisse der surrealistischen magischen Kunst

Lassen Sie sich etwas zum Schreiben bringen, nachdem Sie es sich irgendwo bequem gemacht haben, wo Sie Ihren Geist so weit wie möglich auf sich selber konzentrieren können. Versetzen Sie sich in den passivsten oder den rezeptivsten Zustand, dessen Sie fähig sind. Sehen Sie ganz ab von Ihrer Genialität, von Ihren Talenten und denen aller anderen. Machen Sie sich klar, dass die Schriftstellerei einer der kläglichsten Wege ist, die zu allem und jedem führen. Schreiben Sie schnell, ohne vorgefasstes Thema, schnell genug, um nichts zu behalten oder um nicht versucht zu sein, zu überlesen. Der erste Satz wird ganz von allein kommen, denn es stimmt wirklich, dass in jedem Augenblick in unserem Bewusstsein ein unbekannter Satz existiert, der nur darauf wartet, ausgesprochen zu werden. Ziemlich schwierig ist es, etwas darüber zu sagen, wie es mit dem folgenden Satz geht; ohne Zweifel gehört er unserer bewussten Tätigkeit und zugleich der anderen an – wenn man annimmt, dass die Tatsache, einen ersten Satz geschrieben zu haben, ein Minimum an Wahrnehmung mit sich bringt. Es spielt übrigens keine Rolle: Gerade darin liegt zum großen Teil der Wert des surrealistischen Spiels. Immerhin wird sich die Interpunktion dem völlig kontinuierlichen Wortfluss zweifelsohne widersetzen, obgleich sie so unerlässlich scheint wie die Bildung von Knoten auf der vibrierenden Saite. Fahren Sie so lange fort, wie Sie Lust haben. Verlassen Sie

André Masson: „Dessin automatique“ (1926)

sich auf die Unerschöpflichkeit dieses Raunens. Wenn ein Verstummen sich einzustellen droht, weil Sie auch nur den kleinsten Fehler gemacht haben: einen Fehler, könnte man sagen, der darin besteht, dass Sie es an Unaufmerksamkeit haben fehlen lassen – brechen Sie ohne Zögern bei einer zu einleuchtenden Zeile ab. Setzen Sie hinter das Wort, das Ihnen suspekt erscheint, irgendeinen Buchstaben, den Buchstaben l zum Beispiel, immer den Buchstaben l, und stellen Sie die Willkür dadurch wieder her, dass Sie diesen Buchstaben zum Anfangsbuchstaben des folgenden Wortes bestimmen.

(aus: André Breton: Die Manifeste des Surrealismus. Rowohlt, Reinbek 1977, S. 29 f.)

[2] Das Ausschalten des Rationalen und die Aufwertung des Irrationalen bei dieser Schreibmethode steigert bei den Schülerinnen und Schülern das Vertrauen in den Wert ihrer subjektiven Äußerungen. Nicht nach traditionellen Wertmaßstäben Perfektes schaffen zu müssen, sondern die Freiheit zu haben, ohne Rücksicht auf Inhalte und formale Richtigkeit (Rechtschreibung und grammatische Konstruktionen) schreiben zu dürfen, ist ein für das Schreiben in der Schule ungewohntes Gefühl und stellt eine große Motivation dar. Erfahrungsgemäß können die meisten Schüler/innen nach den zehn Minuten kaum noch aufhören zu schreiben.
Ähnliche Erfahrungen machen Jugendliche am ehesten beim Schreiben ins Tagebuch, dem sie, ohne eine das Schreiben steuernde Kontrolle durch die Vernunft, ihre seelischen Empfindungen mitteilen können.

[3] Nach der Schreibphase sollten die Schüler/innen genügend Zeit bekommen, ihre Texte zu lesen und zu prüfen, welche Teile sie der Gruppe anvertrauen möchten. Je nach Lerngruppe findet sich nicht sofort jemand, der bereit ist, seine assoziativen Gedanken zum Bild vorzulesen. Beginnt dann der Lehrer/die Lehrerin, so erleben die Schüler/innen möglicherweise, dass auch die erfahrene, sonst so „korrekte“ Lehrperson einen ähnlich absurden und sprachlich ungewöhnlichen Text wie sie selbst verfasst hat. Sie werden ermutigt, ihre eigenen Texte vorzutragen. Der Lehrer/die Lehrerin sollte darauf verweisen, dass große Unterschiede in den Ergebnissen zu erwarten sind. Denn einige mögen vielleicht auch zögern, weil vorgetragene Texte vom eigenen sehr abweichen.

[5] **Dalís Gestaltungsprinzipien** weisen ebenfalls absurde Kombinationen auf (Uhren, geometrische Gegenstände, Ameisen, Ast, lappig deformiertes schlafendes Gesicht in einer visionären Strandlandschaft). Er beruft sich dabei jedoch ausdrücklich auf die Traumdeutung und Psychoanalyse Freuds und verarbeitet in seinen „gemalten Traumfotografien“ (Dalí) persönliche Traumerlebnisse und Kindheitserinnerungen. In Dalís Bild unterliegen Raum und Zeit als Kategorien einer vernunftgesteuerten Wahrnehmung einer Entgrenzung ins Fantastische. In verbogenen Uhren kann die Zeit nicht mehr kontinuierlich den Takt angeben. Der Raum verliert seine Funktion als orientierender Umraum durch „falsche“ Perspektive (der flache hellblaue Quader links oben hinter dem Ast und der braune Quader vorne links gehorchen verschiedenen zentralperspektivischen Konstruktionen) und durch unklare Abgrenzungen (unterhalb des Berges oben rechts scheinen sich Wasser, Himmel und Boden zu vermischen; die einzelnen Bereiche scheinen außerdem zugleich fest und flüssig zu sein).
Besonders irritierend wirkt Dalís altmeisterliche, spurlose Malweise, mit der er die rätselhaften Dinge, die einerseits an reale Gegenstände erinnern, andererseits aber in Form und Farbe verfremdet sind, in großer Detailschärfe präzise schildert. Inhaltlich Fremdes wird mit technisch-formaler Perfektion dargestellt.

Dennoch ist denkbar, dass die Schüler/innen neben inhaltlichen Kontrasten (Metaphern wie blaue Zeit, gelbe Hitze) auch interessante formale Brüche wagen. So wie sich in dem Bild weiche, organische Formen mit hartkantigen, anorganischen Gebilden vereinen, mögen ungewöhnliche sprachliche Konstruktionen entstehen, die unbedingt zugelassen werden sollten (uhrige Weiche, schlafiges Gesicht, augenbrauige Wellen).

Mögliche Zusatzaufgabe:

Die Surrealisten haben mit dem Spiel „Le Cadavre exquis" eine weitere Methode erfunden, mit der sich ungewöhnliche Kombinationen erzeugen lassen. Der Name des Spiels stammt aus einem Satz, der in einer Gruppe um André Breton durch diese Methode entstanden ist: „Le cadavre exquis boira le vin nouveau ..." („Der köstliche Leichnam trinkt den neuen Wein ...").
Das Spiel ist den Schülerinnen und Schülern sicher als Faltbild bzw. Falttext bekannt.

1 Ein/e Schüler/in fängt auf einem Blatt Papier oben zu zeichnen/zu schreiben an. Dann wird das Blatt so gefaltet, dass der Nächste/die Nächste die Zeichnung/den Satz des Vorgängers/der Vorgängerin nicht sehen kann. Auf diese Weise fährt man beliebig lange fort, bis ein absurdes Bild bzw. eine absurde Geschichte entsteht.

Le Cadavre exquis. Zeichnung von Yves Tanguy, Man Ray, Max Morise, Joan Miró (um 1926)

S. 101 Überarbeitungs-Tipps für kreative Texte

Die Arbeit in Kleingruppen kann man zu einer festen Einrichtung im Unterricht machen. Die Texte werden in der Gruppe reihum weitergegeben, sodass jeder jeden Text liest und jeder Text auch mehrfach gelesen wird. Die Methode gewährt, dass jeder Schülertext zur Geltung kommt, indem er kritisch begutachtet und kommentiert wird.
Die Schüler/innen sollten frühzeitig darauf hingewiesen werden, in solchen Arbeitsgruppen die besten Texte für ein gemeinsames Buchprojekt der Klasse zu sammeln. Die Motivation, Texte zu überarbeiten, lässt sich dadurch deutlich steigern.

S. 104 Befremdender Alltag: Vorgeschichten erfinden und Dialoge entwerfen

In den Bildern **Dorothea Tannings**, die seit 1946 mit dem surrealistischen Künstler Max Ernst (1891–1976) verheiratet war, stehen die körperliche Präsenz, die heimlichen Sehnsüchte und Ängste junger Mädchen im Vordergrund. Im „Familienporträt" werden familiäre Probleme thematisiert. Das Mädchen schaut uns äußerst wach und aufmerksam an. In ihrem Blick liegt eine Aufforderung an den Betrachter, Stellung zur Situation zu

nehmen. Sie, der Hund, der Tisch, die Gegenstände darauf und das Zimmer sind in den Proportionen aufeinander abgestimmt. Die Eltern hingegen sind vor allem in ihrer Größe verfremdet. Diese Verwandlung nehmen wir als Fantasie des Mädchens wahr: Wie eine bedrohliche Vision erscheinen die strengen Züge des Vaters über der Szene im Vordergrund. Als Ausdruck seiner Macht scheint er die Bildgrenze nach oben hin zu sprengen. Seinen Blick verbirgt er hinter der spiegelnden Fläche der Brillengläser, was ihn unzugänglich und unpersönlich erscheinen lässt. Die Mutter hingegen ist in der Fantasie des Mädchens auf eine lächerliche Größe geschrumpft. Verkniffen schaut sie den Betrachter mit fragendem Blick an. Ihre Kleinheit scheint Resultat einer jahrelangen Unterdrückung in der Familien- und Geschlechterhierarchie zu sein.
Alle Bildfiguren wirken in ihrer Haltung äußerst wohlerzogen. Das Mädchen sitzt aufrecht, die Hände flach auf dem Schoß, die Beine sittsam nebeneinander. Im Hund findet diese Körperhaltung ein Echo. Auch er nimmt eine von ihm erwartete Position ein, er macht „Männchen". Hinter dieser Anständigkeit verbirgt sich jedoch eine triebhafte Energie, die man deutlich ahnen kann. Der Hund könnte es sich jeden Moment anders überlegen und die Mutter mit einem Satz umstoßen. Das Mädchen kann noch so züchtig und gehorsam am elterlichen Tisch sitzen – jeden Augenblick wird sie sich gegen strenge Erziehung und Unverständnis auflehnen, sich erheben und das Elternhaus verlassen. Allzu deutlich spürt man die Kraft ihres reifenden Körpers und die Eindringlichkeit ihres sehnsüchtigen Blicks.
Das Bild bietet offensichtlich gerade den Mädchen die Möglichkeit der Identifikation. Der direkte Blick der Hauptfigur fordert aber auch die Jungen unmittelbar auf, zum Geschehen Stellung zu nehmen. Mit ihren 14 bis 15 Jahren haben die meisten Schüler/innen nicht selten Probleme im Elternhaus, die sich um zugestandene bzw. beschränkte Freiheiten drehen. Viele Jugendliche balancieren zwischen den Anforderungen und Wünschen der Eltern und der Verwirklichung eigener Interessen, die sich zunehmend auf außerfamiliäre Aktivitäten verlagern (Geschlechtsreife und erste Liebe, individuelle Gestaltung von Kleidung und auch Körper, Zugehörigkeit zu einer Clique etc.).

1 a) Das Bild sollte nicht sofort gemeinsam besprochen, sondern zunächst still betrachtet werden. So können die Schüler/innen persönliche Ideen zum Bild entwickeln, ohne sich von Anfang an aneinander zu orientieren. Erst wenn die einzelnen Notizen vorliegen, sollten in einem Gespräch mögliche Ähnlichkeiten aufgezeigt werden. Indem die Schüler/innen die Figuren benennen und deren mögliche Gedanken notieren, sind sie mitten im Bildgeschehen: Vermutlich äußern sie aus der Sicht des Mädchens Wünsche, Enttäuschungen und Sehnsüchte, während die Figur des Vaters eher auf die Unterdrückung dieser Wünsche bedacht scheint. Die Mutter wirkt in Kleidung, Haltung und momentaner Tätigkeit nicht sehr eigenständig. Sie könnte – die Tochter zwar verstehend – unreflektiert die Haltung des übermächtigen Familienoberhauptes übernehmen. Sie selbst scheint eigene Wünsche zu Gunsten eines funktionierenden Familienlebens immer zurückgedrängt zu haben. Im Hund spiegeln sich auf komische Weise die Wünsche des Mädchens. Seine Gier (nach Futter, das ihm nicht zusteht?) äußert er, allerdings in ähnlich gesitteter Weise wie die Tochter.

b) In einem Dialog können die Schüler/innen ihre Notizen zu möglichen Gedanken der Bildfiguren zu Argumenten ausbauen. Die angespannte Atmosphäre legt ein Streitgespräch zwischen den Bildfiguren nahe, das offen oder sogar mit einem Zerwürfnis enden könnte. Ein guter Ausgang scheint kaum denkbar; die Sehnsucht im tränennahen Blick des Mädchens und die verbissene Überzeugung im festen Blick des Vaters wirken jeweils unerschütterlich.

c) Hier können die Schüler/innen persönliche Erlebnisse zugleich offen legen und versteckt verarbeiten. Indem sie den Bildfiguren Erinnerungen an eigene Familienkonflikte zuschreiben, thematisieren sie individuelle Probleme und Wünsche und wahren zugleich Distanz dazu.

S. 105 Ähnlichkeiten entdecken: Dinge vermenschlichen

1 **Heidemarie Kasanowski:** „Für mich ist interessant, Gegenstände zusammenzubringen, die nicht von vornherein zusammengehören. Das formale Zusammengehen muss aber zwingend sein, wie selbstverständlich. Eine *neue* Einheit soll entstehen. Die Gegenstände können, wie hier, in ihrer ursprünglichen Funktion verwandt sein – oder nicht. Ihr Formcharakter ist *oft* verwandt: So entsteht ein gemeinsamer Rhythmus.
Die Schaufel und der Spaten sind Hand- bzw. Arm-Werkzeuge: verlängerter Arm des Menschen. Kann man das nicht schon an ihrer Form sehen?
Die beiden von mir verwendeten Exemplare haben – wie ich finde – eine männliche und eine weibliche Form: zwei Erscheinungen (fast) ein und derselben Sache, die gemeinsam zu einem neuen Symbol werden können. Die Assoziation ‚Umarmung', ‚Paar' ist natürlich erlaubt."

2 a) Als weitere Gegenstände bieten sich an: Füller, Haarbürste, Zahnbürste, Stecker, Zange, Schere, Dosenöffner, aber auch Gemüse und Obst.

b) Die Schüler/innen verleihen den ausgewählten Dingen Leben und Charakter und lassen sie in soziale Beziehungen treten. In den Gesprächen könnten sich die Gegenstände über den Austausch ihrer Vorlieben und Abneigungen, ihres Berufs, ihrer Freizeitbeschäftigungen, ihrer familiären Beziehungen etc. miteinander bekannt machen.

c) Je nachdem wie man einen Gegenstand bewegt, kann man ihm eine bestimmte Haltung verleihen und damit seinen Charakter unterstreichen: stolz erhobenen Hauptes, zusammengesackt schleichend, leichtsinnig hüpfend, elegant tänzelnd, vor Gram gebeugt, bedrohlich aus der Froschperspektive, erniedrigt aus der Vogelperspektive etc. Die Schüler/innen können zunächst solche Bewegungen mit den Gegenständen ausprobieren. Eventuell kommen sie erst durch ein bestimmtes „Auftreten" eines Gegenstandes auf dessen möglichen Charakter oder eine Verhaltensweise, die sie dann schreibend weiter ausbauen können.

3 a) Mit der Idee, ein Ding zu sein, verbinden sich oft persönlichste Wünsche. In dem Vergleich treten möglicherweise besondere Eigenschaften und Verhaltensmuster der einzelnen Schüler/innen zu Tage. Sie sollten deshalb darauf hingewiesen werden, sich gegenseitig nicht willentlich zu verletzen, indem sie Dinge nennen, die z. B. mit Schmutz assoziiert werden (z. B. Klobürste, Putzlappen).

b) Damit die Gegenstände lebendige Kontur gewinnen, sollten die angefangenen Sätze zunächst fortgesetzt werden. Das in den Anleitungen unterstellte Menschliche, nämlich Bewusstsein, soziale Kontakte, Vorlieben und planvolles Vorgehen, lässt sich dann leichter ausbauen.

4 **Konrad Klapheck** stellt triviale Alltagsgegenstände so dar, dass sie ein Eigenleben gewinnen, welches auch bedrohliche Züge annehmen kann: Das Gewohnte wird schlagartig fremd, das Banale monströs.

a) Das Schlüsselbrett könnte in einem Hotel hängen oder einem Hausmeister gehören. Mit dem Titel „Schicksale“ assoziieren wir sofort die zugehörigen Besitzer der Schlüssel und die Erlebnisse, die sie haben, wenn sie bestimmte Türen öffnen oder schließen, so wie sich im Leben neue Perspektiven öffnen oder durch Schicksalsschläge für immer verschließen.
Die Schlüssel sind von unterschiedlicher Form und Farbe. Einige gehen in ihrer Umgebung auf, indem sie deren lindgrüne Farbe annehmen, andere grenzen sich entschieden davon ab, indem sie sich extravagant geben wie der rote Schlüssel am unteren Bildrand, dessen Farbe sich komplementär stark vom grünen Untergrund abhebt. Es gibt zu lange, „dreiste“, die mehr Platz beanspruchen als ihnen zusteht, und kurze „mickrige“ Schlüssel, „Einzelgänger“ oder „Einsame“, Paare, darunter sich aneinander reibende und einander vollkommen angeglichene Partner sowie Mutter und Kind. Einige Exemplare präsentieren sich bewegt, lebenslustig, andere streng und steif. Und es gibt – die vielen leeren Stellen legen es nahe – viele, die unterwegs sind und Geschichten erleben.

b) Hier können die Schüler/innen bestimmte Wünsche ausleben, indem sie Türen öffnen, die ihnen im Alltag verschlossen sind, Geheimnisse lüften oder Dinge in Gang setzen, die sie normalerweise nicht nutzen können bzw. dürfen.
Weitere Schlüssel könnten sein: Tagebuchschlüssel, Briefkastenschlüssel, Ladenschlüssel, Sicherheitsschlüssel, Fahrradschlüssel, Kofferschlüssel, Gefängnisschlüssel, Burgschlüssel, Kassenschlüssel.

4.2 Verwandlungen – literarisch gestaltet

Ovid: Metamorphosen — S. 107

1 Anhand des kurzen Zitats und der Frage stellen sich die Schüler/innen ganz allgemein und „harmlos“ auf das Thema „(Ver-)Wandlung“ im menschlichen Leben ein, das im Teilkapitel 2 literarisch mehr oder weniger spektakulär und spannend/unheimlich dargestellt wird.

Katz und Maus — S. 107

Dieser Tagebuchtext stammt aus „Wenn die Seele überläuft“, hrsg. von Marie-Luise Knopp und Klaus Napp. Jugendliche beschreiben darin, wie sie Suizidversuche, Depressionen, Ängste, sexuellen Missbrauch, Essstörungen, Drogen u. a. erlebt haben. Sie berichten, wie sie in die Kinder- und Jugendpsychiatrie kamen, wie der Alltag dort aussah und wie es anschließend mit ihnen weitergegangen ist.

2 Vielleicht ist es in der Lerngruppe möglich, dass stille Schüler/innen die Katze und selbstbewusste Schüler/innen die Maus darstellen.

[3] Statt im Plenum könnten in der Kleingruppe mögliche Ursachen diskutiert und stichpunktartig für einen Kurzvortrag festgehalten werden.

S. 109 *Franz Kafka:* Die Verwandlung

Literaturhinweis

Franz Kafka: Die Verwandlung. Berlin: Cornelsen 1997
Schülerheft mit vielen Materialien: 121160
Lehrerheft: 121178

Walbrecker, Dirk: Greg. Eine rätselhafte Verwandlung. München 1999
Gregor, 13 Jahre alt, erwacht eines Morgens als Riesenraupe. Die pubertäre Identitätskrise wird durch Prozesse der Verpuppung und Häutung versinnbildlicht. Schließlich wandelt sich die Geschichte zur „Actionstory" um Greggy, der vermarktet und in einem Genlabor bis in die letzte Körperzelle analysiert wird.

◇4 Es handelt sich um längere Satzgefüge, deren einfaches Verständnis durch immer neue Einschübe gehemmt wird.
Man könnte versuchen, die Satzgefüge in getrennte Sätze aufzulösen.

S. 110 *Günter Kunert:* Wie ich ein Fisch wurde

[1] Verwandlung vom Menschen zum Fisch.

[2] a) Strophe 7, Vers 25 f. lassen den Verwandlungsprozess letztlich in positivem Licht erscheinen.

b) Die Verwandlung war so gravierend, dass sie kaum rückgängig zu machen ist.

[4] Der „Erklärungsversuch" von S. 292 ist keineswegs ausschließlich verbindlich!
G. Kunert erteilte uns die mündliche Auskunft, dass er selbst gar nicht an einen bestimmten „27. Mai" (V. 1) gedacht habe.

◇5 a) **Ein** denkbarer „Erklärungsversuch" für das Gedicht:
Das politische System (der DDR) überspülte wie Wasser die Menschen, die dann lernen mussten, damit umzugehen.

b) Unter den „Trockenheiten" könnte man die „Wende", das Ende der DDR, verstehen.

◇6 Korrekt wäre „Am 27. Mai**,** um drei Uhr [,] haben sich …"
Das letzte Komma ist freigestellt (vgl. S. 238 im Schülerband).

S. 111 *Robert Louis Stevenson:* Dr. Jekyll und Mr. Hyde

Der psychologische Roman hat London im 19. Jahrhundert zum Schauplatz. Dr. Jekyll übergab seinem Freund, dem Notar Mr. Utterson, sein Testament, in dem er einen gewissen Mr. Hyde zum Nachfolger seiner Besitztümer ernennt. Utterson ist bestrebt, jenen Mr. Hyde, der von Jekyll als Wohltäter und Freund bezeichnet wird, kennen zu lernen und trifft ihn auch eines Tages direkt vor Mr. Jekylls Haus. Utterson erschrickt über die abstoßende Erscheinung, über das boshafte Innere, das förmlich durch Mr.

Hydes Haut durchkommt. Als jener Mr. Hyde auf brutale Art den bekannten Parlamentarier Sir Danvers Carew ermordet, sagt sich Dr. Jekyll von ihm los. Nicht lange darauf wird Utterson von Jekylls Diener gerufen, der ein Verbrechen an seinem Herrn befürchtet. Als sie in Jekylls Zimmer einbrechen, finden sie den sterbenden Hyde auf dem Boden, während Dr. Jekyll unauffindbar bleibt. Eine auf dem Schreibtisch hinterlassene Lebensbeichte des Dr. Jekyll bringt Licht in das dunkle und tragisch verlaufene Doppelleben seines Freundes. Schon früh gelang es ihm, einen Trunk herzustellen, nach dessen Genuss er eine andere Gestalt annahm, die jedoch von den niedrigsten und gemeinsten Gedanken geführt wurde. Diese Gestalt war Mr. Hyde, die andere, vom Guten bestimmt, Dr. Jekyll, der sehr unter dieser Trennung seines Wesens litt und von Zeit zu Zeit, wenn der Teufel in ihm schon zu lange eingesperrt gewesen war, das Verlangen spürte, in die Gestalt des Mr. Hyde hineinzuschlüpfen. Mr. Hyde vollbrachte ständig schlimmer werdende Tagen, bis zum Mord an dem Parlamentarier, worüber Dr. Jekyll insoferne froh war, weil er glaubte, nun wegen der polizeilichen Nachforschungen für immer Dr. Jekyll bleiben zu müssen. Doch eines Tages wuchs in ihm so stark der Wunsch Mr. Hyde zu werden, dass die Verwandlung auch ohne Trunk vonstatten ging. Der Vorrat seiner Medizin, die er zur Rückwandlung benötigte, ging zur Neige. Dr. Jekyll hatte nur noch die Möglichkeit, sich selbst zu töten oder als Mr. Hyde am Schafott zu sterben.

(D. Gruber, Neuer Romanführer, Wien 1980, S. 694 ff.)

Literaturhinweis
R. L. Stevenson: Dr. Jekyll und Mr. Hyde, Stuttgart: Reclam 1999

[2] Jekyll und Hyde müssen sich sehr gut kennen (Z. 83). Aber Jekyll will mit Hyde gebrochen haben (Z. 119 f.). Befremdlich ist der Umstand, dass die Schriftzüge von Jekyll und Hyde weitgehend identisch sind (Z. 261 f.).

4.3 Verwandlungskünste

Der Kunstabend – ein Projekt

S. 115

Das Projekt bietet einen umfassenden Abschluss und Höhepunkt der Unterrichtsreihe, bei dem die Produkte der Schüler/innen durch die Präsentation auch öffentliche Wertschätzung erfahren. Durch die Aufbereitung der gesamten Arbeiten für die Präsentation mit der Notwendigkeit angemessener Gestaltung festigen die Schüler/innen ihre Fähigkeiten und erworbenen Kenntnisse.
Wichtig ist, eine Veröffentlichung der Arbeitsergebnisse während der gesamten Unterrichtsreihe als Ziel im Auge zu halten, sodass gelungene Texte fortlaufend gesammelt, überarbeitet und formal attraktiv gestaltet werden. Auch das im ersten Teilkapitel angeregte Buch mit den kreativen Texten und Bildern lässt sich nicht schnell am Ende verwirklichen, sondern sollte möglichst frühzeitig begonnen werden, damit es zum Vorstellungsabend vorliegt. Gleiches gilt für die Fotodokumentation.

Übungsmaterial im „Deutschbuch 9 Arbeitsheft“

- Kreatives Schreiben

Lernerfolgskontrolle/Themen für Klassenarbeiten

Erfahrungsgemäß sind viele Lehrerinnen und Lehrer, aber auch Schülerinnen und Schüler zunächst von der Vorstellung verunsichert, in einer Klassenarbeit kreativ zu schreiben, da sich die Qualität subjektiver, experimenteller Schreibversuche den gewohnten Benotungskriterien zu entziehen scheint.
Es zeigt sich jedoch auch, dass nicht nur selbstbewusste, leistungs- und ausdrucksstarke, sondern gerade ansonsten stille und sprachlich eher ungeschickte Schüler/innen es in kreativen Texten zu erstaunlichen sprachlichen Leistungen bringen.
Auch wenn der Spielraum des kreativen Schreibens zunächst die größte Motivation darstellt, nämlich zu schreiben, was in den Sinn kommt, Gefühle einbringen zu können und vor allem Schreibregeln erst einmal in den Hintergrund treten zu lassen, ist den Schülerinnen und Schülern dennoch an einer Objektivierung des persönlichen Ausdrucks gelegen.
In der Überarbeitung spontan geschriebener Texte lernen sie eine innere Konsequenz und eine angemessene äußere Form zu beachten, die konkreten Kriterien und damit Beurteilungsmaßstäben gehorchen: Semantische Dichte, Einfallsreichtum, Anschaulichkeit und Differenziertheit des psychologischen Verstehens sollen formal in stilistischer Konsequenz, Variabilität der Ausdrucksmittel und letztlich in grammatischer und orthografischer Verbindlichkeit angemessene Gestaltung finden.
So besteht z. B. die Möglichkeit, den Schwerpunkt einer Klassenarbeit in die Überarbeitung einer bereits geschriebenen Skizze zu legen. Dabei wird in der Stunde am Vortag zu einem Bild automatisch geschrieben. Das Arbeitsmaterial bleibt in Verwahrung und wird zur Klassenarbeit für eine Überarbeitung wieder ausgeteilt.
Günstig ist natürlich eine Farbabbildung. Sollte jedoch keine im Klassensatz zur Verfügung stehen, bietet sich auch eine Schwarz-Weiß-Kopie der folgenden Vorlage an.

Vorschlag 1: Automatisches Schreiben und Überarbeitung (für Leistungsstärkere)

Salvador Dalí: Archäologische Reminiszenz an den Angelus von Millet (1935)

Die steinernen Bildfiguren sind ein Zitat des Gemäldes „Das Angelus" des französischen Malers Jean-François Millet, auf dem dieser ein ins Gebet versunkenes Bauernpaar auf dem Feld zeigt.

1. Teil: Automatisches Schreiben (in der Stunde vor der Klassenarbeit):

1 Sieh dir das Bild genau an und stelle dir vor, du könntest den Bildraum wie die beiden winzigen Figuren am unteren Bildrand betreten. Gehe in der Landschaft umher und erfasse alle Dinge, die du sehen kannst.

2 Schreibe deine Gedanken nach der Methode des automatischen Schreibens auf, ohne den Stift abzusetzen und ohne über das Geschriebene nachzudenken. Schreibe zehn Minuten durch. Achte darauf, zwischen den Zeilen und am Rand genügend Platz zu lassen.

2. Teil: Überarbeitung (in der Klassenarbeit):

1 Verwende deinen Text als Rohmaterial für eine verbesserte Fassung. Nutze dabei die Techniken zur Überarbeitung kreativer Texte.
Vielleicht nutzt du auch folgende Anregungen:
- Wie ist es zu der Verwandlung der Menschen in steinerne Ruinen gekommen?
- Was denken und empfinden die Figuren, was nehmen sie sinnlich wahr?
- Was könnte die erwachsene Figur am unteren Bildrand dem Kind erzählen?

Vorschlag 2: Vorgeschichten erfinden

René Magritte: Die persönlichen Werte (1952)

1 Sieh dir das Bild von René Magritte genau an und stelle dir Folgendes vor: Du kehrst nach dem Frühstück noch einmal kurz in dein Zimmer zurück. Alles ist verändert.

2 Schreibe die Vorgeschichte, die zu dieser Situation geführt haben könnte.
Notiere dazu zunächst zu jedem Gegenstand einen Kommentar: z. B. zurückliegende Ereignisse, mögliche Absichten der Gegenstände.
Überarbeite deine Notizen, indem du sie in eine zusammenhängende Geschichte einbaust.

Literaturhinweise

Gerd Brenner: Kreatives Schreiben. Ein Leitfaden für die Praxis. Frankfurt/M. 1994

Joachim Fritzsche: Schreibwerkstatt. Aufgaben, Übungen, Spiele. Stuttgart 1989

Handlungs- und produktionsorientierter Literaturunterricht. In: Praxis Deutsch 123/1994

Kreatives Schreiben. In: Praxis Deutsch 119/1993

Bettina Mosler/Gerd Herholz: Die Musenkussmischmaschine. 128 Schreibspiele für Schulen und Schreibwerkstätten. Essen 1991

Gunter Otto/Karin Rottmann: Verfahren der Bildvermittlung. In: Museumspädagogik. Über Aktion, Kommunikation und Interaktion im Museum, 218/1997

Schreiben: Arbeit am Stil. In: Praxis Deutsch 130/1995

Schreiben zu Bildern. In: Praxis Deutsch 113/1992

Bernd Schurf: Bewertung produktiver Schülerarbeiten. In: Deutschunterricht (Berlin) 48/1995, S. 338ff.

Vorstellungs-Bildung. In: Praxis Deutsch 154/1999

Zum Umgang mit sprachspielerischen Texten. Kreatives Schreiben im Unterricht. In: Deutschunterricht (Berlin) 1/1995

5 Die Macht der Medien? Unser täglicher Fernseh- und Radiokonsum

Konzeption des Gesamtkapitels

Ein nicht geringer Prozentsatz von Kindern und Jugendlichen verbringt etwa so viel Zeit vor dem Bildschirm wie in der Schule. Das Fernsehen hat sich längst zu einer der wichtigsten Sozialisationsinstanzen entwickelt. Medienpädagogische Ansätze, die das Fernsehen in den Mittelpunkt rücken, müssen also zunächst davon ausgehen, dass dieses Medium im Alltag von Jugendlichen einen sehr hohen Stellenwert hat. Will man auf diesem Hintergrund im Unterricht Spielraum für einen kritischen Umgang mit dem Fernsehen herstellen, sollte man die aktuelle Bedürfnislage der Jugendlichen genau in den Blick nehmen. Unser Kapitel geht vom Unabhängigkeitsbedürfnis Jugendlicher aus, das in Klasse 9 in der Regel bereits stark entwickelt ist: Gegenüber Eltern, Lehrkräften und anderen wird das Verlangen nach Eigenständigkeit artikuliert. In dieser Lebensphase ist es von besonderem Interesse, dass das alltagskulturelle Leitmedium, das Fernsehen, vielerlei Versuche unternimmt, Zuschauer/innen – und nicht zuletzt Jugendliche – an sich zu binden. Die Konkurrenzsituation veranlasst die inzwischen zahlreichen Fernsehanstalten zu einer Fülle von Anstrengungen, Zuschauer im eigenen Programm zu halten, sie nicht – per Fernbedienung – an andere Anbieter zu verlieren. Hier kollidieren der Freiheitsdrang junger Zuschauer/innen und die trickreichen Versuche der Fernsehanstalten, sie nicht mehr loszulassen. Dieser Grundkonflikt ist Ausgangspunkt und inhaltlicher Schwerpunkt des Kapitels.
Im ersten Teilkapitel **(„5.1 Die Öffentlichen und die Privaten")** werden Unterschiede zwischen privaten und öffentlichen Sendern aufgezeigt. Die Rolle, die Einschaltquoten und Werbung in zunehmendem Maße für Fernseh- wie Radiosender spielen, werden dargestellt. Das zweite Teilkapitel **(„5.2 Die Sender und das Publikum")** entfaltet Erscheinungsformen und Hintergründe der Zuschaueranbindung. Es werden medienkritische Positionen – weiterhin mit Blick auf die Anbindungsversuche der Programmanbieter – vermittelt. Im dritten Teil **(„5.3 Medien-Kabarett")** erhalten die Schüler/innen Gelegenheit, in einem produktorientierten Verfahren eine kritische Distanz zum Medium selbst kreativ-satirisch zu entwickeln.

Literaturhinweise

G. Bente/B. Fromm: Affektfernsehen. Motive, Angebotsweisen u. Wirkungen. Opladen 1997

G. Brenner/H. Niesyto (Hg.): Handlungsorientierte Medienarbeit. Weinheim, München 1993

Heinrich Brinkmöller-Becker (Hg.): Die Fundgrube für Medienerziehung in der Sekundarstufe I und II. Berlin 1997

Fernsehserien. In: Praxis Deutsch 121/1993

Knut Hickethier: Film- und Fernsehanalyse. Stuttgart 1996

Medienaneignung. In: Der Deutschunterricht 3/1997

Heinz Moser: Einführung in die Medienpädagogik. Opladen 1995

Karin Stipp-Hagmann: Fernseh- und Radiowelt für Kinder und Jugendliche. Villingen -Schwenningen 1996

Texte/Gegenstände | Intentionen

S. 117 **5.1 Die Öffentlichen und die Privaten**

S. 118 „Es bleibt in der Familie“

S. 119 Quotendeutsch

S. 121 Free-TV und Pay-TV

S. 123 Das Mädchenradio auf 93,0 Megahertz

S. 125 Vom „Split Screen“ zur virtuellen Werbung

- Fernsehkonsumgewohnheiten reflektieren
- die Bedeutung von Zuschauerquoten insbesondere für kommerzielle Fernsehsender erkennen
- wichtige Begriffe des Fernsehmarktes klären
- die Differenzierung des Fernsehmarktes in Free-TV, Pay-TV, öffentlich rechtliche und kommerzielle Sender sowie verschiedene Typen von Sendungen erarbeiten
- über den eigenen Radiokonsum reflektieren
- Senderprofile untersuchen
- Möglichkeiten offener Kanäle kennen lernen
- Werbeformen in Rundfunk und Fernsehen kennen lernen und ihre Wirkung diskutieren
- über die Wirkung der umfassenden Vermarktung von Fernsehserien reflektieren
- erkennen, dass Fernsehsendungen oft in einem Medienverbund stehen und so ihre Zuschauerquoten zu erhöhen versuchen

S. 128 **5.2 Die Sender und das Publikum**

S. 128 – *Arnd Festerling:* Die gar wundersame Wandlung vom Langweiler zum Fußballhit

S. 130 – Tod – Live aus Sarajewo

S. 132 – Psycho-TV – Gefährliches Spiel ohne Grenzen

– *Peter Heinlein:* Ear-Catching

- journalistische Aspekte des Fernsehens kritisch bewerten und dabei eigene Rezeptionsmaßstäbe entwickeln
- dramatisierende Präsentationsformen des Fernsehens und Verwertungszwänge des Mediums erkennen
- darüber reflektieren, ob im Fernsehen alles gezeigt werden soll, und begründet dazu Stellung nehmen, wo es Grenzen geben sollte
- Strategien der Sender zur Zuschaueranbindung kennen lernen und in ihrer Wirkung beschreiben

S. 135 **5.3 Medien-Kabarett**

S. 136 Bundesligaspiel

S. 137 Redaktionskonferenz

- in satirischen Szenen dramatisierende Präsentationsformen des Fernsehens auf kreative Weise bewusst machen
- die Wirksamkeit satirischer Szenen prüfen, satirische Mittel erkennen
- eigene satirische Szenen weiterentwickeln
- eine gemeinsame Produktion organisieren

5.1 Die Öffentlichen und die Privaten

S. 117

1 Am Anfang des Kapitels steht ein technisches Gerät, das die Fernsehgewohnheiten inzwischen sehr stark prägt: die Fernbedienung. Sie ermöglicht den Zuschauenden einen raschen und bequemen Programmwechsel und verleitet dazu, sich im häufigen Springen von Angebot zu Angebot die jeweils interessantesten Programmelemente herauszupicken (zappen). Während die Fernbedienung den Konsumenten die Wahl erleichtert, erhöht sie den Druck auf die Programmanbieter, die ausgestrahlten Sendungen mit Highlights zu spicken, damit die Zuschauer/innen bei der Stange bleiben und nicht zu einem Konkurrenzsender abwandern. Insofern hat die Fernbedienung – auf dem Hintergrund eines insgesamt drastisch ausgeweiteten Programmangebots – starke Auswirkungen auch auf die Programmstruktur und die Machart einzelner Sendungen. Das Thema ist daher als Einstieg in eine kritische Unterrichtseinheit zum Thema „Fernsehen" gut geeignet.

2 Hier bieten sich insbesondere die Arbeitsformen der Partner- oder Gruppenarbeit an. Die geschriebenen Texte können dann mit verteilten Rollen vorgetragen werden. Die produktiven Verfahren dienen auch der Reflexion über das eigene Fernsehkonsumverhalten.

S. 118

Das tägliche Quotenrennen

1 Alte Fernsehserien haben teilweise richtigen Kultcharakter bekommen. Es gibt z. B. Fanklubs, die alles, was mit den Serien zusammenhängt, sammeln. Die Klubmitglieder verkleiden sich sogar und spielen Episoden nach (z. B. bei der Serie „Raumschiff Enterprise"). Sogar im Internet gibt es Hinweise auf alte TV-Serien (z. B. bei AOL, Kennwort „Kultserien"). Da die im Text erwähnten Sendungen zu „Kultserien" geworden sind, ist davon auszugehen, dass die Schüler/innen über Episoden der Serien berichten können. Gleichzeitig kann überprüft werden, ob die Aussage des Textes stimmt, dass alte Serien einen hohen Bekanntheitsgrad haben und auch von jungen Zuschauern gern gesehen werden.

2 Die Überschrift sagt aus, dass sich beim Fernsehgucken in Familien Traditionen herausbilden. Manche Serien kann man quasi sein ganzes Leben über sehen. Das Sehen von Kultserien verbindet die Generationen, es dringt davon nichts in die Öffentlichkeit, das gemeinsame Vergnügen ist sozusagen eine „intime" familiäre Angelegenheit. – Indirekt könnten aber auch die „Senderfamilien" angesprochen sein. Zwischen den einzelnen Mitgliedern der „Senderfamilien" werden beliebte Fernsehserien ständig ausgetauscht und wiederholt.

3 Die Schüler/innen sollen ihre Meinung darüber äußern, wie sie dazu stehen, dass „Oldies" immer wieder gesendet werden. Es soll versucht werden herauszufinden, was die „Oldies" so attraktiv macht. Mögliche Untersuchungsaspekte sind: Thema der Serien, Machart, besondere Charaktere, Musik. Erörtert werden sollte auch, ob diese Serien erst dadurch zum „Kult" werden, weil sie ständig wiederholt werden. Der/Die Zuschauer/in erfreut sich vielleicht gerade daran, dass er/sie vieles wieder erkennt.

4 Selbst nach vielfachen Wiederholungen erzielen die Sender mit den genannten Serien hohe Einschaltquoten und hohe Marktanteile. Die Schüler/innen sollen den Zusammenhang von der großen Zahl der Zuschauer/innen, die die Sendungen sehen, den ermittelten Einschaltquoten und dem Marktanteil des Senders erklären.

5 a) Die Grafik stellt von alten amerikanischen Fernsehserien die erzielten durchschnittlichen Marktanteile zusammen. So erzielte z. B. die Serie „Columbo" beim Sender RTL bei den Zuschauern von 14 bis 49 Jahren einen Marktanteil von 18,1 %.

b) Durch das Aufzeigen der Jahresmarktanteile der jeweiligen Sender wird verdeutlicht, dass die genannten alten Serien teilweise sogar über dem Jahresmarktanteil des Senders liegen. So liegt bei der Serie „Columbo" der durchschnittliche Marktanteil der Serie bei 18,1 %, der Jahresmarktanteil des Senders RTL aber nur bei 17,8 %.

6 Die Ergebnisse, die durch die Aufgabenstellungen 1–5, die Analyse des Zeitungsartikels und die Diskussion mit den Schülern gewonnen wurden, sollen hier zusammengefasst werden. Diese Aufgabe ist auch als **Hausaufgabe** geeignet.

Für die Bearbeitung der Fragen 1–6 können die Erklärungen der Fachausdrücke auf S. 119 herangezogen werden.

Quotendeutsch

S. 119

Das Informationsmaterial auf S. 119 ff. führt – mit den wichtigsten Begriffen und einer grafischen Übersicht zu den Prozeduren der Quotenermittlung – kurz in die Funktionsweise des TV-Marktes ein.

7 Die Schüler/innen sollen versuchen eine Erklärung zur Abbildung auf der S. 120 mit eigenen Worten zu formulieren und einen zusammenhängenden Informationstext über die Ermittlung von Einschaltquoten erstellen, in dem sie eventuell auch die unter der Überschrift „Quotendeutsch" aufgelisteten Begriffe verwenden.

8 Der Auflagenhöhe bei den Printmedien entspricht die Einschaltquote beim Fernsehen. Die Einschaltquote entscheidet über die Höhe der Werbeeinnahmen des Senders. Daraus ergibt sich die Wichtigkeit der Einschaltquote für kommerzielle Sender, die sich ausschließlich über Werbung finanzieren. (Sie dürfen 20 % ihrer Sendezeit mit Werbung füllen. Bei einer täglichen Gesamtsendezeit von 24 Stunden können also bis zu 4,8 Stunden Werbezeit verkauft werden. Die kommerziellen Sender sind daher bestrebt, möglichst viele Zuschauer/innen an sich zu binden, um eine hohe Einschaltquote und damit hohe Werbeeinnahmen zu gewährleisten.)

Differenzierungsangebot

In diesem Zusammenhang kann ein erstes kritisches Gespräch über den Zusammenhang von Einnahmeinteressen und Programmangebot geführt werden:
- Wie beeinflusst die Abhängigkeit besonders der kommerziellen Sender von den Einschaltquoten das Programmangebot?
- Welche Arten von Sendungen haben in kommerziellen Sendern keine – oder nur eine geringe – Chance?
- Ist es wichtig, dass die öffentlich-rechtlichen Sender nicht bei allen Sendungen auf hohe Einschaltquoten achten müssen?
  Welche Sendungen könnten davon profitieren?

- Sollten öffentlich-rechtliche Sender auch nach 20 Uhr Werbung ausstrahlen dürfen? Sollten die Programmdirektionen der Fernsehanstalten sich nur nach den Interessen der Werbekunden und der momentanen Zuschauergunst richten oder sollten sie die Zuschauer/innen öfter auch einmal mit anspruchsvollen Programmen herausfordern?
- Findet ihr es wichtig, dass es Sendungen gibt, die den Interessen von Minderheiten entsprechen?

9 a) Auf den ersten beiden Zusammenstellungen werden Spitzeneinschaltquoten zu bestimmten Sendungen an einem Wochentag aufgezeigt. Die dritte Tabelle verzeichnet den Marktanteil eines Senders an einem Tag. Zu beachten sind unterschiedliche Zahlen zu unterschiedlichen Tageszeiten.

b–c) Die gesammelten Quoten werden sehr unterschiedlich sein. Den Schülern muss verdeutlicht werden, dass die jeweiligen Vorgaben genau beachtet werden müssen (Marktanteil oder Zuschauerquote, Alter der Zuschauenden, Tageszeit, ermittelter Zeitraum). Es wird meistens deutlich werden, dass die Schüler/innen andere Ergebnisse erwarten. Sie gehen in der Regel davon aus, dass von ihnen bevorzugte Sendungen auch insgesamt eine hohe Einschaltquote erzielen. Gründe dafür, warum diese Ergebnisse oft nicht zu finden sind, sollen erörtert werden.
Neueste Daten über die Mediennutzung in der BRD gibt es im Internet, z. B. unter www.mediendaten.de (Medienpädagogischer Forschungsverband Südwest).

Differenzierungsangebot

1 Errechnet für mehrere Sendungen der vergangenen Woche die Werbeeinnahmen, wenn der Tausenderkontaktpreis bei RTL 11,44 DM, bei SAT1 11,54 DM, bei Pro7 12,23 DM, beim ZDF 13,89 DM und bei der ARD 20,42 DM beträgt (Beispielzahlen von 1993).

2 Wichtige Begriffe aus der Medienfachsprache können definiert werden. Die Begriffe können zunächst mit den Schülern gesammelt werden, um sie dann in Gruppenarbeit mit Hilfe von Lexika, Internet usw. klären zu lassen, z. B.:

Prime Time: aus dem Amerikanischen übernommener Begriff für Tageszeiten, in denen regelmäßig die höchste Fernsehnutzung verzeichnet wird

Quotenkönig: tragende Figur einer Sendung, die regelmäßig hohe Einschaltquoten erzielt

(guter) Programmplatz: Ausstrahlung einer Sendung an einem Wochentag und zu einer Tageszeit, an dem/zu der ein besonders hoher Prozentsatz der Zielgruppe (Altersgruppe/n, Einkommensgruppen etc.) vor den Fernsehgeräten sitzt

Sponsor: ein Unternehmen, das eine Sendung teilweise oder ganz finanziert und das dafür im Vor- und/oder Abspann der Sendung erwähnt wird. Hintergrund: Nach 20 Uhr ist öffentlich-rechtlichen Sendern (ARD, ZDF usw.) Werbung nicht mehr erlaubt; die einzige Ausnahme ist das Sponsoring.

Gameshow: Um Zuschauer/innen vom Umschalten zu einem anderen Sender abzuhalten, integrieren besonders die kommerziellen Sender einzelne Werbespots in kurze Shows, die fast ausschließlich Werbung enthalten. Dabei wird eine Zuschaueranbindung dadurch versucht, dass (einfache) Rateaufgaben eingebaut und für ihre Lösung Preise ausgesetzt werden.

Network: aus dem Amerikanischen übernommener Begriff für Fernsehprogrammanbieter

etwas promoten: aus dem Amerikanischen übernommener Begriff für „werben für"

Free-TV und Pay-TV

S. 121

1 a) Bis Anfang der 80er-Jahre gab es in der Bundesrepublik Deutschland Fernseh- und Radiosender nur in Form von **„Anstalten des öffentlichen Rechts"**. Durch Gesetz unterliegen diese Sender bestimmten Rechten und Pflichten, die sie gegenüber der Bevölkerung selbstständig wahrzunehmen haben. Auch für die Programmgestaltung sind für diese Sender bestimmte Grundsätze festgelegt. Die Einhaltung der Grundsätze wird kontrolliert. Die öffentlich-rechtlichen Sender finanzieren sich überwiegend über Gebühren, die von Zuschauern bzw. Zuhörern entrichtet werden, und zu einem geringen Teil aus Werbeeinnahmen.
Seit 1984 sind in Deutschland auch **private** Radio- und Fernsehanstalten zugelassen. Diese Sender finanzieren sich ausschließlich über Werbeeinnahmen.
Im **Pay-TV** zahlt der Zuschauer direkt für jede Nutzung des Senders. Die Sendungen sind kodiert und können erst nach Bezahlung und Dekodierung gesehen werden.

b) Die öffentlich-rechtlichen Sendeanstalten sind gemäß „gesetzlichem Auftrag" der Allgemeinheit verpflichtet und damit unabhängig sowohl vom Staat als auch von privaten Interessengruppen. Der gesetzliche Auftrag verpflichtet die öffentlich-rechtlichen Sender zu einem Programm, das Information, Bildung und Unterhaltung in einem ausgewogenen Verhältnis bietet.
Die so genannte „Grundversorgung" ist laut Mediengesetzen Aufgabe der öffentlich-rechtlichen Sender. Gemeint ist, dass diese Sender mit ihren terrestischen Programmen nahezu die gesamte Bevölkerung erreichen und zu einem inhaltlich umfassenden Programmangebot in der Lage sind.

2 Die Schüler/innen können aus eigener Erfahrung sicherlich darüber berichten, dass Sendungen mit einem höheren Sensations- und Unterhaltungswert, der eine breite Zuschauermenge anspricht, eher bei den privaten Sendern anzutreffen sind. Es sollte aber auch Erwähnung finden, dass die Privatsender mehr Filme mit Erotik-, Gewalt- und Horrorthematik senden. Bestimmte Sendungen, wie z. B. Informationsmagazine im Bereich Bildung und Wissen, werden eher von den öffentlich-rechtlichen Anstalten gesendet. Manche Sender sind auf bestimmte Sparten spezialisiert, so z. B. besondere Sportsender. Auch der Anteil der Werbung bei privaten oder öffentlichen Sendern kann thematisiert werden.

3 Diese Aufgabe kann als **Hausaufgabe** oder zur Vertiefung gegeben werden. Die Ergebnisse aus den vorangegangenen Aufgabenstellungen sollen einbezogen werden. Weitere Informationen gibt es bei der Bundeszentrale für politische Bildung und bei den Sendern selbst (auch im Internet).

4 Die Fragestellung kann gut als Diskussionsanlass genutzt werden. Beachtet werden muss, dass der Erwerb der Übertragungsrechte sehr teuer ist und dass es fraglich bleibt, wie lange die öffentlich-rechtlichen Sender sich noch am Wettbewerb um die Übertragungsrechte beteiligen können. Schon heute können die öffentlich-rechtlichen Sender Sendungen oft nur durch Sponsoring finanzieren.

5 Die Talkshow soll in Arbeitsgruppen vorbereitet werden, in denen zunächst Argumente gesammelt werden. Die Argumente werden nach verschiedenen Positionen geordnet. Für die verschiedenen Positionen können sich dann „Experten“ melden, die in der gespielten Talkshow die gefundenen Argumente einbringen. Die Schüler/innen, die nicht „Talkshowgast“, „Moderator“ oder „Experte“ sind, spielen die Zuschauer, die auch ihre Meinung einbringen können.

6 Die Aufgabenstellung kann als Ergänzung zu Aufgabe 2 angesehen werden. In dieser Aufgabe sollen die Schüler/innen genauer untersuchen, wie die Verteilung von einzelnen Sendungsformen auf bestimmte Sender tatsächlich ist. Man kann entweder den Schülern spontan einfallende Sendungen eintragen lassen oder auf ein Programmheft zurückgreifen.

7 Mögliche Test-Kriterien könnten sein:

Informationsmagazine	*„Seifenopern“*	*Sportsendungen*
übersichtliche Präsentation von Themen	*schauspielerisches Können der Darsteller/innen*	*Anteil von Hintergrundberichten*
Kompetenz des Moderators	*gutes Drehbuch*	*Informationsdichte*
Informationsdichte	*Unterhaltungswert*	*Unterhaltungswert*
kritischer Blick auf Personen und Sachen	*offene Darstellung von Alltagsproblemen*	

S. 123 Das Mädchenradio auf 93,0 Megahertz

1 Das Medium „Radio“ wird von jungen Leuten sehr häufig genutzt. Es ist allerdings – wie Forschungsergebnisse deutlich zeigen – überwiegend ein so genanntes „Begleitmedium“. Das heißt, dass das Radio ganz nebenbei benutzt wird, neben der Ausübung anderer Tätigkeiten. Es geht aus Untersuchungen auch deutlich hervor, dass zum überwiegenden Teil Musik gehört wird. Radio als Informationsquelle wird nur selten genutzt. Das Profil der von Jugendlichen genutzten Sender ist ganz entschieden auf diese Zielgruppe ausgerichtet. Dies wird an den Begründungen der Schüler/innen, warum sie einen bestimmten Sender hören, deutlich werden.

2 Die Senderprofile sollen genau untersucht werden. Die Aufgabenstellung ist gut in Gruppenarbeit zu lösen: Jede Gruppe bearbeitet ein Senderprofil, die verschiedenen Aufgabenbereiche werden dann in der Gruppe verteilt (etwa: Zielgruppe, Programmschwerpunkt, Musikrichtung, Art der Moderation, Möglichkeiten zur Identifizierung der Hörer mit dem Sender, Veranstaltungen des Senders, Broschüren des Senders usw.).

③ In Zusammenarbeit mit dem Kunstlehrer oder der Kunstlehrerin soll ein Flyer zu einem Radiosender entworfen werden, wobei die Schüler/innen sowohl die Texte als auch das Layout entwerfen. Zu beachten ist auch hier die Zielgruppe des Senders, die schon durch die Aufmachung des Werbeblattes angesprochen werden soll. Bestimmte Aspekte müssen genannt sein, z. B. Name des Senders, Sendefrequenzen, Programmablauf. Auf dem verbleibenden Platz muss das besondere Profil des Senders möglichst kreativ und witzig zum Ausdruck kommen. Beispiele für Werbefaltblätter kann man vor allem bei Lokalsendern erhalten.

④ Obwohl das Internet-Radio ein noch ziemlich neues Medium ist, erfreut es sich aber gerade bei Jugendlichen zunehmender Beliebtheit. Es gibt inzwischen schätzungsweise 4000 Sender im weltweiten Datennetz. Obwohl für die Nutzung des Internet-Radios jeweils Gebühren anfallen, werden die Internet-Radiosender häufig gehört. Bei vielen der Sender kann man sich seinen speziellen Musikstil auswählen – von Klassik bis Rap. Manche Sender bieten gewohnte Programme wie die herkömmlichen Sender auch und sehen im Internet nur einen weiteren Übertragungskanal. Andere Sender versuchen sich durch zusätzliche Angebote herauszuheben, z. B. werden bei laufenden Songs in einem Display Titel, Interpret und Albumname eingeblendet. Radiostationen findet man über Angebote spezieller Suchmaschinen, z. B. bei dem Yahoo-Service „Broadcast" mit rund 400 assoziierten Stationen: www.broadcast.com/radio.

⑤ Die Frage regt zu einer Diskussion über die Nutzung der Medien an. Musiksender wie MTV und Viva sprechen vor allem die Zielgruppe der 14–19-Jährigen an. Untersuchungen zeigen, dass Musiksender wie MTV oder Viva ganz ähnlich genutzt werden wie das Radio: nämlich als Begleitmedium, diese Musikkanalsender sind quasi „Radio mit Bildern" (so Robert Pittmann von MTV). Allerdings bietet das Radio noch immer Vorteile: Man kann es überallhin mitnehmen.

„Ihr hört das Mädchenradio auf 93,0 Megahertz" S. 124

1 Anknüpfend an mögliche eigene Erfahrungen der Schüler/innen wird die Frage diskutiert, ob es geschlechtsspezifische Sendungen geben soll. Sicherlich werden eine Menge Vorurteile zur Sprache kommen (Mädchen wollen Sendungen über Mode, Kosmetik usw., Jungen wollen Sendungen über Computer, Technik, Autos, Sport). Es soll aber abgewogen werden, ob es nicht tatsächlich Themen gibt, die Frauen oder Männer bzw. Jungen oder Mädchen lieber „unter sich" diskutieren. Dass im Text davon die Rede ist, „dass Jungs gut genug wüssten, wie sie sich Gehör verschafften und sich gern aufspielten" (S. 124, Z. 54 ff.) sollte einbezogen werden. Angesprochen werden sollte auch, ob die andere Geschlechtsgruppe sich diskriminiert fühlt, wenn sie z. B. keine Möglichkeit hat ein Radioprogramm mitzugestalten.

② In den einzelnen Bundesländern gibt es verschiedene Einrichtungen des lokalen Rundfunks. Häufig stellen die Lokalfunk-Sender einen gewissen Anteil ihrer Sendezeit in „Offenen Kanälen" Bürgergruppen zur Verfügung, die ihre Beiträge selbst gestalten können. Es gibt auch „Radiowerkstätten" (in NRW über 160), in denen man die Produktion von Sendungen erlernen kann. Informationen bieten die jeweiligen Landesrundfunkanstalten.
Die Gestaltung einer eigenen Radiosendung von einer Klasse oder einer Gruppe nimmt viel Zeit in Anspruch und müsste sicher als Projekt durchgeführt werden.

◇3 a) Radio- und Fernsehsender bieten Zuschauern eine ganze Reihe unterschiedlicher Mitmach-Möglichkeiten an: Zuschauer bei Sendungen im Studio, Gewinnspiele, Hotline, Rollen bei Soap Operas, öffentliche Veranstaltungen.

b) Der Zuschauer bzw. Zuhörer freut sich darüber, dass er selbst aktiv werden kann. Ein Auftritt bei Sendungen verspricht vermeintliche Popularität. Vielleicht spielt auch ein gewisser Exhibitionismus bei den Teilnehmern eine Rolle. Als Zuschauer im Studio ist man seinen Stars vermeintlich ein bisschen näher.

c) Die Sender binden durch die genannten Aktionen das Publikum und die Zuhörerschaft an ihre Sender. Das verspricht höhere Einschaltquoten und höhere Werbeeinnahmen.

S. 125 Vom „Split Screen" zur virtuellen Werbung

1 a) Als Werbeformen werden genannt: Sponsoring, Ticker, Split Screen, virtuelle Werbung, Gewinnspiele. Grundsätzlich ist zu unterscheiden zwischen direkter Werbung (Werbespots, Gewinnspiele) und indirekter Werbung (unauffälliges Präsentieren von Produkten in Serien und Filmen, Sponsoring, Werbung auf Trikots, Mützen usw.).

b) Einige Beispiele werden bereits im Text genannt. Weitere Beispiele: Sponsoring von Sportsendungen, Sponsoring von Soap Operas.

◇c) Mit virtueller Werbung ist gemeint, dass die Werbesprüche oder Werbebilder nicht tatsächlich), z. B. auf einem Fußballfeld, aufgemalt werden, sondern nur durch (virtuelle) Projizierung auf dem Bildschirm für die Zuschauer sichtbar sind.

2 Im Hörfunk stehen zur Unterscheidung von Programmteilen und Werbung nur akustische Zeichen zur Verfügung. Dies verführt die Programmmacher häufig dazu, Programm- und Werbeanteile der Sendung möglichst eng miteinander zu verknüpfen. Besonders beliebt sind so genannte „Moderatorenwerbungen", bei denen der Redakteur bzw. die Redakteurin Werbebeiträge vor oder nach dem von ihm/ihr gestalteten Programmbeitrag liefert, möglicherweise mit inhaltlichem Bezug zueinander. Wie im Fernsehen gibt es zahlreiche mit Werbung verbundene Gewinnspiele. Selbst Wetterberichte, Zeitansagen oder Verkehrsnachrichten werden als Werbeträger benutzt.

3 In der Werbebranche sieht man das konsumfreudige Publikum zwischen 14 und 49 Jahren als wichtigste Zielgruppe an. Da erwiesen ist, dass sich bestimmte Kaufgewohnheiten und bestimmte Vorlieben für Produkte schon im Kindesalter und in der Jugend herausbilden, wird versucht, vor allem junge Zuschauer/innen anzusprechen.

◇4 Bei der Untersuchung wird sich ergeben, dass die Werbeblöcke mit ihrer Sendezeit und der Art der Werbespots genau auf die durch die Sendungen angesprochene Zielgruppe zugeschnitten sind. Die Produkte, für die geworben wird, sind besonders für die Zielgruppe interessant. So werden am Wochenende morgens und wochentags nachmittags Produkte für Kinder vorgestellt, vormittags und am frühen Nachmittag Hausfrauen angesprochen. Bei Sportsendungen gibt es Werbung für Sportkleidung. Die Werbeblöcke werden immer an spannenden Stellen eingebaut, sodass gewährleistet ist, dass die Zuschauer nicht abschalten oder zappen.

⟨5⟩ Diese Aufgabe stellt ein kleines **Projekt** dar, das am besten in Gruppen erarbeitet werden kann, die verschiedene Untersuchungsaufträge erhalten. Es werden mehrere Unterrichtsstunden benötigt. In Aufgabe a wird die Machart der Spots untersucht, Aufgabe b führt über die Beschreibung von Lieblingsspots zur Reflexion über die Wirkung von Spots.

6 Das Schaubild zeigt an einem Beispiel, wie eine beliebte Serie im Medienverbund vermarktet werden kann.

⟨7⟩ Die Schüler/innen sollen zu der von ihnen gewählten Serie oder dem von ihnen gewählten Film Möglichkeiten für Werbung und Zuschaueranbindung erfinden. Die Produkte, die sich die Schüler/innen ausgedacht haben, können auch tatsächlich hergestellt werden.

5.2 Die Sender und das Publikum

Arnd Festerling: Die gar wundersame Wandlung vom Langweiler zum Fußballhit

S. 128

1 Die Schüler/innen sollen zunächst Gelegenheit haben, ihre eigenen Erfahrungen und Meinungen über Sportsendungen einzubringen. Der unterschiedliche Aufbau von Sportsendungen soll dabei bereits zur Sprache kommen.

2 a) Sportsendungen, vor allem Fußballspiele, werden von „ran" „mediengerecht" präsentiert. Das heißt, dass das, was gezeigt wird, immer spannend, immer spektakulär sein muss. Sportereignisse werden daher dramatisierend inszeniert und kommentiert. Dabei darf die Präsentation ruhig von der Wirklichkeit abweichen (Z. 121–124). „ran" liefert eine „schöne, bunte Fußballwelt".

b) Das Spiel wird dramatisiert, teilweise verfälschend dargestellt.
Reporter sprechen besonders laut (Z. 2) und tun so, als seien sie erregt (Z. 84 f.) – Spieler werden in besonderer Weise stilisiert (Z. 11 ff.) – Spieler und Trainer werden beim Interview gegeneinander ausgespielt (Z. 45 ff.) – Zeitlupenwiederholungen angeblich wichtiger Szenen werden kommentiert (Z. 86 ff.) – Spiele, auch wenn sie langweilig sind, werden als Abfolge von Höhepunkten präsentiert (Z. 122). Werbeblöcke unterbrechen die Sendung.

3 Nach Festerling arbeiten die Reporter nicht mehr journalistisch. Die Reporter von „ran" müssen jedes Sportereignis zur Sensation machen. Die Sendung muss hohe Einschaltquoten haben, damit es genügend Werbeeinnahmen für den Sender gibt. Den Reportern fällt die Aufgabe zu, das Filmmaterial so zu präsentieren, dass die Zuschauer/innen das Spiel ungeachtet seiner wirklichen Qualität als Erlebnis empfinden.

◇4 a) **Meinung:** Um die Zuschauerquoten zu steigern und die eingekauften Spiele optimal zu verwerten, werden Sportereignisse (hier: Fußballspiele) dramatisierend inszeniert und damit unrealistisch präsentiert.

b) **Argumente:** Die Sendung dramatisiert, weil die Reporter
- besonders laut sprechen (Z. 2)
- einen Spieler zum „Riesentalent" und „Starspieler" stilisieren (Z. 14 f.)
- Spieler und Trainer interviewen und sie dabei gegeneinander auszuspielen versuchen (Z. 48 ff.)
- sich künstlich erregen (Z. 84 f.)
- Zeitlupenwiederholungen angeblich wichtiger Szenen kommentieren (Z. 86 ff.)
- Spiele, auch wenn sie langweilig sind, als Abfolge von Höhepunkten präsentieren (Z. 122)

◇5 a) Der Text ist ein langer Kommentar.

b) Im Text werden geschickt sprachliche Mittel eingesetzt: Benutzen von umgangssprachlichen Elementen, ironisierende Darstellung, Parallelismus im Satzbau, antithetischer Satzbau, Benutzung von Modewörtern („Trendsetter", „Slomo"). – „Slomo" ist eine Verkürzung von „Slow motion", also Zeitlupe.

6 Die eigene Meinung der Schüler/innen soll hier zum Ausdruck kommen. Der Artikel von Festerling kann als Muster dienen. Wenn die Schüler/innen die gleiche Meinung wie Festerling haben, können sie Argumente des Textes nutzen. Sollten sie eine Gegenposition vertreten, müssen zunächst Thesen und Argumente gesammelt werden. Der Adressatenbezug beim Schreiben ist zu beachten.

S. 130 Tod – Live aus Sarajewo

Das Interview mit Günther Jauch, dem Moderator und Chefredakteur von „Stern-TV", erschien am 5. März 1993, in der „heißen Phase" des Bosnien-Krieges, in der Wochenzeitung „Die Zeit". In der bosnischen Hauptstadt Sarajewo waren damals Straßenkämpfe zwischen serbischen und bosnischen Einheiten und einzelnen Heckenschützen an der Tagesordnung. Das Kriegsgeschehen wurde von vielen Journalisten vor Ort verfolgt.

1 Die Fragestellungen können erweitert werden:
- Hättet ihr als Programmverantwortliche den gesamten Film in die Sendung hineingenommen oder nicht?
- Wenn die Grenze des Verantwortbaren für euch noch nicht überschritten war: Wo wäre sie überschritten gewesen?
- Welche Gründe gibt es eurer Meinung nach für (oder gegen) die Entscheidung vieler Programmverantwortlicher, das Sterben von Menschen im Fernsehen zu zeigen?
- Wie beurteilt ihr die Tatsache, dass in einigen Ländern Hinrichtungen z. T. im Fernsehen gezeigt werden?

2 Jauch sagt, „Stern-TV" habe nicht den Auftrag zum Drehen gegeben. Andere Sender hätten den Film auch gesendet, sein Sender sei nur der erste gewesen (Z. 20 ff.). Der Kameramann habe Sead den ganzen Tag begleitet, sei also selbst in Gefahr gewesen (Z. 31 ff.). Der Kameramann habe nicht auf „voyeuristische Weise" gefilmt (Z. 46 ff.). Er habe alles getan, damit die Darstellung des Sterbens von Sead nicht als „geiles" Fernsehereignis erscheine.

b) Bei genauer Untersuchung der Stellungnahme von Jauch werden die Schüler/innen feststellen, dass es sich nicht um echte Argumente handelt.

◇3 b) Die Schüler/innen können z. B. darüber diskutieren, ob Geburten, Gerichtsverhandlungen, Unfallopfer unmittelbar nach dem Unglück, Bombenabwürfe in Kriegen (z. B. mit Kameras, die an den Bomben angebracht sind), Schüsse von Bankräubern auf Bankkunden oder -angestellte (aufgenommen von Videoüberwachungsanlagen), Interviews mit gefangenen Geiseln ... gesendet werden sollten.

Psycho-TV – Gefährliches Spiel ohne Grenzen

S. 132

1 Neben den persönlichen Einstellungen der Schüler/innen können auch allgemeine Gründe genannt werden, warum man sich als Kandidat/in bewerben könnte (Geld, Sucht nach Popularität, Flucht vor Problemen usw.)

2 Diese Sendungen befriedigen offensichtlich das Bedürfnis der Zuschauer nach Emotionalisierung, Sensationen und Voyeurismus. In Artikeln über die erste „Big-Brother"-Staffel in Deutschland gingen die Meinungen über die Zuschauermotivation allerdings auseinander. Manche Reporter vertraten auch die Meinung, dass die Zuschauer vielleicht nur sehen wollten, wie Menschen sich im Alltag verhalten, andere vermuteten eher, dass alle auf Streit und Konflikte warten.

3 Argumente zu gegensätzlichen Positionen können in Gruppen gesammelt werden. Auch die zahlreichen Zeitungsartikel über die „Big-Brother"-Sendung können auf Meinungen und Argumente für oder gegen eine Ausstrahlung der Sendung untersucht werden.

◇4 Der Roman „1984", geschrieben im Jahr 1948 von George Orwell, stellt die totale Überwachung der Menschen in einem totalitären Regierungssystem dar. In diesem System werden die Menschen ständig manipuliert und in ihrer Freiheit eingeschränkt. Die überwachende Einheit, die überall durch Monitore zu sehen ist, wird der „Große Bruder" genannt.
Beim Cornelsen Verlag gibt es im Internet im „Kulturkalender" eine Unterrichtseinheit zu „Big Brother": www.cornelsen.de.)

◇5 a) Eine „Realsoap" („echte Seife(noper)") stellt angeblich alltägliche Erlebnisse dar. Das Wort setzt sich aus zwei widersprüchlichen Begriffen zusammen.

b) Das „Reality-TV" („Wirklichkeitsfernsehen") stellt ein relativ neues Genre dar, bei dem suggeriert wird, dass die Zuschauenden unmittelbare Zeugen von Katastrophen werden. Unglücke werden nachgestellt oder auch beispielsweise Feuerwehrmänner mit Fernsehkameras ausgestattet, mit denen sie ihre Arbeit bei wirklichen Einsätzen dokumentieren. Auch Unfälle, Rettungen bei Notfällen werden nachgestellt, in manchen Fällen gar von den Unfallopfern selbst.
Nach anfänglich hohen Einschaltquoten setzte erhebliche Kritik am Reality-TV ein, sodass auch Privatsender immer mehr auf solche Sendungen verzichten.

◇6 Das Plakat kann in Zusammenarbeit mit dem Kunstunterricht gestaltet werden. Die Adressaten sollten berücksichtigt werden (etwa wenn das Plakat in der Schule ausgehängt werden soll).

S. 133 Ear Catching, Trailer und andere Medien-Kleber

1 Weitere Möglichkeiten:
- mehr Vorschauen (Trailer), die auf kommende Sendungen im selbem Programm hinweisen
- sehr spannende, action-orientierte Trailer, die Handlungshöhepunkte zeigen, aber den inhaltlichen Zusammenhang noch nicht erkennen lassen
- möglichst effektvoller Ausblick des Moderators einer Sendung auf die Folgesendung, damit der Zuschauer in Spannung versetzt wird
- Verlagerung der bei vielen Zuschauenden wenig beliebten Unterbrecherwerbung in die Sendungen hinein (Schleichwerbung, Nebenbei-Nennung eines Sponsors)
- Platzierung von Werbeblöcken im unmittelbaren Anschluss an eine spannende, aber noch nicht zu Ende geführte Szene, sodass die Zuschauenden den Anschluss nicht verpassen wollen

2 Die Aufgabe, selbst „TV-Kleber" aufzuspüren und aufzunehmen, unterstützt eine kritische Betrachtung von Fernsehprogrammen. Das von den Schülerinnen und Schülern zusammengestellte aktuelle Material hilft dabei, die hier im Mittelpunkt stehenden Kommunikationsstrategien von Fernsehanstalten auf anschauliche Weise zu erarbeiten.

3 Die Diskussion über die Wirksamkeit der TV-Kleber führt didaktisch ins Zentrum der Unterrichtseinheit: In einem Alter, in dem die Schüler/innen die Spielräume für individuelle Freiheiten erweitern wollen, reflektieren sie darüber, mit welchen Mitteln Fernsehanstalten die persönliche Souveränität über (Fernseh-)Zeit einschränken können. Die Schüler/innen erarbeiten sich medienkritische Positionen, die sich aus ihren persönlichen, alterstypischen Entwicklungsbedürfnissen ergeben.

S. 134 *Peter Heinlein:* Ear-Catching – Musik als Köder für Seifenopern

4 Der Begriff „Ear-Catching" ist dem englischen „eyecatcher" nachgebildet. Der „eyecatcher" ist ein Blickfänger in der Werbung, entsprechend wäre also ein „ear-catcher" ein „Hörfänger", d. h., der Zuhörer soll von einer bestimmten Musik oder Musikuntermalung angezogen werden.

5 Die Schüler/innen sollen über eigene Erfahrungen mit musikalischer Untermalung berichten. Zu nennen wären z. B. Filmmusik, Eingangsmelodien zu bestimmten Sendungen, Musik bei Sportereignissen, musikalische Berieselung in Kaufhäusern und Einkaufscentern. Die Schüler/innen sollen jeweils die beabsichtigte Wirkung angeben.

6 b) Untersucht werden kann z. B.
- das über Musik transportierte Lebensgefühl;
- die Frage, inwiefern die Filmfiguren und die ihnen zugeordnete Musik zueinander passen;
- die Frage, welche Medienkonzerne die Musik auf den Markt gebracht haben.

8 a) Ein „Trailer" ist ein kurzer Film, mit dem eine Sendeanstalt Zuschauer/innen veranlassen will, bei ihrem Programm zu bleiben. Dieser Film dauert meistens nur eine Minute. Inhaltlich wird auf möglichst spannende oder spektakuläre Weise eine Sendung angekündigt und damit für den Sender geworben.

9 Auch im Text von Peter Heinlein wird eine ganze Reihe von englischen Ausdrücken benutzt:
Daily Soaps (aus dem Amerikanischen): täglich gesendete Serie mit Werbeunterbrechungen
Popsong: von engl. „popular song" (volkstümliches Lied), heute hauptsächlich für Lieder verwendet, die auf ein jugendliches Publikum zielen
Soundtrack (aus dem Englischen): eigentlich „Tonspur" (eines Films); hier: Filmmusik

5.3 Medien-Kabarett

S. 135

1 Natürlich können auch andere Sportarten (Ski, Tennis, Basketball, Eishockey) gewählt werden. Als Vorbereitung können einige Sendungen aufgezeichnet und ausgewertet werden. Dabei sollten typische Redewendungen der Sportreporter/innen notiert werden. Fachbegriffe der jeweiligen Sportart können in übertriebenem Maße verwendet werden.

2 Die Szenen können evtl. dadurch vorbereitet werden, dass sprachliche Zusatzmaterialien gesammelt werden; z. B.:
- Vertreter/in einer Bank etc.: ökonomisches Vokabular aus der Wirtschaftspresse
- Vertreter/in einer Plattenfirma: Szene-Vokabular aus dem Bereich „Popmusik" (Programme von Musiksendern, Jugendzeitschriften)

Ideenbörse für Kabarett-Texte

S. 136

1 Diskutiert werden können die Fragen,
- ob die satirischen Absichten einzelner Figurengestaltungen angemessen umgesetzt wurden;
- ob die dargestellte Kommunikationsstruktur eine satirische Wirkung entfaltet;
- ob die sprachliche Gestaltung zielführend ist.

2 Weitere satirische Mittel (in den Texten nicht alle realisiert!):
- fremdsprachige Elemente und Dialekt einsetzen
- einen typischen Satzbau verwenden (von Einwortsätzen und Ellipsen bis hin zu langen Hypotaxen, bei denen die Figur sich evtl. verheddert) und damit eine Figur charakterisieren
- eine blumige Sprache verwenden (völlig unpassende Metaphern etc.)
- eine Figur laufend einen für sie typischen Gegenstand zeigen lassen

Eine Fernseh-/Radiosendung parodieren

S. 139

Dieses Projekt erfordert – je nach Umfang – ein bis drei Wochen Zeit. Wenn es realisiert werden soll, empfiehlt es sich, die gesamte Unterrichtsreihe auf das Projekt auszurichten und z. B. bereits im Teilkapitel 5.1 Texte verfassen zu lassen, die nachher in Szenen umgesetzt werden sollen. Wird den Schülerinnen und Schülern ein Projekt mit einem gemeinsamen Endprodukt in Aussicht gestellt, steigt in der Regel die Motivation auch in den Vorphasen.

Mögliche **Alternative:**
Die folgende Alternative für den dritten Teil der Unterrichtsreihe kann eher analytisch als produktionsorientiert angelegt werden. Sie kann freilich auch dazu genutzt werden, weiteres Material für das Fernseh-Kabarett zu finden. Eine Arbeitsgruppe der Klasse kann sich z. B. mit diesem Material beschäftigen und Zusatzideen für das Klassenprojekt entwickeln. Anhand des folgenden fiktionalen Textes von Monika Pelz – „Eine unglaublich steile Karriere" – lässt sich auf anschauliche Weise die Instrumentalisierung von Zuschauerinnen bzw. Zuschauern und Medienstars durch Medienkonzerne erkennen.
„Der Talker" ist aus der Sicht einer jugendlichen Privatdetektivin erzählt, die – während des Babysittens – auf dem Bildschirm ihren alten Medienliebling Tony Martin wieder entdeckt und erstaunt feststellt, dass er gar nicht gealtert ist. Ihre zum Teil turbulenten und spannenden Nachforschungen ergeben, dass der Moderator und zuschauernahe Sprücheklopfer schon vor langer Zeit in die Fänge eines Medienkonzerns geraten ist, der ihn in einer psychiatrischen Klinik versteckt hat. Dort wird er inzwischen mit Produktionen für alte Leute beschäftigt, die kaum noch jemanden interessieren. Der Medienkonzern aber hat sich die interessante Figur des Tony Martin angeeignet und durch Computeranimation für jedweden Einsatz zugerichtet.
Der Roman spielt in einer Zukunft, in der die Zuschauer/innen sich interaktiv am Geschehen auf dem Bildschirm beteiligen. Mit Applausknöpfen bestimmen sie scheinbar demokratisch über nachfolgende Programmteile. Tatsächlich aber sehen sie – gesteuert über ihre eigenen Reaktionen am Applausknopf – ganz unterschiedliche Sendungen; und der Medienkonzern wertet die Zuschauerreaktionen am Anfang von Sendungen aus, um das Publikum nach weltanschaulichen Positionen zu sortieren und es speziellen politischen Manipulationen zu unterwerfen. Der Konzern muss nach der Pfeife eines Mannes tanzen, der öffentlich kaum in Erscheinung tritt, der besonders auf junge Leute zielt und der mit einer von ihm gesteuerten Bewegung politische Macht ausüben will – ein Musterbeispiel für unkontrollierte Mediokratie.

Eine unglaublich steile Karriere

Keiner hätte in Toni Maier einen zukünftigen Star gesehen. In der Schule war er ein Einzelgänger. Wohl fühlte er sich nur, wenn er mit jüngeren Kindern zusammen war. Die Kids mochten ihn, weil er geduldig mit ihnen spielte, mit ihnen den Zoo besuchte und in den Zirkus ging. Einmal führte er seine kleinen Freunde in die MicMac-Show. Er selbst musste sich damals irgendwo in den Hintergrund verdrücken, weil er schon viel zu groß für die Zuschauerrolle war. So stand er seitlich in die Kulissen gepfercht und das Ganze war recht unbequem. Doch diese Show wurde für Toni Maier zu einer Offenbarung und veränderte sein Leben.

Die MicMac-Show wurde nicht live gesendet, sondern aufgezeichnet. Mario Bertini, der lustige, springlebendige Clown, war in Wirklichkeit ein alter Mann, der seine Gags mehr als einmal wiederholen musste, bis sie saßen. Hinter der Fassade von Leichtigkeit und Unbeschwertheit lag harte Arbeit. Was am Bildschirm spontan und fröhlich wirkte, war sorgfältig einstudiert. Am meisten aber faszinierte Toni, wie verzückt die Kinder im Studio Bertini folgten und wie sie auch bei der x-ten Wiederholung jubelten und lachten. Sie verehrten „Mister MicMac". Bei den Aufnahmen dabei zu sein, ihn leibhaftig zu sehen, machte sie glücklich.
Es ging Toni Maier nicht aus dem Kopf. Von nun an versäumte er keine MicMac-Show

und er studierte auch andere Kindersendungen. Sein Wunschberuf stand fest: selbst einmal in einer solchen Sendung aufzutreten, selbst eine Kultfigur für die Kids zu werden.
Er schrieb an Mario Bertini und bat ihn um ein Gespräch. Bertini antwortete nicht einmal. Toni Maier war hartnäckig. Fast ein Jahr lang bombardierte er den berühmten Clown, bis er endlich eine Zusage erhielt. Zum zweiten Mal saß er versteckt in den Kulissen und durfte bei der Aufzeichnung zusehen.
„Er ist wirklich nicht so besonders gut", dachte Toni kritisch, „man könnte es viel besser machen!"
Bei zahlreichen Auftritten auf Kindergeburtstagsfeiern hatte er inzwischen sein eigenes Show-Talent erprobt und vervollkommnet und fand, dass Bertini auf seine kleinen Zuseher zu wenig einging. Bertini nahm die Kinder in Wahrheit gar nicht für voll. Sie waren nur Kulisse für seinen Auftritt. Er vermittelte ihnen überhaupt nicht, was für ein wunderbares Publikum sie waren und dass er sie liebte.
Toni Maier sah, wie der Clown einmal den Blick auf ihn richtete, und verzog sein Gesicht zu einem strahlenden Lächeln. Nachdem die Sendung abgedreht war, bekam er endlich sein Gespräch.
„Sie wollen bei der MicMac-Show arbeiten? Haben Sie eine Ausbildung? Schauspiel? Musical? Clown? Roadie[1]?"
Toni musste alles verneinen. Über seine Auftritte bei Kinderfesten verzog der Clown nur verächtlich den Mund. Das Interview verlief alles andere als günstig; Toni Maier konnte dem großen Mario Bertini, dem Dinosaurier des Kinderfernsehens keinen Grund angeben, warum dieser ihn in die Show hätte nehmen sollen. Dennoch durfte er im Anschluss an diese Vorsprache als einer von Bertinis vielen „Assistenten" bei den Aufnahmen dabei sein.
„Der Alte hat eben einen Riecher für Begabungen", dachte Toni Maier.
Er war jetzt siebzehn und gegen den Widerstand seiner Eltern hörte er auf, die Schule zu besuchen; fest überzeugt davon, dass Bertini sein Talent erkannte und die Absicht hatte, ihn zu fördern. Bis er merkte, dass er in den MicMac-Shows praktisch nie ins Bild kam. Er durfte Handlanger spielen und die Requisiten anschleppen. Mehr nicht. Schließlich kapierte Toni Maier, dass er dem berühmten Mario Bertini in den Arsch kriechen musste, dass er um einen Auftritt vor der Kamera betteln musste.
Nach Monaten war es dann endlich so weit. Bertini schlug ihm vor, eine Lachnummer zu bringen. Toni sollte drei große Pappwürfel tragen, dabei würde er über ein Kabel stolpern und in eine Cremetorte fallen. Toni schleppte also die Würfel, die ihm tatsächlich die Sicht raubten, er stolperte, er fiel in die Torte und das Publikum lachte. Die Szene klappte schon beim ersten Take, fand Toni. Dennoch ließ Bertini sie noch viermal wiederholen.
In der nächsten Sendung sah die „Lachnummer" so aus, dass ein Blumentopf auf Tonis Kopf landete. Der Topf war zwar aus Kunststoff, aber mit Erde gefüllt, und das Ganze tat gehörig weh, vor allem bei der dritten, vierten und fünften Wiederholung. Ein weiterer Auftritt Tonis bestand darin, mit den Schuhen in einer Pfütze aus Kleister kleben zu bleiben. Diese Nummer war zwar nicht schmerzhaft, aber enorm anstrengend, und als Bertini ihn das sechste Mal durch den zähen Kleister waten ließ, begann Toni Maier den Alten zu hassen. Die kindlichen Zuseher aber hatten angefangen, Toni zu lieben. Er erhielt die ersten Fan-Briefe.
„Lieber Toni, ich sehe immer die MicMac-Show. Am besten gefallen mir deine Auftritte! Wirklich! Schade, dass du dabei nie etwas sagst! Kannst du nicht einmal etwas sagen? Ich würde mich sehr darüber freuen, dein Fredy Goll."
Die Redaktion entschied, Tonis Part zu erweitern. Da Mario Bertini es ablehnte, dem jungen Kollegen einen Text zu schreiben, wurde Toni gefragt, ob er sich selbst einen Sketch schreiben wolle. Natürlich wollte Toni. Und er schlug damit voll ein. Aus „Bertinis MicMac" wurde „MicMac mit

Mario und Tony“. Toni Maier verschwand und Tony Martin wurde geboren.

Tony Martin entdeckte seine Lust am Schreiben. Warum sollte jemand wie er, der so viel Gespür für die Kleinen hatte, nicht der beste und erfolgreichste Kinderbuchautor werden, den es je gegeben hatte? Für den Zuschauerliebling Tony Martin war es tatsächlich nicht schwer, eine Serie von „Gute-Nacht-Geschichten“ zu verkaufen. Kaum waren die Geschichten über den Bildschirm geflimmert, gab es sie auch schon als Buch.

Dem ersten Büchlein folgten weitere. Der Verlag setzte auf die Popularität des Talkers und diese Rechnung ging voll auf. Seine Fangemeinde wollte nicht nur mehr und mehr von Tony Martin sehen, die Kids kauften und lasen auch alles, was er schrieb.

Tony Martin schrieb über Wunderautos und Kuschel-Dinos, über kleine Detektive und Hunde mit großem Herzen. Nichts davon war originell oder sonstwie bemerkenswert. Sein Foto war auf dem Buchumschlag, das genügte. Als Tonys Rolle in der Show immer mehr erweitert wurde, kam es zu einer Reihe spektakulärer Auseinandersetzungen zwischen dem Produzenten und Mario Bertini, die damit endeten, dass der Clown in Pension ging.

Der so steil aufgestiegene Star des Kinderfernsehens, der neue König der Kinderbücher, von dessen Verkaufszahlen andere nur träumen konnten, hatte das Interesse der breiten Öffentlichkeit erweckt. Die Zeitungen brachten der Reihe nach Interviews mit „Mister MicMac“, dem „Robin Hood der Kinder“.

„Kinder sind den meisten ganz Wurst, nur der Wirtschaft nicht“, erklärte Tony Martin und es kam ihm vor, als hätte er das Rad erfunden. „Mir geht es nicht darum, mit ihnen viel Geld zu verdienen, ich kämpfe für die Rechte der Kinder.“

„Wofür werden Sie sich denn besonders einsetzen?“

„Vor allem dafür, dass man Kindern nicht ständig etwas aufzwingt! Die meisten Kinder lesen z. B. viel lieber einen spannenden Krimi als hochgestochene Literatur, die Lehrer ihnen aufzwingen wollen. Aber ich finde, ein Kind hat ein Recht – “

„Auf Krimis, ist klar. Und wie ist es mit Problemen heutiger Kinder: Scheidungen? Gewalt? Kindesmisshandlungen? Werden Sie sich dagegen auch einsetzen?“

„Natürlich bin ich dagegen.“

„Würden Sie auch einmal ein Buch über so ein Thema schreiben?“

„Wissen Sie was: Das Beschissene bei den Kinderbuchautoren heutzutage ist, dass sie immer nur über solche Probleme schreiben. Scheidungen und so. Das wollen Kinder nicht lesen. Kinder wollen Unterhaltung und Entspannung. Sie wollen keinen erhobenen Zeigefinger. Schreiben Sie, ich möchte, dass die Kinder, die meine Show sehen und meine Bücher lesen, Ferien vom Alltag machen. Sie sollen glücklich sein und sonst nichts.“

Die Zeitungen schrieben, dass Tony-Martin-Bücher zwar von der Kritik verrissen würden, dass aber die Kinder am Ladentisch entschieden hätten. Tony Martin sei der erfolgreichste Kinderbuchautor, den es in diesem Land jemals gegeben habe.

Verkaufszahlen und Einschaltquoten kletterten weiter nach oben Tony Martins Aufstieg fiel genau in die Zeit, als die Quote zum Maß aller Dinge wurde, zum Ersatz für Sinn und Qualität. Kinder wurden auf einmal als „markenflexibelste Sehergruppe“ geortet, aus „Kinderprogrammflächen“ wurden Rund-um-die-Uhr-Programme in eigenen Kanälen. Die MicMac-Show wurde täglich nachmittags gesendet, vormittags wiederholt und überdies an andere Sender verkauft.

Es war der Höhepunkt in Tony Martins Leben. Er kaufte sich ein Haus, bevölkerte es mit Plüschtieren und die Zeitungen brachten reihenweise Home-Stories. Er ließ seine Bücher in Brailleschrift[2] drucken; Fotos, auf denen ein Dutzend blinder Kinder sich um Tony Martin scharten, erschienen in sämtlichen Zeitungen. Tony-Martin-Bücher wurden in alle Sprachen übersetzt, in-

klusive Litauisch und Arabisch. Tony gründete schließlich seinen eigenen Verlag, „Die Wundertüte“, in dem von nun an seine Bücher, Kassetten, Kalender und Rätselspiele und sonstigen Gadgets[3] vermarktet und vertrieben wurden. Die „Wundertüte“ kreierte das „interaktive Buch“, bei dem passender Spielschrott zu den Texten gepackt wurde. Tony Martin war der Star des Kinderfernsehens, und da die Bekanntheit in einem Medium die Popularität auch in allen anderen steigert, hatte er ein treues und wachsendes Käuferpublikum. Die Kinder legten es darauf an, „alles“ von und über Tony Martin zu haben; schon deshalb, weil ein vollständiges Wissen über Tonys Bücher und Sendungen bei seinen zahlreichen Rätselspielen Preise und Prämien versprach.
Welchem Specht ging es schlecht?
Antwort: „Dem Buntspecht in der Blutbuche.“ Was insofern nicht leicht zu erraten war, als es sich bei dem „Buntspecht“ um einen getarnten Minisender handelte, mit dem ein Baummörder überführt werden sollte („Allein gegen die Holz-Mafia“). Die Tarnung war jedoch allzu gut und der falsche Vogel im Geäst der Blutbuche wurde von einem Marder angefallen und abgemurkst.
Unter den richtigen Einsendungen entschied das Los. Beliebte Preise waren Eintrittskarten in die MicMac-Show.
Schließlich bot der Verlag unter der Bezeichnung „T. M.–Thesaurus“ ein Computerprogramm an, das ein leichtes Archivieren und Abrufen von Tony Martins endlosem Schaffen ermöglichte. Dieses Archivprogramm stachelte die Sammelleidenschaft der Fans naturgemäß noch mehr an. Um auch Kids zu beglücken, die nicht lesen konnten, stieg die „Wundertüte“ ins Überraschungsei-Geschäft ein.
Tausende Kinder waren Mitglieder in Tony-Martin-Klubs und Rätsel-Gemeinschaften. Tausende schütteten ihm in Briefen, Faxen oder auf Tonbändern ihr Herz aus. Sein treuster Fan, Fredy Goll, schrieb Woche für Woche.
„Lieber Tony Martin. Ich habe dich gestern in der Popsy-Peters-Show gesehen. Ich finde es toll, dass du dagegen bist, dass die Erwachsenen immer auf die Kinder herunterschauen. Kinder sind oft viel gescheiter als die Großen. Und sie bauen nicht so viel Mist! Vielen Dank, dein Fredy Goll.“

(aus: Monika Pelz. Der Talker. Jungbrunnen, Wien – München 1995)

1 **Roadie:** jemand, der gegen Bezahlung beim Transport, Auf- und Abbau der Ausrüstung einer Rockgruppe o. Ä. hilft
2 **Brailleschrift:** (nach dem französischen Erfinder Braille benannte) Blindenschrift
3 **Gadget:** kleine Werbebeigabe

1 Markiert Abschnitte oder einzelne Aussagen, zu denen sich eurer Meinung nach gut satirische Szenen für ein Kabarett oder einen Film entwickeln lassen.

2 Studiert aktuelle Kindersendungen und überlegt, ob ihr Elemente daraus parodierend in eure „Talker“-Szene übernehmen könnt.

Lernerfolgskontrolle/Themen für Klassenarbeiten

Vorschlag 1: Textungebundenes Erörtern

1 Ein fernsehfreier Tag pro Woche? Sollten sich Familien/Klassen/ganze Länder auf eine solche Regelung einigen?

Vorschlag 2: Textgebundenes Erörtern

Neil Postman: Lumpensammler im Medienabfall

Die größte Gefahr, der diejenigen gegenüberstehen, die in einem technologischen Zeitalter leben, hat vor einigen Jahren Edna St. Vincent Millay in einem Gedicht prophetisch zum Ausdruck gebracht. Es stammt aus ihrem Buch „Jäger, was ist die Beute?". Dort beschreibt sie das Problem, dem wir uns gegenübersehen, so gut, wie es nur eine große Dichterin tun kann.

„Über dies begabte Zeitalter, in seiner düstern Stunde / Regnet's vom Himmel in Schauern / Tatsachen ... liegen da, unbefragt, zusammenhanglos. / Wissen genug, das Übel auszusaugen / spinnt täglich Garn, doch keinen Webstuhl gibt's / Der es zu Stoff will fügen."

Wovon die Dichterin hier spricht, ist ein großer Widerspruch. Seit dem 19. Jahrhundert hat sich die Menschheit in kreativer Weise dem Problem zugewandt, wie man den Mangel an Information beseitigen und wie die Beschränkung durch Raum, Zeit und Form überwinden kann. Im frühen 19. Jahrhundert konnte eine Nachricht nur so schnell wie der Mensch reisen, was mit dem Zug 50 Kilometer in der Stunde bedeutete. Sprache, schriftlich wie mündlich, war beinahe die einzige Form der Kodifizierung von Nachrichten; und nicht zu vergessen, die meisten Menschen hatten keinen Zugang zu dem sich ausbreitenden Wissensreservoir, das durch viele Bereiche angesammelt wurde. So haben wir diese Probleme mit viel Energie in Angriff genommen und einen spektakulären Sieg davongetragen.

Als Ergebnis schufen wir die Welt mittels der Technologie im 19. Jahrhundert neu – oder, wenn Sie so wollen, mittels vielfältiger Medien – und lösten damit einen Sturm von Fakten aus, die auf uns niederprasseln. Wir haben uns mit dem Problem des Informationsmangels bis in die erste Hälfte des 20. Jahrhunderts beschäftigt, fügten dann aber noch einige Erfindungen der langen Liste hinzu, sodass die Last des Informationsmangels ein für allemal beseitigt wurde.

Wir dürfen uns zu unserem Erfolg gratulieren, sind jedoch weitgehend daran gescheitert, wahrzunehmen, dass wir mit der Beseitigung des Problems, das wir beseitigen wollten, ein neues, uns zuvor unbekanntes geschaffen haben: Übersättigung, Zusammenhanglosigkeit, Bedeutungslosigkeit von Informationen. Millionenfach über den ganzen Erdball verteilt und über jeden erdenklichen Weg, über jedes erdenkliche Medium – Lichtwellen, Radiowellen, Ticker, Computerdatenbanken, Telefonleitungen, Fernsehkabel, Satelliten, Druckerpressen – strömt Information auf uns ein. Dahinter wartet, in jedem nur vorstellbarem Speichermedium – Papier, Video, Kassette, Diskette, Film und Silicon-Chip – noch mehr Information darauf, abgerufen zu werden. Während in der Vergangenheit Information eine wesentliche Hilfsquelle war, um über unsere physische und symbolische Welt Kontrolle zu erlangen, hat unser technologischer Erfindungsreichtum Information in eine Art Abfall verwandelt und uns selber zu Lumpensammlern gemacht. Wie der Zauberlehrling versinken wir in Information, jedoch ohne einen Besen zu haben, der uns hilft, sie wegzukehren.

Das Band zwischen Information und Sinnorientierung auf den Menschen hin ist zerrissen. Information ist nun ein Gebrauchsgut, das ge- und verkauft wird; sie kommt – auf niemanden besonderen gerichtet – in riesigen Mengen und hoher Geschwindigkeit, kommt, ohne angefordert zu sein, losgelöst von Inhalt und absichtsvoller Einfuhr. Das bedeutet, sie kommt ungefragt und zusammenhanglos, und wir besitzen, wie es die Dichterin ausdrückte, keinen Webstuhl, auf dem wir alles zu Stoff weben könnten. Keine fortlaufende Geschichte, kein „roter Faden", um uns mit moralischer Führung, gesellschaftlicher Relevanz oder dem Wie eines intellektuellen Haushaltens zu versorgen, keine Geschichten, die uns lehren, was wir wissen müssen und vor allem, was wir nicht wissen müssen.

Ohne derartige Geschichten, „rote Fäden", merken wir, dass Information und mehr Information und noch mehr keines der wesentlichen Probleme des Lebens berühren. Wenn Kinder in Somalia, Bosnien oder andernorts verhungern, hat dies nichts mit mangelnder Information zu tun. Wenn unsere Ozeane kippen und unsere Wälder sterben, hat dies nichts mit mangelnder Information zu tun. Wenn Kriminalität auf unseren Straßen herrscht, Kinder misshandelt, Rassismus und Sexismus eine Bürde unseres gesellschaftlichen Lebens sind, hat all das nichts mit mangelnder Information zu tun. Selbst wenn wir mit unseren nächsten Angehörigen nicht zurechtkommen, so hat das nichts mit mangelnder Information zu tun.

Wir müssen uns eingestehen: Das ist eine Reihe miteinander verbundener Selbsttäuschungen, angefangen mit dem Glauben, dass technologische Neuerung dasselbe ist wie menschlicher Fortschritt, der verbunden ist mit der Täuschung, dass Leiden und Missgeschicke von mangelnder Information verursacht werden. Dies ist wiederum verbunden mit der gravierendsten aller Täuschungen: dass es im Leben möglich ist, ohne den Webstuhl, auf dem unsere Lebensfäden zusammengefügt werden, auszukommen. [...]

(aus: Rheinischer Merkur, 7.7.1995)

1 Gib die Hauptaussagen des Textes in ihrem Zusammenhang und in eigenen Worten wieder.

2 Erörtere die Frage, ob wir in der modernen Mediengesellschaft die Flut von Informationen wirklich nicht mehr bewältigen können.

Vorschlag 3: Kreative Aufgaben

Die Schüler/innen haben auf Seite 140, Aufgabe 2 auf Karteikarten festgehalten, welche typischen Vorgänge in Fernsehsendungen sie gerne parodieren möchten. Von diesen Vorschlägen können einige für eine Klassenarbeit zurückgehalten werden.

1 Schreibe zu einer der im Folgenden aufgeführten typischen Vorgänge in Fernsehsendungen eine Parodie. Verwende dazu zielgerichtet einige der im Unterricht erarbeiteten satirischen Mittel.
(Auflistung von zwei oder drei Schülervorschlägen. Es muss sichergestellt sein, dass alle Schüler/innen mindestens eine der Sendungen, auf die angespielt werden soll, kennen.)

2 Erkläre anschließend möglichst genau,
- welche Ziele du mit der Parodie verfolgt hast und
- welche Mittel du wo und warum eingesetzt hast.

6 Dann eben mit Gewalt ...

Konzeption des Gesamtkapitels

Das erste Teilkapitel (**„Kurze Erzählungen von Tätern, Opfern und Zeugen“**) enthält Kurzprosatexte zum Thema „Gewalt“. Thematisch reicht die Bandbreite von Ausländerfeindlichkeit über Gewalt in der Familie, satirisch überspitztem Familienstreit bis zur alltäglichen Gewalt in der unmittelbaren Lebensumwelt der Schüler/innen. Der Zugriff auf diese Prosatexte ist analytischer Art, wird allerdings durch produktions- und handlungsorientierte Verfahren ergänzt. Dem analytischen Schwerpunkt entsprechend enthält das Teilkapitel Hinweise zum Interpretationsaufsatz.
Das zweite Teilkapitel (**„*Jan de Zanger:* Dann eben mit Gewalt“**) enthält Auszüge aus dem gleichnamigen Roman des niederländischen Autors. Sie sind so gewählt, dass auf der einen Seite die wesentlichen thematischen Aspekte des Romans deutlich werden, auf der anderen Seite aber nicht das Ende verraten wird, sodass die Schüler/innen angeregt werden, den ganzen Roman zu lesen. Der Zugriff auf die Textauszüge erfolgt hier im Wesentlichen produktions- und handlungsorientiert. So finden sich Aufgaben, die zu einem Tagebucheintrag auffordern, aber auch solche, welche die Erstellung eines Standbildes oder einer Videosequenz anregen. Dazu gibt es jeweils detaillierte Anleitungen. Darüber hinaus werden auch Hinweise zur analytischen Behandlung des gesamten Romans gegeben.
Das dritte Teilkapitel schlägt **ein Projekt** zu dem Thema **„Gewalt in unserem Alltag“** vor. Hier ist der Projektgedanke zugrunde gelegt, wie er vor allem von Herbert Gudjons in Anknüpfung an Entwürfe aus der Reformpädagogik weiterentwickelt worden ist. Zentrale Aspekte des Projektgedankens sind: Produktorientierung, Selbstorganisation und Eigenverantwortlichkeit der Lerngruppe, Öffnung der Schule (Lernen in „real life“-Situationen) und fächerverbindendes Arbeiten. Damit werden wesentliche „Schlüsselqualifikationen“ gefördert, deren Vermittlung von der Schule heute verlangt wird.

Literaturhinweise

Otto Brunken: „Die Geschichte muss fesseln ...“ Jan de Zangers Jugendroman „Dann eben mit Gewalt“. In: Praxis Deutsch 127/1994

Die coolen Schulen. Das Programm „Vermittlung durch seinesgleichen“. Foundation for Peace Studies Inc., San Francisco 1992

Kurt Faller: Mediation in der pädagogischen Arbeit. Mülheim/Ruhr 1998

K. Faller/W. Kerntke/M. Wackmann: Konflikte selber lösen. Ein Trainingshandbuch für Mediation und Konfliktmanagement in Schule und Jugendarbeit. Mülheim/Ruhr 1996

Herbert Gudjons: Handlungsorientiert lehren und lernen. Schüleraktivierung, Selbsttätigkeit, Projektarbeit. Bad Heilbrunn [5]1997

Handlungs- und produktionsorientierter Literaturunterricht. In: Praxis Deutsch 123/1994

Infoblatt Mediation 7, 1999 (Bundesverband Mediation e. V.)

PZ-Information 14/97: Streitschlichtung durch Schülerinnen und Schüler.
Pädagogisches Zentrum, Bad Kreuznach 1997

Szenische Interpretation. In: Praxis Deutsch 136/1996

	Texte/Gegenstände	Intentionen
S. 141	**6.1 Kurze Erzählungen von Tätern, Opfern und Zeugen** – *Herbert Friedmann:* Mademoiselle Butterfly – *Renate Welsh:* Was geht's dich an? – *Gerhard Zwerenz:* Nicht alles gefallen lassen ...	– sich mit verschiedenen Aspekten der Gewaltproblematik auseinander setzen – Personendarstellungen in Kurzprosatexten kritisch bewerten – Formen von und Gründe für Feindseligkeit diskutieren – sich die Wirkung von Feindseligkeiten und damit die mögliche Ohnmacht ihr gegenüber bewusst machen – eine Geschichte zu Ende schreiben – Einsicht gewinnen in Erzählstrategien und in die Perspektivität des Erzählens – die innere Situation einer Person in einer Collage darstellen
S. 147	Eine Erzählung interpretieren	– Merkmale und Intention einer Satire erörtern – sprachliche Gestaltungsmöglichkeiten satirischen Schreibens bewusst machen – Kategorien für die selbstständige Analyse und Interpretation von Kurzprosatexten kennen lernen
S. 149	**6.2 *Jan de Zanger* Dann eben mit Gewalt** – Lex und Sandra – Angst und Gewalt: Wie soll man reagieren? – Eine Diskussion in der Klasse – Die heiße Spur führt zum Einkaufszentrum – Annäherung im Schwimmbad	– einen Jugendroman kennen lernen – die Erzählperspektive erkennen – sich die Vor- und Nachteile verschiedener Reaktionen auf Ausländerfeindlichkeit bewusst machen – Standpunkte und Argumente erfassen – Handlungsmöglichkeiten erörtern und erproben: ein Flugblatt erstellen – Sachinformationen nutzen und eine Stellungnahme in Form eines Briefes verfassen – sich innere Vorgänge literarischer Gestalten bewusst machen – einen Prosatext in ein Drehbuch umsetzen – eine Videosequenz planen und eventuell erstellen
S 161	**6.3 Gewalt in unserem Alltag – ein Projekt**	– wesentliche Aspekte des Projektgedankens realisieren

6.1 Kurze Erzählungen von Tätern, Opfern und Zeugen

S. 141 *Herbert Friedmann:* Mademoiselle Butterfly

2 Für einen analytischen Zugriff sind folgende Aspekte interessant:

Aufbau und Zeitstruktur

In dem Text sind zwei Zeitebenen miteinander verwoben: eine, die in der Gegenwart (im Gefängnis) spielt, und eine, die aus **Rückblenden** (Situation in der Turnhalle) besteht. Auffallend ist die Verwendung des **Tempus**: Die Ebene der Gegenwart wird im epischen Präteritum erzählt, die der Vergangenheit aber im Präsens. Dadurch wird deutlich gemacht, dass das Geschehen in der Vergangenheit für die Protagonistin immer noch sehr „gegenwärtig" ist, sie nicht loslässt.

Man kann zwei Ebenen der Verknüpfung unterscheiden, die natürlich einander berühren. Die eine ist erzähltechnischer Natur. Hier geht es um die Worte und Wendungen, die die Signale sind für die einzelnen Rückblenden: Sie „tanzte sich in die Turnhalle ihrer alten Schule" (Z. 32 f.), „Der Film lief weiter" (Z. 88) und „Sie wünschte sich, rückwärts leben zu können. Wenigstens bis zum Tag in der Turnhalle" (Z. 121 f.). Hier kann man eine deutliche Steigerung sehen: Das Sich-Hineintanzen klingt noch harmlos, lässt noch nicht die Brutalität des erinnerten Geschehens erahnen. Der „Film", zuvor schon als „Horrorfilm" qualifiziert, der ständig wiederkehrt (Z. 69), macht das Zwanghafte der Rückblenden deutlich; der Wunsch schließlich, „rückwärts leben zu können", zeigt, dass die Protagonistin das Geschehene am liebsten ungeschehen machen möchte, d. h. es also offenbar selbst nicht akzeptieren kann, was man in einer gewissen Spannung sehen kann zu der Feststellung am Schluss, sie fühle „keine Schuld" (Z. 152). – Parallel zu dieser Steigerung verläuft eine ähnliche auf der Ebene der Rückblende (s. u. Olaf).

Indirekt ist damit bereits die zweite Ebene der Verknüpfung der beiden Handlungsstränge angesprochen, die innerer, psychischer Natur ist. Sie liegt in der Tatsache begründet, dass das Geschehen in der Turnhalle Tanja nicht mehr loslässt. Genau dies wird durch die Erzähltechnik der Verknüpfung der Handlungsstränge deutlich gemacht; bei einem anderen Aufbau ginge dieser Eindruck verloren.

Das kann man den Schülerinnen und Schülern durch folgenden Arbeitsauftrag verdeutlichen (Differenzierungsangebot):

1 Überlegt, warum der Autor die Handlungsstränge wohl auf diese Weise miteinander verwoben hat.
Folgendes Verfahren kann euch dabei helfen: Lest die beiden Handlungsstränge jeweils für sich im Zusammenhang. Am besten lasst ihr sie von zwei Schülerinnen oder Schülern vorlesen, während die anderen sich aufs Zuhören konzentrieren. Macht euch klar, was man durch den veränderten Aufbau gewinnt und was verloren geht.

Personen

– *Tanja*

Bei einem Vergleich der inneren Befindlichkeit Tanjas mit ihrer äußeren Situation zeigt sich Folgendes:

Die äußere Isolation im Gefängnis wird verstärkt durch die – z. T. selbst gewollte – menschliche Isolation, die sich in den gestörten Beziehungen zeigt: Ihren Freund Ünal hat Tanja nach ihrer Inhaftierung nicht sehen wollen, nach ihrer Verurteilung hat er nichts mehr von sich hören lassen (Z. 85 ff.), zum Vater will Tanja keine Beziehung mehr pflegen (Z. 75 ff.), der Schulleiter hatte kein Verständnis für die Bedrohung gezeigt (Z. 108 ff.); die Mutter ist die einzige Kontaktperson, sie wird aber v. a. am Anfang in der Sicht Tanjas kritisch gesehen.

Hinsichtlich der Bemerkung am Ende, dass die Bezeichnung „Mademoiselle Butterfly" Tanja gefallen habe, kann man folgende Produktionsaufgabe stellen:

Differenzierungsangebot

1 Warum gefällt Tanja wohl die Bezeichnung „Mademoiselle Butterfly"? Was verbindet sie möglicherweise mit diesem Namen? Schreibt aus ihrer Sicht im Stil einer Tagebucheintragung eine kurze Begründung, warum ihr der Name gefällt.
Ihr könnt das folgendermaßen vorbereiten:
- Macht zusammen mit eurer Nachbarin oder eurem Nachbarn auf einem leeren DIN-A4-Blatt ein Cluster zu dem Stichwort „Butterfly".
- Verwendet die Begriffe, die ihr zusammengetragen habt, für einen kurzen Text.

– *Olaf*
Im Verhalten Olafs lässt sich von Abschnitt zu Abschnitt eine deutliche Steigerung in der Bedrohung herausarbeiten. Sie verläuft parallel zu der oben aufgezeigten Steigerung. Zugleich lässt sich zeigen, dass die Personendarstellung nicht ganz frei von Klischees ist, was v. a. im letzten Rückblendenabschnitt ziemlich platt wird (Z. 129–134).

Erzähltechnik
– *Wiedergabe von Gedanken*
An einigen Stellen (Z. 22 ff., 82 ff., 115 ff.) kommt die „erlebte Rede" vor, die man bei dieser Gelegenheit einführen könnte, etwa mit folgendem Arbeitsauftrag:

Differenzierungsangebot:

1 Untersucht folgende Textstellen: Z. 22 ff., 82 ff., 115 ff. Aus wessen Sicht wird jeweils gesprochen oder gedacht? In welcher Person und in welchem Tempus sind die Gedanken wiedergegeben?
Versucht auf der Grundlage dieser Beobachtungen darzustellen, wann man von „erlebter Rede" spricht.

Um die Wirkung der erlebten Rede zu erkunden, kann man die Stellen umformen lassen: in wörtliche Rede, indirekte Rede und inneren Monolog.

– *Satzbau und seine Wirkung*
Zwei Satzbautypen sind auffallend und können auf ihre jeweilige Wirkung untersucht werden, am besten wiederum durch Umformungen:
- reihender Satzbau (Aufzählung von Verben, Objekten oder Prädikatsnomen): Z. 28 ff., 41 ff., 70 ff., 89 ff.
- kurze Sätze, überwiegend parataktische Reihung: Z. 135 ff., 142 ff.

⟨5⟩ „Horrorfilm in Schwarzweiß" ist der bildhafte, **metaphorische** Ausdruck dafür, dass Tanja die schlimmen zurückliegenden Szenen wie einen Film vor ihrem inneren Auge sehen wird.
Auch „Butzenscheibenwärme" (= anheimelnde, wohlig-harmlose Atmosphäre) und „jägerzaungeschützte Sicherheit" (= spießbürgerliche Sicherheit) sind (zusammengesetzte) Bilder, Metaphern.

S. 143 *Renate Welsh:* Was geht's dich an?

1 a) Zu Beginn wirken die beiden Mädchen einerseits von der Schule gestresst (Z. 7ff., 31ff.), andererseits aber auch abgeklärt. Dieser Eindruck entsteht zum einen durch den Kommentar über die Sportlehrerin (Z. 13ff.), v. a. aber durch die in Rückblende wiedergegebene Episode mit dem alten Mann (Z. 130ff.), in der sie gezeigt haben, dass sie „nicht auf den Mund ... und nicht auf den Kopf" gefallen sind und sich wehren können.

c) Zwei Gründe lassen sich dafür nennen:
- die Tatsache, dass die anderen Fahrgäste eine geschlossene Front bilden. In der Episode mit dem alten Mann hatten die anderen Fahrgäste auf Seiten der Mädchen gestanden (Z. 152ff.).
- die die Angst rational untermauernde und sie gleichsam rechtfertigende Überlegung: „Wer würde auf uns hören?" (Z. 125)

In diesem Zusammenhang könnte man das Verhalten der beiden Mädchen erörtern unter den Aspekten der Verständlichkeit und der Feigheit. Damit würde schon der Weg bereitet für Aufgabe 3.

2 a)
- moralische Vorwürfe: Z. 77ff., 90f., 101f.
- Äußerungen, die auf egoistischen Interessen beruhen: Z. 90ff., 103ff.
- gehässige Unterstellungen: Z. 94f., 118ff.

◇3 Bewusst anschauliches Erzählen findet sich bei Welsh nur an einigen wenigen, dafür umso auffallenderen Stellen, auf die man die Schüler/innen im Sinne einer Anregung aufmerksam machen sollte: Lautmalerei („schmatzend", Z. 48), Bildlichkeit („Summe", „brodelte", Z. 47f.), Vergleich (Z. 84f.), Metapher (Z. 122f.).
In der Erzählung lassen sich verschiedene Formen der Redewiedergabe unterscheiden:
- innerer Monolog: Z. 124ff.
- indirekte Rede: Z. 134ff.
- erlebte Rede: Z. 160ff.

Ein Umformungsauftrag lässt die jeweilige besondere Wirkung der verschiedenen Formen von Redewiedergabe erfassen.
Der abgedruckte Text umfasst etwas mehr als die Hälfte der Erzählung. Hier die Fortsetzung:

Das junge Paar vorne im Wagen, die sind Studenten, das sieht man, bestimmt sind die Studenten. Die sollen reden. Die können das besser. Wozu gehen sie sonst auf die Universität? Und die Frau mit der Brille, die hat den Kopf geschüttelt bei jedem Satz, die Falte zwischen ihren Augenbrauen ist immer tiefer geworden. Sie sieht aus wie eine, die die richtigen Wörter findet. Warum schweigt sie? Die ist vierzig, nein, fünfzig, vielleicht noch älter. Und der Mann neben dem Fahrkartenentwerter, der aussieht wie ein Pfarrer, auch wenn er ganz normale Jeans trägt. Bestimmt ist er Pfarrer, predigt jeden Sonntag. Da kann er doch um Himmels willen auch hier den Mund aufmachen. Nacheinander schickte sie flehende Blicke zu jedem, der wie geschaffen war, zu tun, was getan werden musste. Vergeblich.

Sie steigerte sich in Zorn gegen das Paar, gegen die Frau, gegen den Pfarrer, gegen Hemma. Der Zorn wandte sich gegen sie selbst. Feige bist du, kannst nur das Maul aufreißen daheim, wo du von vornherein weißt, dass dir alle zustimmen, dass sie dich nur noch mehr lieben, wenn du gegen Ungerechtigkeit wetterst. Jetzt sollten sie dich sehen. „Wenn eine so herumläuft, bettelt sie doch geradezu darum!“

Begleitet von listigem Blinzeln.

Wenn ich jetzt ein Wort sage, fange ich zu heulen an. Sehr überzeugend, ein flennendes Kind, das mitreden will, wenn die Erwachsenen etwas besprechen. Sollen sie doch quatschen, die Frauen verstehen sie ohnehin nicht. Denen ist es doch völlig egal, was diese Blödmänner oder Blödweiber labern. Die haben andere Sorgen, ganz andere Sorgen! Wenn ich heimkomme, hole ich mein Taschengeld und spende das Ganze für Nachbar in Not. Das bringt mehr, als wenn ich mich da jetzt einmische. Misch dich nicht immer ein, damit schadest du dir nur, hat Tante Trude gesagt. Oft! Nicht einmal ignorieren, sagt Großvater. Wer sich in Gefahr begibt, kommt darin um. Schuster, bleib bei deinem Leisten. Reden ist Silber, Schweigen ist Gold.

Und wer, bitte schön, hat immer erklärt, dass sie diese Sprichwörter hasst? Dass sie nur Ausreden sind für Feige und Denkfaule und Herzensträge?

Woher habe ich plötzlich dieses Wort? Das hab ich nie gesagt, das ist ein Oma-Wort, ein altmodisches. Lasst mich doch in Ruhe, alle, was geht es mich an? Du kümmere dich um deine Angelegenheiten. Was sind meine eigenen Angelegenheiten?

„Woher soll man schließlich wissen, ob die wirklich Verfolgte sind, die zu uns kommen? Da sind doch kriminelle Elemente drunter, unlängst erst haben sie im Fernsehen gesagt, gegen die Russen-Mafia sind die Sizilianer die reinsten Sängerknaben.“

„Vor ein paar Tagen erst haben mich Frauen wüst beschimpft, weil ich ihnen kein Tischtuch abgekauft habe, richtig bedrohlich wurden die, einen Augenblick später wären auch ihre Männer aufgetaucht, aber da ist gerade zum Glück ein Polizist vorbeigekommen, und sie sind abgehaun.“

„Bei uns im Bezirk können unsere Kinder überhaupt nicht mehr im Park spielen, den haben die Ausländer besetzt. Sie stehen vor der Rutsche und verlangen Geld von unseren Kindern, wenn sie nichts kriegen, schlagen sie los. Ich hab selbst den Kleinen von unserer Nachbarin gesehen, total verprügelt und mit zerrissenem Hemd.“

„Bald wird's so sein, dass wir im eigenen Land nichts mehr zu plaudern haben.“

Wär gut, wenn du nichts zu plaudern hättest, das wäre sehr gut. Ich komme mir vor wie in einem schlechten Traum. Es kann doch nicht sein, dass die Leute all das wirklich sagen! Wenn das die berühmte Volkes Stimme ist, will ich nicht zu diesem Volk gehören. Und wenn Volkes Stimme Gottes Stimme ist, dann kann ich auch auf Gott verzichten. Warum zum Teufel sagt keiner was?

Eine Haltestelle noch.

„Wenn wir alle weggerannt wären nach dem Krieg, wie würde das Land jetzt dastehen?“, fragte eine alte Frau. „Das war kein Honiglecken, können Sie mir glauben, Sie sind ja alle zu jung. Sie haben das nicht erlebt, aber ich … Mit meinen eigenen Händen habe ich die Nähmaschine aus dem Schutt gebuddelt, aus alten Militärdecken hab ich Mäntel genäht für meine Kinder und für die Nachbarin. Aber davon will keiner hören …

Übrigens gibt's auch gute Ausländer, unsere Hausmeisterin zum Beispiel, die ist schon seit vierzehn Jahren hier, hält das Haus picobello, und ihre Kinder grüßen immer sehr höflich und tragen mir die Tasche hinauf in den vierten Stock.“ „Überall gibt's solche und solche.“ „Ich habe überhaupt nichts gegen Ausländer, solange sie wissen, wo sie hingehören.“

„Wir waren im Urlaub in Istrien, das ist ja jetzt wirklich günstig, und die Leute waren reizend, haben sich richtig gefreut über jeden Gast.“

Jetzt halten sie sich auch noch für großzügig und offen. Wenn ich nicht bald aussteigen kann, wird mir wirklich schlecht. Eigentlich wäre das doch ganz passend, ihnen allen auf die Schuhe zu spucken.

Oder vielleicht doch nicht. Das junge Paar stand auf, ging in die Mitte des Wagens. Sie hielten einander an den Händen, so fest, dass die Knöchel weiß hervortraten. „Sie können sich vielleicht nicht vorstellen", sagte die Frau, „wie sehr man etwas braucht, hinter dem man sich verstecken kann, wenn man vergewaltigt worden ist. Make-up kann auch ein Versteck sein, du bist nicht so ausgeliefert wie mit nacktem Gesicht. Ich habe immer gedacht, ich wünsche keinem Menschen, das verstehen zu müssen. Jetzt bin ich nicht mehr so sicher." Sie ging auf die drei Frauen zu. „Ich entschuldige mich für diese Leute" – sie schloss mit einer Handbewegung alle Fahrgäste ein – „und für mich selbst, weil ich so lange gewartet habe."

Die Frauen blickten zuerst verwirrt, flüsterten untereinander in ihrer Sprache, dann streckten sie der jungen Frau drei Hände entgegen, die sie mit beiden Händen packte und schüttelte, bis ihr Freund zum Aussteigen mahnte.

Im Wagen war es völlig still. So gern hätte Doris wenigstens durch Blicke den Frauen gesagt: Ich bin auf eurer Seite, ich will auf eurer Seite sein. Sie schämte sich zu sehr. Beim Aussteigen stolperte sie, stand da und sah der Straßenbahn nach, obwohl die Ampel für sie Grün zeigte. Eine der Frauen hatte ihr zugenickt und gelächelt, als sie an ihnen vorbeiging. Warum drang das erst jetzt in ihr Bewusstsein?

Nächstes Mal, versprach sie sich selbst, du wirst sehen, nächstes Mal schaffe ich es. Dann werden wir ja sehen.

(aus: Renate Welsh: Was geht's dich an?
In: Stand up! Zivilcourage ist angesagt.
Hg. v. Reiner Engelmann.
Arena, Würzburg 1996, S. 50ff.)

◇4 Es handelt sich hier um die Aneinanderreihung mehrerer Satzgefüge.
Der verwendete Modus ist der Konjunktiv (II, dann I) der indirekten Rede.
Umformulierung in direkte Rede: ... und erklärte mit lauter Stimme: „Begib dich doch nicht auf sein Niveau herunter. Das würde unsere Eltern sehr kränken, wenn sie dich Hintern sagen ..."
Die lange Satzreihung lässt sich leicht in mehrere kürzere Sätze auflösen.

S. 145 *Gerhard Zwerenz:* Nicht alles gefallen lassen ...

2 Der **Aufbau** der Satire lässt sich mit den Begriffen „Steigerung" und „Ausweitung" beschreiben; grafisch ließe sie sich leicht in einer von unten nach oben breiter werdenden Spirale darstellen:
Eine Steigerung liegt vor in den angewandten Gewaltmitteln, eine Ausweitung hinsichtlich des Kreises der Betroffenen: zuerst nur die Mutter und Frau Dörfelt, dann werden die Kinder einbezogen, die Väter, dann ein Untermieter, die anderen Hausbewohner, der Hausbesitzer und schließlich die Straße und die ganze Stadt.

◇3 Sprachliche Mittel:
- Untertreibungen/Verharmlosungen, z.B. Z. 24ff., 89ff. Zur Verdeutlichung kann man wieder in Form einer Tabelle die Art der Beschreibung und das, was tatsächlich geschieht, einander gegenüberstellen.
- Temporeiches Erzählen. Dies wird dadurch erreicht, dass einerseits die einzelnen Szenen nur kurz, fast berichtartig geschildert, aber nicht ausgeschmückt werden (zur Verdeutlichung kann man einen Abschnitt breiter ausmalen lassen, z.B. Z. 65–73), andererseits durch den reihenden Satzbau, z.B. Z. 1ff., 15ff., 98ff. Auch hier kann man mit Umformulierungen leicht die Wirkung erproben.

④ Z. 1–6: 3 Hauptsätze, 1 Gliedsatz; Z. 36–39: Satzgefüge mit vorangestelltem Kausalsatz und zwei Einschüben: Attribut und Relativsatz; Z. 48–52: Satzgefüge mit 3 eingeschobenen Relativsätzen; Z. 53–59: Auf eine Satzverbindung mit **dem** folgt ein **dass**-Satzgefüge mit „das heißt"- und Relativsatz-Einschüben.

⑤ sich etwas zuschulden/zu Schulden kommen lassen; vgl. auch: Schuld haben, jemandem die Schuld geben, aber: schuld sein.

Differenzierungsangebot für alle Geschichten im Schülerbuch auf S.141–147

1 In den Kurzgeschichten kommen verschiedene Aspekte des Themas „Gewalt" zur Sprache. Stellt zusammen: Ursachen – Täter – Opfer – ggf. Reaktion der Zeugen – Formen der Gewalt.

2 Die folgenden Aufgaben könnt ihr gut arbeitsteilig in kleinen Gruppen bearbeiten. Überlegt, wie ihr euer Gruppenergebnis den anderen präsentieren wollt (Vortrag, Folie, Plakat ...).

a) Wer erzählt die einzelnen Geschichten und aus wessen Perspektive wird erzählt? Überlegt:
   - In welcher Personalform wird erzählt?
   - Über wessen Wahrnehmungen, Gedanken und Gefühle wird etwas mitgeteilt?

b) Wenn in der Er-Form erzählt wird, aber deutlich aus der Sicht einer der beteiligten Personen, spricht man von einer **„personalen Erzählhaltung"**; der Erzähler schlüpft dann sozusagen in eine der beteiligten Personen hinein. (Das Wort „persona" bedeutet ursprünglich „Rolle" oder „Maske".)
   - Sucht aus den Texten Beispiele für „personales Erzählen".
   - Was kann diese Erzählhaltung besonders gut leisten? Wie wirkt sie auf den Leser/die Leserin?

c) – Welche Funktion haben die Überschriften?
   - Wie wirken sie auf den Leser/die Leserin?
   - In welcher Beziehung stehen sie zu dem jeweiligen Text?

d) Untersucht Anfang und Ende der Erzählungen:
   - Beschreibt ihre Besonderheiten und vergleicht.
   - Beschreibt die jeweilige Wirkung auf den Leser/die Leserin.
   - Erprobt ihre Wirkung, indem ihr andere Erzählanfänge und -enden formuliert.

6.2 *Jan de Zanger:* Dann eben mit Gewalt

Für die Behandlung des Romans in der Klasse bieten sich in analytischer Hinsicht folgende thematische Längsschnitte an:

- Ausländerfeindlichkeit, ihre Ursachen, Begründungen und Auswirkungen:
  - Terroraktionen der Gruppe „White Power" gegen Ausländer/gegen Lex
  - „Ermittlungen", die Lex durchführt
  - Ausländerproblematik – Fremdenfeindlichkeit und ihre Ursachen
- Personen und Beziehungen zwischen ihnen:
  - Sandra und Lex: Entstehen der Beziehung, Umgehen der beiden miteinander (vor Auftreten der Probleme), ihre Familien, Entwicklung der Beziehung unter dem Einfluss der Ausländerfeindlichkeit
  - Ines, Anne
  - Mitglieder der Gruppe „White Power", v. a. Martin
- Erzähltechnisches:
  - Rückblenden und ihre Funktion
  - typische Krimi-Mittel: Verdachtsmomente, falsche Fährten, Spannungserzeugung

S. 149 Lex und Sandra

1 Personale Erzählhaltung, Sicht des Protagonisten Lex. Deutlichster Hinweis: Der Leser/Die Leserin erfährt von Sandras zerschlagenem Gesicht erst, als das Mädchen in Lex' Nähe gekommen ist, also sozusagen durch dessen Augen. Weitere Hinweise sind die erlebte Rede Z. 23f. und die Darstellung der Gefühle und Gedanken Lex', z. B. Z. 59–64.

2 Stellen, die etwas über Johannssen aussagen: Z. 24ff., 62ff., 101ff.

S. 152 Angst und Gewalt: Wie soll man reagieren?

1 a)
- *Lex: Man muss ggf. selbst Gewalt anwenden (Z. 9–20).*
  Begründung: Wenn die Täter nur Gewalt als Mittel kennen, muss man dieselben Mittel anwenden.
- *Sandra: Man darf keine Gewalt anwenden.*
  Begründung: Gewalt ist ein falsches Mittel, „man darf die falschen Methoden der anderen nicht übernehmen" (Z. 21ff.).

b) Weitere Argumente, die sich z. T. überschneiden, könnten sein:

pro Gewalt
- *Gewaltlosigkeit kann als Schwäche oder Feigheit missverstanden werden; das könnte dann die andere Seite zu weiterer Gewaltanwendung ermuntern.*
- *Man muss ein deutliches Zeichen setzen, das abschreckend wirkt („Wehret den Anfängen!").*

kontra Gewalt
- *Gegengewalt führt zu weiterer Gewalt von der anderen Seite – es entsteht eine Spirale der Gewalt, deren Ende unabsehbar ist.*
- *Man muss ein grundsätzliches Zeichen gegen Gewalt setzen, mit dem man deutlich macht, dass man Gewalt als Lösungsstrategie für Probleme ablehnt.*

– *Die bedrohten Personen (hier: ausländische Mitbürger/innen) haben Anspruch auf schnelle und wirksame Hilfe; gewaltfreie Strategien sind langwierig und wenig erfolgversprechend.*

– *Man muss auf diese Weise ein Klima der Gewaltbereitschaft bekämpfen, das ein Zusammenleben in der Gesellschaft nur erschwert, und die Selbstverständlichkeit gewaltfreien Verhaltens vorleben.*

Die Argumente können z. B. mit einer konkreten Schilderung der Gewaltspirale leichter entfaltet werden; evtl. können sie auch ergänzt werden mit dem Hinweis auf historische Beispiele (Ghandi, Martin Luther King ...).

[2] Vgl. dazu Z. 46–58.

[3] Die ausländischen Mitschüler/innen (und ihre Eltern) sollen eingeschüchtert, isoliert werden.

◇4 a) Was kann man selbst tun? – Bausteine einer Strategie zur gewaltfreien Lösung der Situation:
- sich mit gleich gesinnten Freunden zusammentun und als Gruppe seine Meinung öffentlich, d. h. in der Klasse, in der Pause auf dem Schulhof ..., vertreten
- eine Podiumsdiskussion organisieren, zu der Vertreter wichtiger Gruppierungen eingeladen werden könnten, die etwas zum Thema zu sagen haben (Ausländerbeirat der Stadt, amnesty international ...)
- dabei oder bei anderen Aktionen sich mit Vertretern/Vertreterinnen anderer Schulen (SV) zusammentun
- einen Artikel für die Schülerzeitung schreiben, in dem man seinen Standpunkt begründet darlegt
- eine Ausstellung in der Schule organisieren, die über die Hintergründe informiert: über die Gründe und die Geschichte des Zuzugs von Ausländern, über ihren Beitrag zur Volkswirtschaft ...
  Dabei könnten Formen der Visualisierung bewusst eingeübt werden, was – unter dem Stichwort „Präsentation“ – zu den Qualifikationen gehört, die auch im Berufsleben wichtig sind: Diagramme in verschiedenen Formen, Gegenüberstellungen, Cartoons, Verhältnis und Anordnung von Text und Bild ...
- insgesamt: Aufklärung betreiben, bei der mit gängigen Vorurteilen aufgeräumt werden müsste. Dabei könnte man Informationen verwenden, wie sie die Texte in diesem Handbuch S. 115 ff. enthalten.
- sich an die Presse wenden mit der Bitte um eine breit angelegte Aufklärungskampagne ...

b) Ein **Flugblatt** sollte folgende Bedingungen erfüllen:
- ins Auge springen, d. h. Blickfang in Form einer Grafik, eines Bildes, einer gestalteten Überschrift; hier könnten ebenfalls Formen der Visualisierung bewusst eingeübt werden.
- Text nicht allzu umfangreich, aber doch hinreichend informativ. Auch hierzu könnte man die Sachinformationen aus Schülerband und Lehrerhandbuch heranziehen.

In diesem Zusammenhang könnten wiederholt und eingeübt werden:
Formen der Textverkürzung – Formen des appellativen Sprechens (Imperativ/imperativische Funktion des Infinitivs/Modalverben/rhetorische Fragen) – Satzbau (Ellipse).
Thematisiert (wohl nicht: bewusst eingeübt und angewandt) werden können auch Aspekte der suggestiven Darstellung in Text und Bild.

S. 155 Eine Diskussion in der Klasse

1 Folgende Thesen und Argumente, die sich z. T. überschneiden, lassen sich unterscheiden:
Ausländerfeindliche **These**: Die Ausländer provozieren die Ausländerfeindlichkeit selbst (Z. 17 f.).
A 1: Sie „wollen sich … nicht anpassen" (Z. 18 f.), sondern „an ihren alten Gewohnheiten festhalten" (Z. 49).
Beispiele: 1. Glaube/religiöse Bräuche wie Schlachten von Schafen (Z. 20 ff.)
2. Traditionelle Kleidung: Kopftuch, „verrückte Hosen unter dem Rock" (Z. 23)
Eng verbunden mit dem ersten Argument ist ein zweites, in dem aber auch noch ein weiterer Aspekt steckt:
A 2: Sie wollen sich nicht integrieren (Z. 26 ff.; das wird so nicht ausdrücklich gesagt, ist aber aus dem Zusammenhang zu erschließen:)
Belege: 1. „Sie wollen alle so dicht wie möglich beieinander wohnen" (Z. 27 ff.).
2. Die Molukker haben sogar „ihren eigenen Präsidenten" und „sogar ihre eigene kleine Armee" (Z. 29 ff.).
A 3: „Das geht doch nicht!" – Ein Wertargument, das unterschwellig zum Ausdruck bringt, dass Elemente einer eigenen staatlichen Verfassung, wie ein Präsident und eine Armee sie darstellen, als Bedrohung empfunden werden.
Gewissermaßen eine Steigerung der Argumente 1 und 2 (die logisch auch als Schlussfolgerung aus den Beobachtungen gesehen werden kann, die 1 und 2 zu Grunde liegen), ist folgende Unterstellung:
Die Ausländer nutzen uns und unsere (wirtschaftlichen und schulischen) Einrichtungen aus; danach wollen sie so schnell wie möglich zurück in ihre Heimat. Dies wird in folgenden Aussagen deutlich:
A 4: Sie studieren „auf unsere Kosten" und halten „unsere Plätze auf den Universitäten besetzt" (Z. 66 ff.).
A 5: Sie „träumen nur davon, zurück … zu gehen" (Z. 23 f.; ähnlich Z. 68) – v. a. nach dem Studium, „weil sie da gleich 'ne große Nummer sind" (Z. 69).
Aus all diesen „Überlegungen" ergibt sich die Forderung: „Sollen sie doch sofort Leine ziehen!" (Z. 69 f.). Diese Forderung könnte man übrigens ihrerseits als einen weiteren Standpunkt (allerdings nicht als „These" im eigentlichen Sinne) werten.
Die Gegenposition könnte man etwa so zusammenfassen:
- Anderen Bevölkerungsgruppen – etwa den Juden – lassen wir auch ihre Bräuche (Z. 50 ff.), und v. a.:
- Niederländer in anderen Ländern halten auch an ihren Bräuchen fest, und „wenn die alle überall rausgejagt würden", würden wir das auch verurteilen (Z. 100 ff.).

2 A1 und A2 sind sicher z. T. zutreffend, die entscheidende Frage ist aber die der Bewertung eines solchen Verhaltens. Hier wäre auf den Aspekt der Wahrung der eigenen Identität einzugehen, der in der abgedruckten Diskussion unter den Stichworten „Juden" und „Amerikaner niederländischer Abstammung" zur Sprache kommt.
A3 ist sehr undifferenziert. Hinsichtlich des Präsidenten müsste seine genaue Rolle untersucht werden (Präsident einer Exilregierung, dessen Ansprüche sich nur auf sein eigenes Land beziehen, oder Präsident mit Hoheitsansprüchen auch in Bezug auf seine Landsleute im Ausland?). Die (unterstellte) Tatsache einer eigenen Armee ist sicher heikler, da mit einer solchen Institution tatsächlich Machtstrukturen geschaffen würden; im Prinzip wäre die Frage aber ähnlich differenziert zu sehen wie die nach dem Präsidenten.
A4 enthält eine bloße Unterstellung.

A5 ist, wie z. B. die ff. Zusatzmaterialien zeigen, nicht [illegible]ltbar; aber selbst wenn der Rückkehrwille noch vorläge, wäre zu überlegen, ob d[illegible]ngt zu verurteilen wäre; hier könnten Überlegungen hinsichtlich – weiter zu fördernder – interkultureller Begegnungen angeführt werden. – Der letzte Teil des Arguments enthält wieder eine bloße (und gehässige) Unterstellung.

Differenzierungsangebot (für Leistungsstärkere)

1 Ähnliche Thesen und Argumente wie in dem Roman sind immer wieder zu hören. Meist zeigt sich aber, dass sie einer Überprüfung nicht standhalten, weil sie von Fehlinformationen ausgehen.

a) Sichtet die folgenden Materialien und stellt in Stichworten die Informationen zusammen, die man braucht, um auf die ausländerfeindlichen Argumente der Klassenkameraden von Lex und Sandra sachlich fundiert antworten zu können.

b) Ordnet die Stichworte den durchnummerierten Argumenten zu, die in dem Romanauszug in der Klasse vertreten werden (Aufgabe 1), und nummeriert sie ebenfalls.

Ohne die ausländischen Arbeiter gehen viele Lichter aus

In der Landeshauptstadt Düsseldorf leben 79600 Ausländer, 13,84 Prozent der Gesamtbevölkerung von 575600. Sie zahlen rund 240 Millionen Mark Lohn- und Einkommensteuer jährlich und führen etwa 215 Millionen Mark an die Rentenversicherungsträger ab. Die verbleibende Kaufkraft der Ausländer in Düsseldorf wird auf 750 Millionen Mark im Jahr geschätzt.

In einer Studie zur Fragestellung „Was wäre, wenn alle Ausländer über Nacht die Stadt verließen?“ kommt Düsseldorfs Sozialdezernent Paul Saatkamp (SPD) zu dem Ergebnis: „In einigen Bereichen ginge das Licht aus.“ Nicht mit erhobenem Zeigefinger, sondern anhand statistischer Daten hat Saatkamp die Auswirkungen eines vollständigen Ausländerwegzugs für die Wirtschaft und das Dienstleistungsgewerbe der Landeshauptstadt aufgelistet.

Besonders schwerwiegende Folgen würden sich im Bereich der Kranken- und Altenpflege ergeben. Von den insgesamt 3836 Stellen bei den städtischen Krankenanstalten und Altenheimen sowie den Universitätskliniken sind 1048 von Ausländern besetzt (27,3 Prozent).

Auch im Gastgewerbe würden viele Bierhähne zubleiben: Mit 3548 Beschäftigten stellen die Ausländer hier einen Anteil von knapp 33 Prozent der 10851 Arbeitnehmer. Bei den städtischen Verkehrsbetrieben, der Rheinbahn, stünde mancher Wagen still: 15,3 Prozent der Schaffner und elf Prozent der Bus- und Straßenbahnfahrer sind Ausländer. Insgesamt 59,4 Prozent der 594 ausländischen Arbeitnehmer sind direkt am Fahrdienst beteiligt.

Auch die Baustellen in der Landeshauptstadt würden in der von Saatkamp dargestellten „Stunde null“ weitgehend verwaisen: 27,74 Prozent der Maurer, 28,46 Prozent der Bauhelfer und sogar 29,21 Prozent der Straßen- und Tiefbauer haben keinen deutschen Pass. […] Die Studie nimmt auch darauf Bezug, dass ein „einfacher Austausch Arbeitslose gegen Ausländer nicht möglich“ sei.

Vielfach, wie zum Beispiel bei der Müllabfuhr und in den Reinigungsberufen, fehle es deutschen Beschäftigungslosen an der „entsprechenden Arbeitsbereitschaft“. Auf Grund der Arbeitslosenstruktur in der Landeshauptstadt und der Beschäftigungsstruktur der Betriebe sei es ausgeschlossen, die Mehrzahl der Ausländer durch Deutsche zu ersetzen.

Die Vorstellung, wenn Türken, Jugoslawen und Marokkaner wieder nach Hause geschickt würden, könne der deutsche Arbeitsmarkt gesunden, nennt Saatkamp „irreal und unüberlegt“. Die negativen Auswirkungen auf Wirtschaft und Infrastruktur wären in Düsseldorf so drastisch, dass allein dadurch die Parole „Ausländer raus“ ad absurdum geführt werde. Darüber hinaus würde eine solche Massenrückwanderung aber auch zu einer „gesellschaftlichen und kulturellen Verarmung“ führen.

Was ausländische Mitbürger zum wirtschaftlichen Erfolg beitragen

Eine große Zahl von Arbeitsplätzen
Der türkische Solidaritätszuschlag für Ostdeutschland

Michael Hafemann

hfe. FRANKFURT, 1. Dezember. Die Zunahme des Rechtsextremismus und rechtsradikaler Ausschreitungen gegen Ausländer und Asylbewerber wird häufig auf soziale und wirtschaftliche Schwierigkeiten zurückgeführt. So wird oft argumentiert, dass Ausländer Deutschen den Arbeitsplatz wegnähmen oder die Sozialhaushalte über Gebühr belasteten. Diese Argumentation stellt die Tatsachen auf den Kopf, denn ausländische Selbstständige und Unternehmer haben im Gegenteil in Deutschland eine große Zahl von Arbeitsplätzen geschaffen. Die etwa zwei Millionen ausländischen Mitbürger in der Bundesrepublik zahlen insgesamt 25 Milliarden DM an Steuern und Sozialabgaben. Dies schätzt das Deutsche Institut für Wirtschaftsforschung in Berlin. Die etwa zwei Millionen ausländischen Mitarbeiter in den deutschen Unternehmen tragen darüber hinaus rund 8,5 Prozent des Aufkommens der Sozialversicherung.
Obwohl ihre durchschnittlichen Einkommen unter dem Gesamtdurchschnitt der Löhne und Gehälter in der Bundesrepublik liegen, tragen sie dennoch etwa sieben Prozent zum Lohnsteueraufkommen bei, das sind gut 16 Milliarden DM. [...] Der „türkische“ Solidarzuschlag für den Aufbau der neuen Bundesländer beläuft sich auf rund 450 Millionen DM.

(aus: Frankfurter Allgemeine Zeitung, 2. 12. 1992)

Vorurteil 1:
Ausländer nehmen uns die Wohnungen weg

Lange Zeit haben Ausländer den Wohnraum genutzt, der für viele finanziell besser gestellte Deutsche nicht attraktiv war. Sie zogen in Altbauwohnungen ohne Komfort (ohne Bad, mit Ofenheizung und Außentoilette). Viele dieser Altbauten waren sanierungsbedürftig und wären vermutlich längst abgerissen worden, hätte man sie nicht an Ausländer vermieten können. Dies führte zu einer verstärkten Konzentration von Ausländern in Wohngebieten, die auf Grund ihrer Lage für Deutsche wenig attraktiv waren oder wo es einen hohen Bestand an Wohnungen mit geringem Komfort gibt. Auf dem allgemeinen Wohnungsmarkt werden Ausländer immer noch benachteiligt. Ausländische Familien mit Kindern haben oft noch weit größere Schwierigkeiten. [...] Nicht Ausländer oder Aussiedler haben die Probleme auf dem Wohnungsmarkt verursacht. Vielmehr gehen diese auf politische Versäumnisse und eine Fehleinschätzung des Wohnungsmarktes durch die Bundesregierung zurück.

**Vorurteil 2:
Ausländer wollen sich nicht integrieren**

Viele Ausländer, vor allem die zweite und dritte Generation, zeigen große Bereitschaft, sich in die deutsche Gesellschaft zu integrieren. Sie verfolgen kaum noch Rückkehrpläne, arbeiten verstärkt in deutschen Organisationen mit, streben bessere Wohnverhältnisse an und richten ihr Spar- und Konsumverhalten auf den Verbleib aus.

Integration bedeutet aber nicht eine einseitige Anpassung an deutsche Denk- und Verhaltensweisen. Ausländer fühlen sich in der Regel ihrer Heimat eng verbunden. Diese Bindung äußert sich unter anderem in der Pflege der kulturellen Traditionen (zum Beispiel Religion und religiöses Brauchtum) und der sozialen Lebensformen (zum Beispiel intensive Familienbindung und Nachbarschaftskontakte).

Die Bereitschaft zur Integration steht aber in Wechselwirkung zur Akzeptanz der Ausländer durch die deutsche Bevölkerung und deren Toleranz anderen Werten und Verhaltensweisen gegenüber. Ablehnung oder gar Feindschaft führt notgedrungen zum Rückzug in die eigene Gruppe und zum Festklammern an der eigenen kulturellen Tradition.

Integration erfordert also die Bereitschaft sowohl der ausländischen als auch der deutschen Bevölkerung, miteinander leben zu wollen. Von deutscher Seite muss sich dies in einer Ausländergesetzgebung ausdrücken, die den Ausländern hinreichend Rechtssicherheit gewährt, sie vor behördlicher Willkür schützt und letztlich den Respekt vor den Menschen sichert.

**Vorurteil 3:
Ausländer „überfremden“ uns**

Begriffe wie „Ausländerflut“, „Ausländerschwemme“ oder „Überfremdung“ sollen signalisieren, dass die Identität des deutschen Volkes bedroht sei. Mit solchen Begriffen werden Ängste geschürt und Abwehr gegen Ausländer hervorgerufen.

Dieses Vorurteil hat seine Wurzeln im völkischen und rassistischen Denken. Es ist, wie auch die deutsche Geschichte zeigt, dann zu finden, wenn in der Gesellschaft größere wirtschaftliche und soziale Probleme auftreten. Unterschwellig drückt es die Suche nach Sündenböcken aus: Die Ausländer werden für die wirtschaftlichen und sozialen Probleme in der Gesellschaft haftbar gemacht.

Die Bundesrepublik aber ist keineswegs ein Land mit einem besonders hohen Ausländeranteil. Ausländer machen zurzeit sieben Prozent der deutschen Bevölkerung aus. Als Vergleich dazu: In Luxemburg leben 26 Prozent, in der Schweiz 15, in Belgien zehn und in Frankreich acht Prozent. Niemand hat uns „überflutet“. Die deutsche Wirtschaft hat die Ausländer aus wirtschaftlichen Gründen ins Land geholt.

Fast 75 Prozent der Ausländer leben länger als zehn Jahre unter uns. Für zirka eine Million gilt die Freizügigkeit der EG-Bürger.

Die kulturelle Vielfalt stellt eine Bereicherung dar. Sie ist deshalb in unser aller Interesse. Allerdings setzt dies voraus, dass wir die Ausländer als gleichwertige Bürgerinnen und Bürger akzeptieren und vor allem sie nicht für Probleme haftbar machen, für die sie keine Verantwortung tragen.

Vorurteil 4: Ausländer nehmen uns die Arbeitsplätze weg

Von 1955 bis 1973 wurden von der Bundesrepublik rund 14 Millionen Ausländer als Arbeitskräfte angeworben. Von den 14 Millionen sind elf Millionen freiwillig in die Heimat zurückgekehrt. [...]

Die ausländischen Arbeitnehmer haben geholfen, den Arbeitskräftemangel zu überbrücken. Dadurch haben sie unter anderem den Rationalisierungs- und Automatisierungsschub verzögert und so zur Sicherung der Arbeitsplätze auch ihrer

deutschen Kollegen beigetragen. Auch heute noch übt der größte Teil von ihnen Tätigkeiten aus, die als monoton, schmutzig, laut, gefährlich, ungesund und schlecht bezahlt gelten. Dadurch haben Ausländer nicht selten deutschen Arbeitskollegen ermöglicht, in angenehmere und besser bezahlte Positionen aufzurücken.
Die Erfahrungen der Bundesanstalt für Arbeit lassen befürchten, dass bei einer Rückkehr der Ausländer in ihre Heimatländer viele Arbeitsplätze trotz der hohen Arbeitslosigkeit nicht wieder besetzt werden könnten. Außerdem sprechen Vertreter der Industrie angesichts des sich abzeichnenden Nachwuchsmangels […] von der Notwendigkeit, den 1973 verordneten Anwerbestopp aufzuheben und erneut ausländische Arbeitnehmer in die Bundesrepublik zu holen.

Vorurteil 5: Ausländer leben auf unsere Kosten

Ausländische Arbeitnehmer zahlen jährlich zirka zehn Milliarden DM an Lohn- und Einkommensteuer. Auf Grund ihrer Leistungen erwerben sie wie jeder Arbeitnehmer Ansprüche und Rechte hinsichtlich der sozialen Absicherung. Bisher profitiert unsere Gesellschaft im Hinblick auf unsere Altersversorgung, da die ausländischen Arbeitnehmer jung in die Bundesrepublik gekommen sind. Angesichts der Tatsache, dass der Anteil der älteren Deutschen rapide wächst, tragen auch die nachfolgenden Ausländergenerationen wesentlich zu unserer Alterssicherung bei. Im Übrigen sind bei der ersten Ausländergeneration sämtliche Kosten für Erziehung und Ausbildung von den Heimatländern getragen worden.
Für die Rentenversicherung, dem größten Posten im sozialen Sicherungsnetz, zahlen ausländische Arbeitnehmer in der Regel wesentlich mehr ein, als sie wieder herausbekommen können, da notwendige Wartezeiten nicht erfüllt sind, die Anrechnung auf Ausbildung und frühere Berufsausbildung entfällt, die Voraussetzungen für Beitragsrückerstattung nicht vorliegen usw …
Hinsichtlich der Arbeitslosenunterstützung und der Sozialhilfe gibt es unter den Ausländern prozentual weniger Leistungsempfänger als bei der deutschen Bevölkerung. Mangelnde Information oder die Befürchtung, bei Inanspruchnahme von Sozialhilfe ausgewiesen zu werden, haben dazu geführt, dass die Ausländer in sozialen Notlagen ihren Rechtsanspruch auf Sozialhilfe bisher nur sehr zurückhaltend in Anspruch genommen haben.
Obwohl ausländische Arbeitnehmer oft körperlich und psychisch besonders belastende oder gefährliche Arbeiten verrichten, ist ihre Krankheitsrate nicht höher als die von deutschen Arbeitnehmern.
Die Ausländer leben also in keiner Weise auf unsere Kosten. Im Gegenteil, sie stützen die Sozialversicherungen.

Vorurteil 6: Ausländische Kinder drosseln das Lerntempo in den Schulen

Ausländische Kinder, die unser Bildungssystem von Beginn an durchlaufen, haben nicht mehr Probleme als deutsche Kinder. Allerdings benötigen Seiteneinsteiger besondere Hilfen.
Der Umstand, dass die meisten ausländischen Kinder nach der Grundschule die Hauptschule besuchen, ist ein Ausdruck der allgemeinen Bildungsmisere, von der deutsche Kinder aus denselben sozialen Schichten ebenso betroffen sind.
Die Zahl der ausländischen Kinder, die weiterführende Schulen besuchen, steigt zunehmend. Sie bereichern erwiesenermaßen das kulturelle Niveau ihrer Schulen und helfen so, dem Bildungsauftrag der Kultusminister zu entsprechen, die zum interkulturellen Lernen und Erziehen aufrufen.

(aus: terre des hommes: Gegen die Ausländerfeindlichkeit in der Bundesrepublik Deutschland – Argumente gegen Vorurteile [Faltblatt]. Osnabrück 1989)

Die heiße Spur führt zum Einkaufszentrum

S. 156

2

Zeile	Inhalt
1–59	Fahrt in die Innenstadt, zum neuen Einkaufszentrum
60–90	Annäherung an die Fußgängerzone
91–127	Anschleichen durch die Fußgängerzone bis zum Beobachtungspunkt am Eingang des Einkaufszentrums
127–157	Beobachtung des Einkaufszentrums

Annäherung im Schwimmbad

S. 160

1/2 Bei den Gedankenblasen wie bei den Tagebucheintragungen sollten, sofern man Wert auf Authentizität legt, bezüglich Lex eine gewisse Unsicherheit und Unbeholfenheit, bezüglich Sandras dagegen Stärke und eine gewisse Überlegenheit deutlich werden. Natürlich ist es auch denkbar – und sicher reizvoll –, in bewusster Distanz zur Vorlage die Haltung der beiden zu verändern. In jedem Fall sollte allerdings die Frage der (Nicht-)Übereinstimmung mit dem Roman thematisiert werden.

3 a) „Lex und Sandra" (S. 149 f.) und „Angst und Gewalt" (S. 152 ff.) sind aus Lex' Perspektive geschrieben; dasselbe gilt für „Die heiße Spur ..." (S. 156 ff.) und das „Schwimmbad" (S. 160 f.). „Die Diskussion" ist aus neutraler (auktorialer) Perspektive erzählt.

b) Das Verhältnis von Lex und Sandra zeigt sich einmal in der 1. Fortsetzung (S. 152 ff.): Sandra handelt durchaus ohne Wissen ihres Freundes, selbstständig.
„Typische" (klischierte?) weibliche Verhaltensweisen: „... (sie) schmiegte sich an ihn." (Z. 88); „... lehnte sich dann doch an ihn." (Z. 135 f.); „den Kopf an seiner Schulter." (Z. 171)
Das Verhältnis zwischen Lex und Ines (3. Fortsetzung, S. 156 ff.) ist viel klischierter: Er der Handelnde, sie die passiv Anschmiegsame. Demgegenüber zeigt die Schwimmbad-Situation (S. 160 f.) wieder die größere Unabhängigkeit Sandras Lex gegenüber.

6.3 Gewalt in unserem Alltag – ein Projekt

S. 161

Ein wichtiger Beitrag zum Projektunterricht ist das in den Literaturhinweisen (S. 104) genannte Buch von Herbert Gudjons „Handlungsorientiert lehren und lernen".
Ein wesentliches Element des Projektunterrichts ist die Selbstorganisation der Lerngruppe. Das ändert allerdings nichts daran, dass die Lehrerin/der Lehrer eine eigene Planung erstellen muss. Diese soll dann allerdings nicht der Lerngruppe „aufgedrückt" werden; sie ist aber wichtig als Orientierungsgrundlage für die Lehrkraft, denn, so Gudjons (S. 87), „wer ... selbst keine Vorstellung davon hat, was in einem Projekt passieren soll, was hier zu lernen ist und welche Sachansprüche mit einer Fragestellung oder mit einem Vorhaben verbunden sind, der wird schnell und leicht Opfer einer falschen Spontaneitätsideologie."
Hilfreich ist v. a. die Übersicht auf Seite 92, die als Planungshilfe dienen kann:

Anleitung zur kooperativen Projektplanung
(eine Zusammenfassung in Stichworten)

1. Vor Beginn eines Projektunterrichts
1.1 Überprüfung der Voraussetzungen: *Eigene* Veränderungs- und Lernbereitschaft? Voraussetzungen der Schüler/innen?
1.2 Projektvorplanung des/der Lehrers/in, inhaltlich und organisatorisch
1.3 Vorinformation der Klasse über „Projektunterricht“
1.4 Sachinformationsphase zum Thema oder Verzicht darauf

2. Der Planungsprozess in der Gesamtklasse
2.1 *Ideensammlungs- und Assoziationsphase*
in Kleingruppen, jeweils Wandzeitung oder Karteikarten
(Inhaltlicher Lernbestand? Interessen? Arbeitsmethodische Fähigkeiten?)
2.2 *Thematische Schwerpunkte bilden*
Lehrer/in ordnet (evtl. mit Schülergruppe gemeinsam) die Karten bzw. Ideen nach tragfähigen Schwerpunkten
- Themen wegfallen lassen – Hilfe: Klebepunktverfahren
- Themen verschieben

In der Regel nicht mehr als fünf Themenschwerpunkte bilden!
2.3 *Schülergruppen/Projektarbeitsgruppen bilden*
Hilfe: Erstwahl und Zweitwahl mit Namen auf Karteikarten notieren lassen,
Gruppen entsprechend zusammensetzen, auf annähernd große Gruppen achten
Variante zu 2.1 bis 2.3: Erst eine Entscheidung über ein gemeinsames Produkt treffen, dazu thematische Aspekte entwickeln und dann die nötigen Arbeitsgruppen bilden (Beispiel: Theaterstück mit entsprechenden „Zuständigkeiten“, also Bühnenbild, Technik, Spielergruppe, Plakatwerbung usw.)

3. Gruppenplanung
3.1 *Zeitrahmen bekannt geben*
3.2 *Ziel, genaue Fragestellung, Produkt festlegen*
(„Was soll am Ende stehen, was wollen wir erreichen?“)
3.3 *Gruppenarbeitspläne entwickeln* – Intensive Beratung nötig, Materialpakete bereitstellen – Auf schriftliche Fassung achten

4. Planungen im Klassenplenum vorstellen
4.1 *Vortragen, Rückmeldungen, Änderungen*
Evtl. hat der/die Lehrer/in die Planungen vorher durchgesehen und kommentiert/korrigiert.
4.2 *Gesamtplanung der Klasse (Wandzeitung) mit Phasen, Terminen, Aktivitäten usw. aufhängen*
4.3 *Produktpräsentation klären* (Organisation, Termine, Räume usw.)

5. Regelmäßige Koordinationsgespräche in der Gesamtklasse während des Projektverlaufs

(nach: Herbert Gudjons: Handlungsorientiert lehren und lernen. Klinkhardt, Bad Heilbrunn [5]1997, S. 92)

Übungsmaterial im „Deutschbuch 9 Arbeitsheft“

- Kurzgeschichten interpretieren
  - Eine Inhaltsangabe schreiben
  - Eine Interpretation anfertigen

Lernerfolgskontrolle/Themen für Klassenarbeiten

Im Rahmen der Unterrichtsreihe haben die Schüler/innen an kurzen Erzählungen und an mehreren Auszügen aus einem Jugendroman Formen der Gewalt und deren unterschiedliche Darstellungsweisen kennen gelernt. Im Umgang mit einem unbekannten

Text sollten sie nun selbstständig wesentliche thematische Aspekte unter Berücksichtigung stilistischer Merkmale erarbeiten und in angemessener Form darstellen können. Dabei wird hier produktionsorientierten Lösungen Vorrang vor vorwiegend analytischen zu geben sein. Auch Lösungen, die mehr auf Inhalte als auf Formmerkmale (Erzähltechnik, Sprache) ausgerichtet sind, sollten im Vordergrund stehen.
(Wird das im 3. Teilkapitel („Gewalt in unserem Alltag") intendierte Projekt erfolgreich durchgeführt, lassen sich auch daraus Leistungsnachweise gewinnen (z. B. bei der Präsentation).)

Kirsten Boie: Schließlich ist letztes Mal auch nichts passiert

Zum Beispiel könnte er das Fahrrad nehmen.
Man kann auch im Regen Rad fahren, zwölf Kilometer sind schließlich nicht die Welt. Oder wenn er das Geld für ein Taxi hätte.
„Manu?", ruft Hilde aus dem Wohnzimmer. „Musst du nicht los?"
Und außerdem ist es unwahrscheinlich, dass etwas passiert. Beim letzten Mal ist ja auch nichts passiert. Und all die tausend Male davor. Beim letzten Mal nur beinahe. Oder eigentlich nur: vielleicht beinahe.
„Manu?", ruft Hilde. „Gleich ist es vier!"
Auf der Hinfahrt hat er sowieso keine Angst. Solange es hell ist. Obwohl das natürlich überhaupt nichts damit zu tun hat, aber trotzdem. Auf der Hinfahrt hat er keine Angst.
Eher dann schon auf der Rückfahrt. Das weiß man doch, wie die Leute sind. Bis da einer aufsteht. Bis da einer was sagt. Bis da einer, das schon überhaupt nicht, dazwischengeht.
„Manu?", ruft Hilde. „Um zwölf nach geht die Bahn!"
Aber es muss ja auch keiner gleich zuschlagen. Natürlich, reden, das tun sie. Aber das haben sie schließlich schon immer getan.
„Manu?", sagt Hilde. Sie steht in der Zimmertür, die Lesebrille verrutscht. „Ich dachte, es ist so wichtig heute? Ich dachte, weil es das letzte Training ist …"
„Wir hatten Mathe auf", sagt Manu. Er schlägt den Ordner zu und steckt ihn in den Rucksack. Langsam.
„Wenn du dich beeilst, kriegst du die U-Bahn noch", sagt Hilde. Sie sieht ihn misstrauisch an. „Oder ist irgendwas los?"
Manu schiebt den Stuhl unter den Schreibtisch. „Nee, nee, alles okay", sagt er.
Wenn Hilde sich nicht immer so einmischen würde. Fragen und kontrollieren und aufpassen, dass er nicht zu spät kommt.
„Ja, dann beeil dich aber auch mal!", sagt Hilde und allmählich klingt ihre Stimme ungeduldig. „Manchmal versteh ich dich wirklich nicht!" Musst du ja auch nicht, denkt Manu. Verlangt kein Mensch von dir. Könntest du auch gar nicht. Meine Güte, was weißt denn du!
„Ich nehm sowieso das Rad", sagt Manu und schnürt sich die Stiefel zu. „Nur keine Hektik." Hilde zuckt die Achseln und geht zurück ins Wohnzimmer. „Viel Spaß jedenfalls", sagt sie und guckt noch einmal über die Schulter zurück. „Aber irgendwas ist los, ich bin doch nicht blöd."
Nee, bist du vielleicht nicht, denkt Manu. Blöd seid ihr ja alle nicht. Aber Ahnung habt ihr trotzdem keine.
Der Regen schlägt vor der Haustür auf die Steine. Wenn er läuft, kriegt er die U-Bahn noch leicht. Er müsste ja verrückt sein, jetzt mit dem Rad zu fahren. Bei diesem Wetter ausgerechnet.
Manu zieht den Kopf zwischen die Schultern und läuft. Er ist gut im Training, die Strecke schafft er in drei Minuten. Höchstens.
Und schließlich, denkt Manu, was ist schon gewesen. Ihre Bierdosen haben sie aufgerissen, ihre Mäuler auch. Noch nicht mal Glatzen haben sie gehabt, noch nicht mal Springerstiefel, irgendwie völlig normal. Müsste einem fast peinlich sein, dass man sich da gleich so aufregt. Schließlich haben sie früher auch schon geredet. Solange er denken kann schon. Aber früher haben sie eben noch keine Menschen ange-

zündet, das macht einen Unterschied. Jetzt kann man ihnen glauben, was sie sagen. „Ey, guck mal, die Dachpappe“, hat einer gesagt. Offene Jacke, Pickel rechts am Kinn. Da saßen sie schon lange mit ihm im Abteil, zu dritt, hatten längst ihre Bierdosen geöffnet. Hatten gerülpst und die Beine von sich gespreizt. Hatten sich über die missbilligenden Blicke der Alten gefreut und über die Jungen, die taten, als sähen sie nichts. Angestrengt.

Und plötzlich war Rülpsen nicht mehr genug.

„Ey, guck mal, die Dachpappe! Darf der seinen schwarzen Arsch auf deutsche Bänke setzen?“ „Genau!“, sagte der Nächste: klein, ein bisschen dick, ein deutscher Mann. Sah in die Richtung, in der Manu saß und tat, als läse er Stephen King. „Und später setzen sich da wieder deutsche Frauen hin, was? Wo der mit seinem Kaffernarsch …“

Zwei Männer mit Aktenkoffern und den Gesichtern von Taubblinden drängten sich an den dreien vorbei und stiegen aus der Bahn. Noch zwei Haltestellen bis zu Hause.

„He, Dachpappe! Arsch hoch, aber bisschen rucki, zucki!“

Manu sah erstaunt, wie weiß seine Fingerknöchel waren, so fest hielt er jetzt das Buch. Bisher war noch alles ganz harmlos. Bei Stephen King kam das Grauen immer erst langsam.

„Du nix deutsch, oder was? Du nur Uga-Uga, bum-bu?“

Wenn sie lachten, war es erst mal gut. Wenn sie sich auf die Schenkel schlugen, war es gut, so lange waren sie zufrieden. So lange mussten sie nicht zu ihm kommen und tun, was sie nun tun wollten und wovon sie vielleicht noch nicht einmal wussten, was es sein würde. Das würde sich dann schon ergeben.

„Nächste Haltestelle …“, sagte der Lautsprecher. Wenn er hier ausstieg, war er in Sicherheit. Er konnte die nächste Bahn abwarten und das letzte Stück zwanzig Minuten später fahren. Aber wenn er hier ausstieg, war er auf dem dunklen Bahnsteig allein. Wenn er hier ausstieg, war er vielleicht mit den dreien auf dem dunklen Bahnsteig allein.

Eine alte Frau ging langsam zur Tür. Stieg über die weit in den Gang gestreckten Beine, sah niemanden an, hielt krampfhaft ihre Tasche. In der offenen Tür drehte sie sich noch einmal um.

„Schämen solltet ihr euch, schämen!“, rief sie. Ihre Stimme war klein und dünn und die drei schlugen sich auf die Schenkel.

„Tun wir ja, Oma, tun wir ja!“, schrie der mit der offenen Jacke.

Um sie herum starrten die Leute aus dem Fenster. Manche hatten das Glück, in ihre Zeitung sehen zu können.

„Ich hab gehört, Dachpappe brennt gut“, sagte der mit der Jacke und rülpste wieder. „Was? Brennt tierisch gut, der Scheiß!“

Manu stand langsam auf. Der Lautsprecher sagte die Station an, gleich war er angekommen.

„Guck mal, kann doch deutsch, der Kaffer“, sagte der Kleine. „Und jetzt putz die Bank mal schön sauber, Zuluhäuptling! Bevor sich da der nächste Weiße hinsetzt!“

Drei Meter nur bis zur Tür, er war gut im Training.

„Hast du nicht gehört, Kanake?“, brüllte der Kleine. „Abputzen sollst du!“

Da war der Bahnsteig und die Tür war offen und Manu rannte, rannte am Kiosk vorbei und die Treppe nach oben, horchte nicht, ob Schritte hinter ihm waren. Erst zu Hause merkte er, dass er das Buch in der Bahn gelassen hatte. Es war aus der Bücherei gewesen, bestimmt musste er es bezahlen.

Arschlöcher, denkt Manu. Die Bahn fährt noch nicht einmal ein, als er auf den Bahnsteig kommt. Er hat doch gewusst, dass er es schaffen kann. – Bestimmt hatten die nur geredet. Die hätten mir nie was getan. Aber ich bin ja immer gleich in Panik.

Er geht ein paar Schritte zu einer Frau, die einen kleinen Jungen an der Hand hält. Und wenn sie was versucht hätten, wäre auch bestimmt jemand gekommen, bestimmt. Man darf nicht danach gehen, wie die Leute sich verhalten, solange nichts passiert. Vielleicht haben sie alle nur gewartet. Vielleicht haben sie dagesessen mit ihren starren Gesichtern, die Fäuste in den Taschen. Vielleicht wären sie aufgesprungen, alle zusammen, es ist nicht nötig, Angst zu haben.

Die Bahn fährt ein, die Türen öffnen sich. Wenn er ganz nahe bei der Frau bleibt, was soll schon passieren. Schließlich ist letztes Mal auch nichts passiert.

(aus: Silvia Bartholl: Texte dagegen. Autorinnen und Autoren schreiben gegen Fremdenhass und Rassismus. Beltz & Gelberg, Weinheim – Basel 1993, S. 34ff.)

In Abhängigkeit von den im Unterricht gesetzten Schwerpunkten kann man aus folgenden Aufgaben auswählen:

Analytisch: *Schwerpunkt Erzähltechnik und Sprache*

1 Untersuche den ersten Teil der Erzählung (bis zu Manus Aufbruch, Z. 60):
a) Beschreibe das Verhältnis zwischen Manu und Hilde. Arbeite heraus, welche Andeutungen der Text enthält.
b) Untersuche die Erzählstruktur des ersten Teils. Unterscheide innere Handlung – äußere Handlung. In welcher Beziehung stehen die beiden Handlungsebenen zueinander?
c) Überlege, ob du zwischen deinen Ergebnissen zu den Teilaufgaben a und b einen Zusammenhang finden kannst.

2 a) Schreibe ein „Lesetagebuch“ bis zu der Stelle, an der zum ersten Mal deutlich wird, dass Manu ein Schwarzer ist.
Stelle die Hinweise auf das frühere Erlebnis des Jungen zusammen; arbeite heraus, was der Leser/die Leserin jeweils erfährt und worüber er/sie noch im Unklaren gelassen wird.
b) Nimm Stellung zu der Erzähltechnik, die du jetzt herausgearbeitet hast. Findest du sie gelungen oder nicht? Begründe deine Meinung.

3 Untersuche die Sprache auf der Ebene der „inneren Handlung“ (bis Z. 90). Beschreibe ihre Besonderheiten und erkläre sie aus dem Sinnzusammenhang.

Schwerpunkt Inhalt

4 a) Trage die Überlegungen zusammen, mit denen Manu sich Mut macht.
b) Arbeite heraus, wie Manu sich wirklich fühlt. Vergleiche diese Stellen mit seinen Überlegungen.

5 Beschreibe das Auftreten (= Aussehen und Verhalten) der anderen Jugendlichen.

6 Beschreibe und erkläre das Verhalten der übrigen Fahrgäste.

Produktionsorientiert:

7 Erzähle aus der Sicht eines Fahrgastes einem Freund von dem Vorfall. Stelle dein eigenes Verhalten dar und begründe es.

Verbindung von analytischer und produktionsorientierter Aufgabenstellung:

8 Untersuche Erzählstruktur und Sprache im ersten Teil (bis Z. 60).

9 Schreibe eine Erzählung zu dem Thema „Angst“ aus deiner eigenen Sicht. Orientiere dich dabei erzähltechnisch und sprachlich an der Kurzgeschichte von Kirsten Boie.

7 Erklär mir, Liebe ...

Konzeption des Gesamtkapitels

Das Kapitel hat zwei didaktische Schwerpunkte. Zum einen thematisiert es einen wichtigen Lebens- und Erlebnisbereich der Jugendlichen und will dazu beitragen, eine Sprache für das zu finden, was sie innerlich so bewegt. Es will helfen, Kommunikationssituationen zu bewältigen, die bei aller Neugier und Entdeckungslust mit so viel Ängsten und Beklemmungen besetzt sind. Zum anderen soll das Kapitel dazu dienen, die Verstehenskompetenz im Umgang mit literarischen Texten zu erweitern und zu vertiefen, die grundlegend in den vorangehenden Jahrgangsstufen geschaffen worden ist.
Im ersten Teilkapitel **(„Lauter Liebesgedichte")** entwickeln die Schüler/innen zunächst auf kreative und produktive Weise, sprachlich und/oder bildnerisch gestaltend, ihre Vorstellungen von Liebe. In Anlehnung an dichterische Vorbilder vom Mittelalter bis heute unternehmen sie eigene lyrische Versuche und lernen einige literarische Antworten auf die Frage nach der Liebe kennen.
Das zweite Teilkapitel **(„Über Liebe sprechen")** beschäftigt sich, hauptsächlich anhand von alltäglichen Situationen, die den Jugendlichen nur allzu vertraut sein dürften (sie sind Jugendbüchern entnommen), mit den Schwierigkeiten, sich Personen des anderen Geschlechts zu nähern, sie anzusprechen, Gefühle auszusprechen, Zuneigung und Liebe zu gestehen. Am Beispiel von Shakespeares „Romeo und Julia" soll der Blick dafür geöffnet werden, dass die Sprache der Liebe sich im Laufe der Kulturgeschichte verändert hat, wie sich Verhaltensmuster, Moralvorstellungen und das Verständnis der Geschlechterrollen gewandelt haben.
Im dritten Teilkapitel **(„Liebesgedichte schreiben")** können die Schüler/innen, ausgehend von Schülerbeispielen und modernen Gedichten, selbst Liebestexte/-gedichte umformen bzw. neu schreiben. Das schließt nicht aus, dass an den lyrischen Beispielen Gedichtelemente „analytisch" betrachtet und erarbeitet werden.

Literaturhinweise

Marion Boltes/Gisela Corves/Bärbel Maiwurm (Hg.): Total verknallt. Ein Liebeslesebuch. Rowohlt Taschenbuch Verlag, Reinbek 1984

Norgard Kohlhagen/Renate Boldt (Hg.): Herzflattern oder Ist das nun Liebe? Rowohlt Taschenbuch Verlag, Reinbek 1996

Ludwig Jäger (Hg.): Zur historischen Semantik des deutschen Gefühlswortschatzes. Aspekte, Probleme und Beispiele seiner lexikographischen Erfassung. Aachen 1988

Niklas Luhmann: Liebe als Passion. Zur Codierung von Intimität. Frankfurt/M. 1982

Günter Waldmann: Produktiver Umgang mit Lyrik. Eine systematische Einführung in die Lyrik, ihre produktive Erfahrung und ihr Schreiben. Schneider Verlag Hohengehren, Baltmannsweiler 1996

Texte/Gegenstände		Intentionen
S. 165	**7.1 Lauter Liebesgedichte**	– in Texten und Bildern eigene Vorstellungen von Liebe produzieren und diese reflektieren – Beispiele moderner Gedichte im Hinblick auf ihre Textkonstituenten untersuchen und ihre Aussagen vergleichen – über die Sammlung von lyrischen Bildern für die Liebe zu eigenen Schreibversuchen von Liebesgedichten gelangen – Liebesgedichte aus verschiedenen historischen Epochen kennen lernen und vergleichen – unterschiedliche Liebeskonzepte, Liebesszenarien, Verarbeitungen von Liebeserlebnissen und lyrische Sprechweisen über die Liebe kennen lernen – über verschiedene Formen produktiven Umgangs mit Gedichten vertraut werden mit lyrischen Sprechweisen und Strukturen – das Vortragen von Gedichten üben, auch solchen aus der Zeit des Mittelhochdeutschen
S. 166	„Dû bist mîn … sagt die Liebe" Liebesgedichte vom Mittelalter bis zur Gegenwart – *Anonym:* Dû bist mîn – *Bernd Jaeger:* Ehepaar – *Johann Wolfgang Goethe:* Willkommen und Abschied – *Bertolt Brecht:* Die Liebenden – *Erich Fried:* Was es ist – *Ulla Hahn:* Nie mehr	
S. 173	**7.2 Über Liebe sprechen**	– Gründe für die Schwierigkeiten bei der Kontaktaufnahme mit Personen des anderen Geschlechts reflektieren – Strategien der Kontaktaufnahme vergleichen und beurteilen; Kontaktaufnahme spielerisch erproben – eine Sprache der Gefühle entwickeln – untersuchen, wie Gefühlsausdrücke sprachlich gebildet werden – Einblick in den Sprachwandel, insbesondere in den der Gefühlssprache gewinnen – ein klassisches Werk der Liebesliteratur kennen lernen
S. 173	Ansprechen oder anmachen?	
S. 175	„O holder Romeo!" – Die Sprache der Liebe gestern und heute – *William Shakespeare:* Romeo und Julia	
S. 178	**7.3 Liebesgedichte schreiben** – *Günter Kunert:* Unterwegs mit M. – *Dagmar Scherf:* Gedanken einer Vierzigjährigen – *Erich Fried:* Leilied bei Ungewinster	– in analytischer, imitierender und produktiver Auseinandersetzung mit Gedichtvorlagen eigene lyrische Schreibversuche unternehmen

7.1 Lauter Liebesgedichte

S. 165 Liebes-Erklärungen

Die Beschäftigung mit einem literarischen Genre, dem erfahrungsgemäß die Schüler und besonders die Schülerinnen der Jahrgangsstufe 9 zwar großes Interesse entgegenbringen, das aber eher eine private, intime Begegnung von Text und Leser/in verlangt, bedarf eines besonders umsichtig und behutsam gestalteten Einstiegs. Spontan mögen Schüler/innen und auch Lehrer/innen Liebesgedichte wohl kaum als Unterrichtsgegenstand betrachten. Noch weniger als alle anderen literarischen Produkte lassen sie sich als Materialien zu textanalytischen Übungen und Interpretationsprozeduren verwenden. Zunächst sollte einmal die Bereitschaft geweckt werden, sich auf eine Textsorte einzulassen, die so stark vom Ausdruck von Emotionen und der Erzeugung von Emotionen bestimmt ist. Ein erster Schritt dazu kann ein Gespräch über die Vorstellungen von Liebe sein, die von den Schülerinnen und Schülern gehegt werden. Um dieses Gespräch in Gang zu setzen, können die kurzen schriftlichen Erklärungen von Liebe, die aus einem Jugendbuch stammen, und die im Unterricht entstandenen Collagen auf Seite 165 genutzt werden. Eine interessante Frage könnte in diesem Zusammenhang sein, für welche Collagen Jungen und für welche Mädchen als Produzenten/Produzentinnen vermutet werden. Bei der Begründung der Zuordnungen könnten die Mädchen in der Klasse deutlich machen, welches Bild sie von den Liebesvorstellungen ihrer männlichen Altersgenossen haben, und umgekehrt. Entschließt man sich zur Bearbeitung der Aufgabe 2, können die Schüler/innen selbst ihre Vorstellungen von Liebe sprachlich und/oder bildnerisch gestalten; die Grundlage für das einführende Unterrichtsgespräch wird dadurch wesentlich breiter und differenzierter.
Die in der ersten Einheit versammelten Gedichte setzen das im Einstieg begonnene Bemühen fort, sich Vorstellungen von der Liebe zu machen. Diese besondere Art von Liebeslyrik stellt mit ihrer Tendenz zu allgemeinen, abstrahierenden Aussagen, die solche Erklärungsversuche von Liebe bei aller Bildlichkeit nun einmal haben, eine Distanz zum einmaligen, konkreten Liebeserlebnis her und ermöglicht den Schülerinnen und Schülern eher das Gespräch über die Texte und eigene lyrische Schreibversuche, weil sie sich als Personen mit ihren eigenen, individuellen Erfahrungen und Befindlichkeiten weniger deutlich offenbaren müssen. Erich Frieds sprachlich schlichter Versuch, das Wesen der Liebe gleichsam definitorisch einzukreisen, bietet genügend Anreiz, die in der Einstiegsphase aufgedeckten eigenen Vorstellungen zu erweitern, zu hinterfragen und zu vertiefen.

S. 166 „Dû bist mîn ... sagt die Liebe“ Liebesgedichte vom Mittelalter bis zur Gegenwart

Nach der Heranführung der Schüler/innen über die Reflexion (und Produktion) ihrer eigenen Vorstellungen von Liebe werden sie mit Gedichten konfrontiert, die Jahrhunderte auseinander liegen. Der Aspekt der Historizität wird damit in das Unterrichtsvorhaben einbezogen. Dabei kann es nicht um einen literarhistorischen Längsschnitt gehen, sondern darum, in der (produktiven) Auseinandersetzung mit den (alten) Texten Eindrücke und Leseerfahrungen darüber zu sammeln, welche Liebeskonzepte es in früheren Zeiten gab und wie sie dichterisch gestaltet wurden.
Zu den Gedichten „Dû bist mîn“ und „Ehepaar“: Nachdem die fremde Sprachform des mittelhochdeutschen Gedichts durch die Übertragung ins Neuhochdeutsche bewältigt

worden ist, können die Unterschiede herausgearbeitet werden. Zunächst einmal kann exemplarisch verdeutlicht werden, welch lange Tradition solch konventionalisierte Alltagsmetaphern wie „jemanden ins Herz schließen" haben. Des Weiteren kann auf ein wesentliches Merkmal literarischer Produktion hingewiesen werden: Sehr häufig reagiert Literatur auf Literatur, entsteht Literatur aus Literatur, indem nämlich der neuere Text auf einen älteren antwortet, ihn umschreibt und seine Aussageabsicht verändert, Motive übernimmt und in einen anderen Kontext rückt etc.

2 Mögliches Tafelbild:

	„Dû bist mîn"	„Ehepaar"
Zentrale Metapher: „jemanden ins Herz schließen"	Beweis unvergänglicher Liebe und unverbrüchlicher Treue; da der Schlüssel verloren ist, kann kein anderer die Geliebte/den Geliebten aus dem Herzen entfernen, aber auch der/die Liebende kann es nicht.	Eingesperrtsein in einen Käfig bzw. einen Tresor; er hat die Schließgewalt (Schlüssel) in seiner Hand; er hat allerdings auch den Code für den Tresor, damit Aufhebung des wechselseitigen „Gehörens".
Liebes-Verständnis	Liebe als wechselseitiges „Gehören", das nicht enden kann, wird in einer harmonischen Form dargestellt und verklärt.	Das Sich-Gehören des Ehepaars wird als Gefangenschaft dargestellt, wobei der Käfig an Tierhaltung denken lässt und der Tresor an den Aufbewahrungsort für Geld und Wertgegenstände.
Rolle des Sprechers	Sprecher ist der/die Liebende, der/die in der Ich-Form die/den Geliebte(n) anspricht.	Sprecher ist ein Beobachter, der einen Tatbestand wiedergibt.

Johann Wolfgang Goethe: Willkommen und Abschied

S. 167

1
- 1. Strophe: Gedrängtsein, Aufbruchstimmung
- 2. Strophe: Gegensatz zwischen unheimlich anmutender, nächtlicher Atmosphäre und der frohgemuten Stimmung bzw. Leidenschaft des Reiters
- 3. Strophe: Freude und hingerissenes Verliebtsein beim Anblick der Geliebten und Dankbarkeit für ihre Zärtlichkeit
- 4. Strophe: Taumel zwischen Liebesglück und Abschiedsschmerz, wobei am Ende das freudige Gefühl, geliebt zu werden und zu lieben, siegt

Sprachlich vermittelt werden dem Leser/der Leserin die starken Emotionen, die das gesamte Gedicht beherrschen, durch die vielen Ausrufe (emphatisches Sprechen).

2 a) Begegnung vom „Abend" (Z. 3) bis zur „Morgensonne" (Z. 25).

b) Deutlich werden müssten die Leerstellen im Handlungsablauf, im Szenario und in der Figurenzeichnung, die ein distanzierter Er-Erzähler zu füllen hat. Im Vergleich mit den Geschichten, die diese Leerstellen unterschiedlich füllen werden, kann herausgestellt werden, dass es in diesem Gedicht im Wesentlichen um Gefühlsausdruck geht.

3 Z. 3: Der Abend wiegt die Erde.
Z. 4: An den Bergen hängt die Nacht.
Z. 5f.: Die Eiche im Nebelkleid, (wie) ein Riese …
Z. 7f.: Die Finsternis sah aus …
Z. 9f.: Der Mond sah …
Z. 11: Die Winde schwingen Flügel.
Z. 13: Die Nacht schuf Ungeheuer …

S. 168 *Bertolt Brecht:* Die Liebenden

1 Das Bild zweier fliegender Kraniche.

2 Liebe wird als ein „himmlisches“, aber endliches Phänomen gesehen.

3 Text in der „Mahagonny“-Fassung:

Wie es wieder hell wird, sitzen Paul und Jenny auf zwei Stühlen in einigem Abstand nebeneinander. Er raucht, sie schminkt sich.

JENNY:
Sieh jene Kraniche in großem Bogen!
PAUL:
Die Wolken, welche ihnen beigegeben
JENNY:
Zogen mit ihnen schon, als sie entflogen
PAUL:
Aus einem Leben in ein andres Leben.
JENNY:
In gleicher Höhe und mit gleicher Eile
BEIDE:
Scheinen sie alle beide nur daneben.
JENNY:
Daß so der Kranich mit der Wolke teile
Den schönen Himmel, den sie kurz befliegen
PAUL:
Daß also keines länger hier verweile
JENNY:
Und keines andres sehe als das Wiegen
Des andern in dem Wind, den beide spüren
Die jetzt im Fluge beieinander liegen.
PAUL:
So mag der Wind sie in das Nichts entführen
Wenn sie nur nicht vergehen und sich bleiben
JENNY:
Solange kann sie beide nichts berühren

PAUL:
Solange kann man sie von jedem Ort vertreiben
Wo Regen drohen oder Schüsse schallen.
JENNY:
So unter Sonn und Monds wenig verschiedenen Scheiben
Fliegen sie hin, einander ganz verfallen.
PAUL:
Wohin ihr?
JENNY:
Nirgendhin.
PAUL:
Von wem entfernt?
JENNY:
Von allen.
PAUL:
Ihr fragt, wie lange sind sie schon beisammen?
JENNY:
Seit kurzem.
PAUL:
Und wann werden sie sich trennen?
JENNY:
Bald.
BEIDE:
So scheint die Liebe Liebenden ein Halt. [R]

(aus: B. Brecht: Große Berliner und Frankfurter Ausgabe, Band 14, Gedichte 4.

***Erich Fried:* Was es ist** — S. 169

[1] Die wiederholte Antwort der Liebe auf alle Einwendungen der Verstandeskräfte und anderer Gefühle zeigt, dass die liebende Zuwendung zu einem anderen Menschen nach keinen Gründen für und wider fragt; sie ist sich selbst genug, hat weder Vorteile im Auge, noch scheut sie Risiken.

[3] Mögliches Tafelbild:

inhaltlicher Aufbau

Dialog zwischen personifizierten Verstandeskräften (Vernunft, Berechnung, Einsicht, Vorsicht, Erfahrung) und der Liebe sowie zwischen personifizierten Gefühlen (Angst, Stolz) und der Liebe:

Vernunft – Liebe (1. Strophe)

Berechnung, Angst, Einsicht – Liebe (2. Strophe)

Stolz, Vorsicht, Erfahrung – Liebe (3. Strophe)

formaler Aufbau

1. Strophe: 4 Verse, Antithese zwischen Verstandeskraft und Liebe

2. Strophe: 8 Verse, zwei Verstandeskräfte und ein Gefühl; Antwort der Liebe als Refrain

3. Strophe: 8 Verse, gleicher Bau wie 2. Strophe mit der Variation, dass hier das Gefühl an erster Stelle steht

Die parallel und völlig gleich gebaute Satzkette provoziert eine Fortsetzung.

④ Solche Fortsetzungen könnten sein:

Es ist nicht für die Karriere günstig
sagt der Ehrgeiz

Es ist nicht schlüssig
sagt die Logik

Es ist schon einmal schief gegangen
sagt das Gedächtnis

⑤ Hier spricht jemand aus Erfahrung, und zwar aus eigener Erfahrung, aber auch aus der Einsicht in die Erfahrungen anderer. Man kann den Dialog also auf die Verse 17/18, aber auch auf die Verse 9/10 beziehen. Das Schreiben weiterer Alltagsszenen kann dadurch vorbereitet werden, dass Personen und Situationen gesammelt werden, für die und in denen die im Gedicht personifizierten Verstandeskräfte bzw. Gefühle eine kennzeichnende Rolle spielen.

S. 170 *Ulla Hahn:* Nie mehr

1 Ein „Ich" mit offenbar nicht immer positiven Liebeserfahrungen entschießt sich nach Zögern zu einer neuen Liebe.

2 Um das Telefon streichen – Haus nicht verlassen
Briefe anfangen, sich quälen
Die/Den Geliebte/n verfluchen und herbeisehnen

3 An dem Gedicht kann man auf den Unterschied zwischen Autor/in und sprechendem (lyrischem) Ich aufmerksam machen:
Weder ist das „Ich" identisch mit U. Hahn noch mit einer Frau; das Geschlecht bleibt unbestimmt.

4 Mögliches Tafelbild:

Strophe 1

Inhaltliche Aspekte	***Sprache/Stil***	***Formale Aspekte***
Eine verliebte Person, das (lyrische) „Ich", ist traurig, das der/die Geliebte sich nicht meldet.	→	*„Rahmen" (V. 1 und 4)* *– spiegelt äußere Situation: im Haus bleiben* *– spiegelt innere Situation: Das lyrische Ich ist in dem Gedanken an den/die Geliebte/n gefangen.*
Sie bleibt im Haus und wartet auf ein Lebenszeichen des/der Geliebten. →	*Das Warten wird auch durch „streichen" (V. 2) deutlich = wie eine Katze, die auf Zuwendung wartet. „Gespenster sehn" (V. 3) = So auf den/die Geliebte/n fixiert, dass er/sie überall „erscheint".*	
In V. 2 und 3 wird nur äußere Handlung beschrieben. Man muss sich mit dem „Ich" identifizieren, um seine Gefühle zu begreifen.	→	*Lyrisches Ich. Mit einem „Ich" kann man sich leichter identifizieren, man hat vielleicht Ähnliches erlebt.*

Strophe 2

Inhaltliche Aspekte	Sprache/Stil	Formale Aspekte
Das lyrische Ich leidet an der Situation. ↔	„linksseitig quälen bis zu den Nägeln" (V. 7) = Liebeskummer, der den ganzen Menschen erfasst.	Rahmenverse („Das habe ich nie mehr gewollt") wirken beschwörend. Das lyrische Ich will sich gegen den Schmerz, gegen seine Abhängigkeit wehren.
Das Verhalten des lyrischen Ichs ist stets von der Sehnsucht nach dem Partner bestimmt. Das Liebesverhältnis scheint auch ein Abhängigkeitsverhältnis zu sein. ↔ (Formale Aspekte)		
Das passive Warten verstärkt die innere Unruhe. ↔	Aufeinander folgende Verben („schreiben, zerreißen", V. 6) und fehlende Satzzeichen zeigen die innere Unruhe.	
So beginnt das lyrische Ich Liebesbriefe zu schreiben, die es aber nicht abschickt. ↔	„Briefe die triefen" (V. 6) = Liebesbriefe: „triefen" enthält negative Wertung, verdeutlicht Unsicherheit im Umgang mit den eigenen Gefühlen.	

Strophe 3

Inhaltliche Aspekte	Sprache/Stil	Formale Aspekte
Die Situation wird für das lyrische Ich unerträglich und führt zu einem Wutausbruch. ↔	Wutausbruch wird durch das Auftauchen von Satzzeichen betont. Die sehr emotionale, umgangssprachliche Formulierung („Soll dich der Teufel holen.", V. 10) zeigt, dass es hier um die innersten Gefühle geht.	Die inhaltliche Wendung in der dritten Strophe wird auch durch den letzten Vers deutlich. Er wurde durch das Voranstellen von „mehr" in sein Gegenteil verkehrt.
Die wahren Gefühle der Person werden nun sichtbar. ↔	(innersten Gefühle geht)	
Sie möchte den/die Geliebte/n bei sich haben. ↔	Der Wunsch, den/die Geliebte/n bei sich zu haben, wird in zwei kurzen Infinitiv-Befehlen direkt und unvermittelt geäußert (Ellipsen).	
	Die Satzzeichen in der dritten Strophe zeigen, dass das lyrische Ich nicht länger innerlich schwankt und zerrissen ist. ↔	Der beengende Rahmen (Strophe 1, 2) wird gesprengt.

Mögliche Interpunktion:

Ulla Hahn: Nie mehr

Das hab ich nie mehr gewollt:
um das Telefon streichen, am Fenster stehn,
keinen Schritt aus dem Haus gehen, Gespenster sehn.
Das hab ich nie mehr gewollt!

Das hab ich nie mehr gewollt:
Briefe, die triefen, schreiben, zerreißen;
mich linksseitig quälen bis zu den Nägeln –
Das hab ich nie mehr gewollt!

Das hab ich nie mehr gewollt!
Soll dich der Teufel holen.
Herbringen. Schnell.
Mehr hab ich das nie gewollt.

7.2 Über Liebe sprechen

S. 173 Ansprechen oder anmachen?

S. 173 Andrea

③ a) **Anmachen** = alle Arten, die Aufmerksamkeit eines Mitglieds des anderen Geschlechts zu erregen; das kann auf verbale und nonverbale Weise geschehen
ansprechen = verbale Kontaktaufnahme mit einer Person, ist eine Möglichkeit des Anmachens, kann aber aus unterschiedlichen Zielsetzungen erfolgen und dient nicht immer dazu, das Interesse an der Person des Ansprechenden zu wecken
mit jemandem sprechen = sich auf ein Gespräch einlassen, an einem Gespräch aktiv teilnehmen

S. 173 Stefan, Nele

4 Die Texte zeigen Beispiele dafür, wie die mit so viel Hemmungen besetzte Kontaktaufnahmesituation bewältigt werden kann. Weitere Möglichkeiten werden sicher von der jeweiligen Lerngruppe ergänzt.

„O holder Romeo!" – Die Sprache der Liebe gestern und heute — S. 175

William Shakespeare: Romeo und Julia — S. 175

1 a–b) Viele Wörter und Wendungen in der alten Version gehören zu einem veralteten Sprachstand und werden nur noch dichterisch verwandt: „erklimmen" (statt „erklettern"), „Stätte" (statt „Ort"), „Bollwerk" (statt „Hindernis") etc. Dasselbe gilt für einige grammatikalische Konstruktionen: „der Liebe wehren" (statt „die Liebe aufhalten"). An anderen Stellen ist eine heute allzu prätentiös wirkende Bildlichkeit durch eine direktere Ausdrucksweise ersetzt worden: „Der Liebe leichte Schwingen trugen mich" (statt: „Beschwingt von Liebe flog ich einfach drüber"); „Sonst färbte Mädchenröte meine Wangen" (statt: „Sonst würde ich schamrot vor Verlegenheit"). Im letzten Beispiel spielen auch andere Vorstellungen von geschlechtertypischen Verhaltensweisen und Reaktionen, die wiederum von anderen Moralvorstellungen geprägt sind, eine Rolle: Da ein Mädchen schamrot zu werden hat, wenn sie ihre Liebe gesteht, kann als Synonym für Schamröte das Wort „Mädchenröte" gebildet werden, ein Wort, das mit der Veränderung der Moralvorstellungen aus dem Sprachgebrauch verschwunden ist. Andere Textstellen, die ebenfalls auf Grund veränderter geschlechtsspezifischer Verhaltens- und Sprechweisen in der neuen Fassung anders lauten, sind z. B. die Verse 37 ff., bzw. 34 ff. Die Julia der alten Fassung spricht hier überall andeutend-verschleiernd, während die moderne Julia viel direkter formuliert. Das veränderte Rollenverständnis in der Geschlechterbeziehung zeigt sich schließlich in der Übersetzung des letzten Verses: Aus „Gebieter" wird in der neuen Fassung einfach „Mann". Schließlich wäre noch anzumerken, dass mythologische Anspielungen in der modernen Übersetzung weggelassen wurden (V. 36).

c) Die moderne Fassung bietet eindeutigere Satzgefüge mit klaren Konjunktionen: **wenn** = Bedingung, **weil** = Begründung

7.3 Liebesgedichte schreiben

Du — Liebe ist, wenn … — An diesem Tag — S. 178

1 Eine weitere Möglichkeit der Ideen-Sammlung zum Thema „Liebe":
- Die Frage: „Was fällt mir zu ‚Liebe' ein?" in alphabetischer Reihenfolge beantworten:
  A: Abend, Abschied …
  B: Blume, berühren …
  C: Charakter, chaotisch …
  …

S. 179 *Günter Kunert:* Unterwegs mit M.

2 Es geht hier nicht darum, möglichst das Original zu treffen, sondern den Vers als Gestaltungsmittel bewusst und gezielt zu handhaben. Eine veränderte Versbrechung schafft neue Sinneinheiten und andere inhaltliche Bezüge, akzentuiert die Wörter anders und modifiziert die Gesamtaussage. Es soll verdeutlicht werden, dass die Setzung der Verse eben nicht etwas Beliebiges und Zufälliges ist, was Schüler/innen zuweilen bei der modernen Lyrik vermuten.

S. 180 *Dagmar Scherf:* Gedanken einer Vierzigjährigen in der S-Bahn

3 „Parallelgedicht" bedeutet, dass die Struktur der Vorlage möglichst genau übernommen wird. Das Parallelgedicht sollte auch eine Überschrift haben.

S. 180 *Erich Fried:* Leilied bei Ungewinster

Das Gedicht zeigt, dass auf dem Gebiet der Liebeslyrik auch das Sprachspielerische, Komische seinen Platz hat. Trotz der Unsinnswörter, die aber eine gewisse lautmalerische Qualität haben, wirkt der Text verständlich. Karikiert werden damit vielleicht die allzu gängigen Szenarios und Aussagemuster des Genres, wie sie besonders in der Trivialliteratur immer wieder verwendet werden.

Übungsmaterial im „Deutschbuch 9 Arbeitsheft"

- Gedichte interpretieren

Lernerfolgskontrolle/Themen für Klassenarbeiten

Vorschlag 1

1 Schreibe zu der Bilderfolge einen Dialog; mache dabei durch Nummerierung deutlich, welche deiner Dialogabschnitte zu den Bildern 1, 2 und 3 gehören.

2 Begründe von den Gesten und Körperhaltungen her die Ausdrücke und sprachlichen Wendungen, die du deinen Personen in den Mund gelegt hast, und kommentiere die Sprechstrategien in den einzelnen Äußerungen.

Vorschlag 2

Ulla Hahn: Bildlich gesprochen

Wär ich ein Baum ich wüchse
dir in die hohle Hand
und wärst du das Meer ich baute
dir weiße Burgen aus Sand.

Wärst du eine Blume ich grübe
dich mit allen Wurzeln aus
wär ich ein Feuer ich legte
in sanfte Asche dein Haus.

Wär ich eine Nixe ich saugte
dich auf den Grund hinab
und wärst du ein Stern ich knallte
dich vom Himmel ab.

(aus: Ulla Hahn: Herz über Kopf. © 1981 Deutsche Verlags-Anstalt GmbH, Stuttgart)

1 Untersuche das Gedicht von Ulla Hahn nach
- Inhalt,
- Sprache,
- Form

und nimm Stellung dazu.

8 „Ich bin nicht anders!“ Texte fürs Theater

Konzeption des Gesamtkapitels

Grundlage des Kapitels bilden zwei Dramentexte, die sich beide mit dem Thema Diskriminierung und Ausgrenzung beschäftigen. Während es sich bei dem Stück des Berliner Grips-Theaters „Ab heute heißt du Sara“ um einen für das Jugendtheater geschriebenen Text handelt, zählt Max Frischs „Andorra“ zu den Klassikern des deutschsprachigen Theaters. Der für die Schüler/innen sprachlich und formalästhetisch leichter zugängliche Text „Ab heute heißt du Sara“ dient als Schwerpunkt des Kapitels und bereitet die Auseinandersetzung mit den komplexeren Szenen aus „Andorra“ vor.
Das erste Teilkapitel (**„*Inge Deutschkron:* Ab heute heißt du Sara“**) dient zur Einführung in das Stück und die zu Grunde liegende Thematik der Judenverfolgung im Nationalsozialismus. Durch die subjektiven Erfahrungen der noch kindlichen Inge erleben die Schüler/innen die drastischer werdenden Begrenzungen des Bewegungsfreiraums der Juden in Deutschland Mitte der 30er-Jahre. In ersten Spielansätzen ergründen die Schüler/innen neben der Wirkungsweise gestischer und sprachlicher Ausdrucksmittel auch die Gefühlswelt einzelner Figuren.
Im Zentrum des zweiten Teilkapitels (**„Eigene Szenen schreiben“**) steht die Erarbeitung eigener Szenentexte. Auch hier geht es um die Förderung von Empathie. Das Thema „Judenverfolgung im Nationalsozialismus“ wird am Einzelschicksal Inges fühlbar gemacht. Die Qualität der Schülertexte wird sich vorwiegend dadurch unterscheiden, wie plausibel und differenziert die Gedanken und Emotionen der Protagonistin dargestellt werden. Dieser Ansatz führt zwangsläufig auch zum Spielen der erarbeiteten Szenen. Hier können theaterspezifische Ausdrucksmittel von den Schülern und Schülerinnen experimentell im aktiven Handeln erprobt werden.
Den Schwerpunkt des 3. Teilkapitels (**„*Max Frisch:* Andorra“**) bilden zwei Szenen aus „Andorra“. Die Schüler/innen setzen sich kritisch mit dem Verhalten der beteiligten Figuren auseinander. Das zentrale Thema ist dabei die Macht des Vorurteils und die Frage, welche Funktion die Vorurteile für die einzelnen Figuren erfüllen.
In einem letzten Themenblock („Ich will nicht anders sein!“) werden die beiden Dramen noch einmal gemeinsam ins Blickfeld gerückt. Die Frage nach Gemeinsamkeiten und Unterschieden zwischen beiden Texten führt zur Frage ihrer Aktualität. Damit ist die Brücke geschlagen zur Realität der Schüler/innen und zu ihren persönlichen Erfahrungen mit den Themen Diskriminierung und Ausgrenzung anders Denkender.

Literaturhinweise

Inge Deutschkron: Ich trug den gelben Stern. 1978

Klaus Müller-Salget: Literaturwissen – Max Frisch. Stuttgart 1996

Walter Schmitz/Ernst Wendt (Hg.): Frisch – „Andorra“. Frankfurt a. M. 1984

Ingo Scheller: Szenisches Spiel. Handbuch für die pädagogische Praxis. Berlin 1998

	Texte/Gegenstände	Intentionen
S. 181	**8.1 *Inge Deutschkron* Ab heute heißt du Sara**	– den historischen Hintergrund erkennen und vorhandenes Wissen aktivieren
S. 182	– 1. Bild	– die emotionale Dimension von Diskriminierung ergründen und mit theaterspezifischen Mitteln ausdrücken
S. 183	– 4. Bild	– die unterschiedliche Wirkungsweise sprachlicher und gestischer Ausdrucksmittel erfahren
S. 185	– 5. Bild	– das Verhaftetsein des Einzelnen in gesellschaftlichen Bedingungen erkennen
S. 186	– 6. Bild	– die Möglichkeit, sich gegen gesamtgesellschaftliche Tendenzen zu stellen, thematisieren
		– die Funktionsweise zunehmender Ausgrenzung und Entmenschlichung von Juden im Nationalsozialismus erkennen
S. 186	**8.2 Eigene Szenen schreiben**	– eigene Szenentexte schreiben
S. 186	– 13. Bild	– Szenentexte überarbeiten
		– Darstellungsmittel des Theaters entdecken und ausprobieren, die über das Schauspielen hinausgehen
		– eigene Texte inszenieren und aufführen
S. 188	**8.3 *Max Frisch:* Andorra**	– dargestellte Beziehungen genau wahrnehmen und beschreiben
S. 189	– 3. Bild – 1. Teil	– verschleierte Handlungsmotive ergründen
S. 191	– 3. Bild – 2. Teil	– die Funktionsweise von Vorurteilen erkennen
S. 193	– 7. Bild	– die Funktionalität einer Dramenfigur erforschen
S. 196	– „Ich will nicht anders sein!"	– die Aktualität der beiden Dramen aus eigener Sicht beurteilen
		– die Relevanz der Themen Diskriminierung und Ausgrenzung anders Denkender in der eigenen Gegenwart thematisieren

8.1 *Inge Deutschkron:* Ab heute heißt du Sara

S. 181

1 Bei dieser Aufgabe geht es weniger darum, eine exakte Recherche anzustellen, um dem Dokument alle einzelnen Informationen abzugewinnen, als vielmehr darum, einen Eindruck zu gewinnen: Der Pass ist offensichtlich alt und abgenutzt. Er wurde häufig gebraucht. Die Schüler/innen können ihren Eindruck von dem auf dem Foto abgebildeten Mädchen schildern, vermuten, wie alt es ist. Zu beachten sind insbesondere das große „J", das den Ausweis zu einem Judenausweis macht, die Fingerabdrücke der Inhaberin auf der rechten Seite und der zweite Vorname.

S. 182

1. Bild

1 Beim lauten Lesen muss die Kindlichkeit Inges zum Ausdruck kommen. Mit dem Berliner Dialekt kann ruhig etwas übertrieben werden. Um in den Text einzusteigen, kann die Szene auch mehrfach gelesen oder zu Hause vorbereitet werden.

2 Die Aufgabenstellung fordert die spontane Äußerung von Eindrücken. Thematisiert werden kann die kindliche Direktheit Inges, die bei Lotte ihre Entsprechung findet, und die Sorge der Mutter, die sie zu verbergen sucht.

3 An dieser Stelle muss erstmals ein Blick auf den historischen Hintergrund der Szene geworfen werden. Nach der Machtergreifung Hitlers ist Herr Deutschkron als Jude und aktiver Sozialdemokrat doppelt gefährdet, verhaftet zu werden.

4 Die Erklärungsversuche Lottes können nicht überzeugen, da sie es versäumt, auf einen grundsätzlichen Unterschied hinzuweisen: den zwischen Nationalität/Staatsangehörigkeit und Religion. Wichtig ist herauszuarbeiten, dass Juden auch Deutsche sein können. Die Tatsache, dass die Nationalsozialisten beide Kategorien vermischten, diente der Ausgrenzung der Juden als nichtdeutsch.

5 a) Die Aufgabenstellung bietet sich als vorbereitende Hausaufgabe an und zielt darauf ab, das bereits vorhandene Wissen einzelner Schüler/innen allen zugänglich zu machen und so eine gemeinsame Basis für die weitere Texterarbeitung zu schaffen. Dabei können sie sowohl auf den Geschichtsunterricht als auch auf den Religionsunterricht zurückgreifen. (Vielleicht gibt es auch Spezialisten in der Klasse, die die Gelegenheit für ein **Kurzreferat** nutzen.)

b) Hier muss noch einmal deutlich werden, dass sich Deutschkrons und Ostrowskis hauptsächlich durch ihre Religionszugehörigkeit unterscheiden. Die Frage der Abstammung ist unerheblich, da es sich bei beiden Familien um Deutsche handelt. Allerdings kann jetzt bereits vermutet werden, dass die Nationalität Dr. Ostrowskis nicht in Frage gestellt wird, während die der Deutschkrons hinter der Tatsache zurücktritt, dass sie dem jüdischen Glauben angehören.

6 Der Blick auf die Redeweise der Figuren ist ein Blick auf den Gebrauch von Hochsprache, Umgangssprache und (Berliner) Dialekt. Während die Sprache von Lotte deutliche dialektale Anteile aufweist, ist Inges Redeweise stark umgangssprachlich und die der Mutter eher hochdeutsch. Zentrale Textstellen in diesem Zusammenhang:

Lotte: „jerne“ (Z. 50), „Machense sich man keene Sorjen ...“ (Z. 67), „Jewinnste“ (Z. 74), „Weeß ick doch nich“, (Z. 76).
Inge: „Hams ...“ (Z. 39), „Wo musse denn hin?“ (Z. 75)

4. Bild

S. 183

1 Auffällig ist Inges Unerschrockenheit, ihre Stärke und ihr Gerechtigkeitssinn. Die Lüge mit dem Onkel zeigt darüber hinaus ihre Fähigkeit, sich spontan aus einer misslichen Situation zu retten. Insgesamt ist deutlich, dass Inge die Diskriminierung nicht in ihrer tieferen Bedeutung wahrnimmt oder gar Konsequenzen befürchtet. Sie rauft mit den HJlern, als ginge es um eine Meinungsverschiedenheit auf dem Schulhof; sie hat sogar Spaß daran (vgl. Z. 60).

2 a) Die Aufgabe bietet den Schülern und Schülerinnen die Möglichkeit, Erfahrungen mit Ausdrucksmöglichkeiten auf der verbalsprachlichen und auf der körpersprachlichen Ebene zu machen. Intendiert wird die Kongruenz beider Ausdrucksformen. Dort, wo Diskrepanzen zu beobachten sind, ergibt sich aus der Sache ein spontaner Gesprächsanlass, um die Gründe für die beobachteten Unstimmigkeiten zu erforschen, die in einer unterschiedlichen Auffassung von sprachlichen Äußerungen oder Handlungen liegen. So führt die Aufgabe über einen nichtanalytischen Impuls zu einem vertieften Verständnis des Textes und gestischer und sprachlicher Ausdrucksmittel.

b) Hier kommt die psychologische Ebene stärker ins Bewusstsein. Die Gefühle und Motive der Figuren werden thematisiert. Um aus der Rolle heraus antworten zu können, müssen die Schüler/innen sich in die Figuren einfühlen, die bestehende Distanz nach Möglichkeit aufheben.

c) In dieser Phase können Schüler/innen ihre Beobachtungen und ihr Handeln rückblickend thematisieren. Abhängig davon, was bei der Bearbeitung von b und c passiert ist, können Überraschungen, Irritationen, Berührtheit etc. zur Sprache kommen. Auch Erfahrungen mit dieser eher ungewohnten Arbeitstechnik können reflektiert werden.

3 Die vervollständigte Tabelle könnte so aussehen:

Verhalten	*Gründe*
– *quälen das Mädchen*	– *Demonstration von Stärke*
– *greifen Inge an*	– *Ärger über Störung ihres Vorhabens*
– *halten Inge nur fest*	– *Ehrenkodex: Jungen schlagen keine Mädchen*
– *lassen Inge los*	– *werden durch Erwähnung des Onkels an Ehrenkodex erinnert*
– *erklären ihr Verhalten*	– *wollen Akzeptanz von Inge*
– *beschimpfen Inge*	– *fühlen sich unverstanden und abgelehnt*
– *ziehen ab*	– *versuchen das Gesicht zu wahren*

4 Auffällig ist die Feigheit der beiden Jungen, aber auch ihr mangelndes Unrechtsbewusstsein. Sie können sich so verhalten, weil die Gesellschaft die Diskriminierung von Juden legitimiert, ja sogar zunehmend fördert.

5 Das Verhalten des jüdischen Mädchens steht in deutlichem Kontrast zu Inges unerschrockenem Auftreten. Als die Jungen sich ihr in den Weg stellen, will sie weglaufen, um der Konfrontation zu entgehen. Offensichtlich ist ihr klar, was sie zu erwarten hat. Überrascht ist sie nicht über das grobe Verhalten der HJler, sondern über Inges Mut, der ihr selbst fehlt.

S. 185 5. Bild

1 Die Aufgabe fordert von den Schülern und Schülerinnen den Wechsel der Perspektive. In den Texten müssen die Gefühlswechsel deutlich werden, die Inge in dieser Szene durchlebt. Der anfängliche Stolz über ihr Alter weicht der Empörung über die Tatsache, dass das Foto für einen „Judenausweis" ist, und schließlich der Verwirrung bei den Aussagen des Fotografen über die jüdische Physiognomie. Vielleicht erwächst bei Inge auch Wut über die erfahrene Demütigung oder Angst vor der ungewissen Zukunft.

S. 186 6. Bild

1 a) Zu beobachten ist, dass das Verhalten des Beamten, der für Inge den Ausweis ausstellt, dadurch beeinflusst wird, ob sein Kollege im Zimmer ist oder nicht. Sobald dieser anwesend ist, zeigt er ein erhöhtes Maß an Härte und Linientreue gegenüber dem NS-Staat.

b) In diesen Szenen deutet sich die Entwicklung zum Überwachungsstaat an, in dem jeder von den ihn direkt umgebenden Menschen kontrolliert wird. Aus Angst vor Denunziation wird man zum Mitläufer in einem System, dessen Werte, Grundlagen und Ziele man unter Umständen nicht befürwortet. Auch die Frage nach der Möglichkeit des Einzelnen, sich dem System entgegenzustellen, nach Verantwortung oder gar Schuld kann an dieser Stelle von den Schülern und Schülerinnen aufgeworfen werden.

2 Inge durchschaut die Tendenz zur wachsenden Ausgrenzung der Juden in Deutschland offenbar. Durch ihre ironische Art schafft sie Distanz und nötigt den Beamten, sein Handeln zu rechtfertigen. Das Bemühen des Beamten um „geheime" Menschlichkeit ignoriert sie bewusst. Sie will ihm seine Aufgabe, die ihm offenbar unangenehm ist, nicht erleichtern, sondern ihn die Unmenschlichkeit und Absurdität seines Handelns fühlen lassen.

3 Zur Bearbeitung dieser Aufgabe kann gegebenenfalls auf weiteres Informationsmaterial zurückgegriffen werden. Einige Ziele können jedoch sicher auch von den Schülern und Schülerinnen selbstständig erarbeitet werden (je nach Leistungsstärke einzelner Schüler/innen bietet sich hier auch eine binnendifferenzierte Vorgehensweise an):
- Juden wurden anders behandelt als Deutsche und somit ausgegrenzt;
- den Juden wurde die Macht des Staates durch den Willkürakt fühlbar gemacht;
- die Judengesetze konnten erst so hinsichtlich ihrer Überschreitung überprüft werden.

8.2 Eigene Szenen schreiben

13. Bild

S. 186

[1] Die Ziele, die durch die Einführung des Judenausweises verfolgt wurden (s. vorangehende Aufgabe 3), gelten auch für die Einführung des Judensterns. Sie können aber noch ergänzt werden:
- öffentliche Kennzeichnung von Juden in jeder Lebenssituation;
- Juden konnten sich nicht mehr bewegen, ohne mit diskriminierenden Handlungen rechnen zu müssen;
- Juden wurden als Ziel diskriminierender Handlungen gebrandmarkt.

[2] Alles Wissen und alle Eindrücke, die die Schüler/innen bisher von der Figur Inges gewonnen haben, können in diesem Text Niederschlag finden. Zum Ausdruck kommen können Inges Wunsch nach Freiheit und Selbstbestimmung, ihre Fähigkeit zu Spott und Ironie, aber auch ihre Angst über die immer spürbarer werdende Beschneidung ihrer Freiheit. Ob die Freundin Inges „Was wäre wenn"-Gedankenspiel teilt oder ihr verstärkt das damit verbundene Risiko deutlich macht und als Gegenpol Inges Widerspruch herausfordert, bleibt den Schülern und Schülerinnen überlassen.

[3] Die Aufgabe dient der Förderung der Fähigkeit zur Textüberarbeitung. Die Distanz zum Text des Partners erleichtert einen klaren Blick auf die Stärken und Schwächen des eigenen. Wichtig ist dabei, auf die Konkretisierung von Verbesserungsvorschlägen zu dringen. So kann leichtfertiges und diffuses Kritisieren verhindert und die Überarbeitung erleichtert werden. Im Sinne der Leistungsdifferenzierung ist auch eine bewusst leistungsheterogene Zusammensetzung der Teams möglich, um ein Helfersystem zu etablieren.

◇4 Diese Aufgabe dient als Einstieg zum Spielen von Szenen. Das kann ohne große Vorbereitung geleistet werden, ohne aufwändige Requisiten oder Bühnenbild. Die von den Schülern und Schülerinnen verfassten Texte werden voraussichtlich relativ arm an Aktionen und Handlungen sein, sodass das angemessene Sprechen der Texte in den Vordergrund tritt. Je nach Spielerfahrung und Motivation der Lerngruppe kann eine kurze Probephase eingeschoben oder direkt mit einer Art Stegreifspiel begonnen werden.

S. 188

[1] a) So unterschiedlich die Reaktionen und Handlungen der Menschen sind, die Inge Deutschkron in dem kurzen Prosatext beschreibt, so unterschiedlich können auch die Figuren sein, die die Schüler/innen erschaffen. Wichtig ist, dass keine dialogischen Texte entstehen, sondern nur Monologe. Es geht um einen Blick auf die innersten und geheimsten Gedanken und Gefühle der Menschen. Die sprachliche Gestaltung der Texte sollten größtmöglichen Freiraum genießen.

b) Die Fülle an Texten wird die Auswahl erschweren. Hilfreich sind textimmanente Kriterien wie sprachlich angemessene Gestaltung, Anschaulichkeit und Plausibilität. Zusätzlich ist es besonders reizvoll, eine große Bandbreite inhaltlich und formal möglichst kontrastiver Texte zu erreichen.

[2] / ◇3 Da auch auf den großen Bühnen der Welt viele der schönsten Inszenierungsideen eher zufällig gefunden werden, sollen die Schüler/innen Gelegenheit bekommen, ausgiebig zu experimentieren. Dabei geht es nicht um die Erprobung von Problemlösungsstrate-

gien, die entwickelt, diskutiert und schließlich angewendet werden. Es geht vielmehr um die Entwicklung und Erprobung kreativer Ideen im aktiven, spielerischen Handeln. Jedem Schüler/jeder Schülerin soll es möglich sein, sich in diesen Prozess einzubringen.
Die Gedanken Inges können sowohl in der gleichen Form dargestellt werden wie die der anderen Figuren als auch eine eigene Gestaltungsform aufweisen, die bspw. ihre zentrale Rolle betont.

4 Die Intensität, mit der diese Aufgabe angegangen wird, kann ganz nach den Bedürfnissen der Schüler/innen oder gemäß den didaktischen Zielsetzungen der Unterrichtsreihe gesteuert werden. Die Aufmerksamkeit sollte allerdings weniger auf der abschließenden Präsentation einer möglichst aufführungsreifen Szene, sondern mehr auf dem Prozess des Gestaltens, Ausprobierens und sinnlichen Wahrnehmens liegen. So können die Schüler/innen in ungewohnter Atmosphäre und Arbeitsweise reichhaltige Erfahrungen mit theaterspezifischen Gestaltungsmitteln und ihrer Wirkung machen.

8.3 *Max Frisch:* Andorra

S. 189

3. Bild – 1. Teil

1 Die Aufgabe ist eine Einladung zur spontanen Äußerung. Im Zentrum der Aufmerksamkeit werden voraussichtlich die Ungerechtigkeit des Tischlers, der nicht auf Andri hört, und die Feigheit des Gesellen Fedri stehen, der sich nicht zu seiner Arbeit bekennt, obwohl er ahnt, dass er Andri mit seinem Schweigen in Schwierigkeiten bringen wird.
Sicherlich äußern sich die Schüler/innen auch zu Andris Verhalten. Die Frage, ob er sein Recht offensiver hätte vertreten können oder sollen, wird von den Schülern und Schülerinnen unterschiedlich beantwortet werden.

2 Über die spontanen und bisweilen intuitiven Äußerungen der Schüler/innen bei Aufgabe 1 hinaus kann der Wechsel, der sich in der Wahrnehmung des/der Lesenden/Zuschauenden ereignet, dicht am Text erarbeitet werden. So thematisieren Andri und Fedri ihre Beziehung anfangs als Freundschaft (Z. 21, Z. 34–35). Dann erweist Andri dem Gesellen einen Freundschaftsdienst, als er den Verdacht, er selbst habe verbotenerweise geraucht, nicht ausräumt, während demgegenüber der Geselle beim Auftritt des Tischlers den Raum verlässt. Die Frage, welchen Stuhl er gearbeitet hat, lässt der Geselle unbeantwortet, um sich selbst aus der für ihn äußerst misslichen Situation zu retten.

3 In den Texten der Schüler/innen muss die Vorurteilsbehaftetheit des Tischlers deutlich zum Ausdruck kommen. Bereits vor Andris Antritt der Lehrstelle stand für ihn fest, dass ein Jude nicht zu einem guten Tischler taugt.

4 Die Auseinandersetzung dreht sich um Andris Recht darauf, so gesehen zu werden, wie er wirklich ist. Doch der Tischler verfügt auf Grund der Tatsache, dass er Andri für einen Juden hält, über ein Bild von ihm. In Andris Verhalten und Handlungen sieht er nur, was ihm dazu

dient, dieses Bild zu bestätigen und zu verfestigen. Ein implizite Annahme dieses Bildes ist, dass Juden keine guten Tischler sein können. Andri, der diesen Beruf gern erlernen möchte, muss gegen diese Annahme ankämpfen.

◇5 Bei der Entwicklung von Ideen und Fantasien zum Fortgang der Szene wird sich die Aufmerksamkeit auf das Verhalten Andris richten: Wird dieser den Tischler in dem Glauben lassen, er habe seinen Stuhl mangelhaft gearbeitet, oder wird er die Konfrontation eingehen, um den Tischler zu zwingen, die Realität zu erkennen, die dieser doch gar nicht sehen möchte?

3. Bild – 2. Teil

S. 191

1 Wird das Verhalten Andris bei den Schülern und Schülerinnen auf Verständnis stoßen, so wird sie die Ignoranz des Tischlers voraussichtlich überraschen. Sicher lag es nicht im Horizont der Schüler/innen, dass der Tischler mit aller Kraft an seinem Bild von Andri festhält. Die Frage nach den Gründen für das Verhalten des Tischlers steht damit im Raum.

2 Der Tischler stellt sich in diesem Szenenabschnitt in klassischer Weise taub. Nicht eines der Argumente, das Andri äußert, stößt bei ihm auf Gehör. Damit rettet er sein Weltbild, das u. a. auf der These fußt, dass Juden anders sind als Nichtjuden. Um sich nach seinem Gefühl weiterhin sicher in der Welt bewegen zu können, um seine Orientierung nicht aufgeben zu müssen, hält er an seinem Bild von Andri fest.

◇3 a) In den Blick genommen werden vor allem die Textstellen, in denen der Tischler seine Vorurteile gegen Juden formuliert:
S. 190/191: Z. 69–73, Z. 111–113, Z. 134
S. 192: Z. 51–54
Gleichzeitig kann bei der Bearbeitung der Aufgabe auch deutlich werden, dass weniger das, was der Tischler äußert, Andri diskriminiert und persönlich verletzt, als vielmehr seine konstante Weigerung, mit Andri angemessen zu kommunizieren und sich auf dessen Person ungeachtet aller bereits existierenden Bilder einzulassen.

b) Die Aufgabe stellt eine große Herausforderung für die Schüler/innen dar. Die Schwierigkeit liegt darin, in der Auseinandersetzung spontan zu entwickeln, warum der Autor mit der Figur des Tischlers zufrieden ist. Während die Figur des Tischlers damit argumentieren muss, dass doch in Wirklichkeit kein Mensch so beharrlich ignorant und ungerecht sein könne, kommt von Seiten des Autors die Funktion einer derartigen Figur in den Blick. Entweder glaubt er, dass Menschen wirklich so sein können oder er verweist darauf, dass er mit dieser Figur zeigen möchte, wie Vorurteile funktionieren; welche Motive ihnen zu Grunde liegen und welche Konsequenzen sie haben können. Um die Aufgabe zu erleichtern, kann die Argumentation des Autors ggf. auch vorbereitet werden. Etwa mit der Erarbeitung folgender Frage: Überlege, warum der Autor Max Frisch den Tischler nicht von seinen Vorurteilen abweichen lässt.

4 Hier muss deutlich werden, wie wenig Handlungsspielraum Andri bleibt. Gegen die Kraft des Vorurteils ist er offensichtlich machtlos. Die einzige Möglichkeit, doch noch Tischler zu werden, besteht für ihn darin, von zu Hause wegzugehen an einen Ort, an dem niemand von seiner vermeintlich jüdischen Herkunft weiß.

S. 193 7. Bild

1 Das Standbild ist eine Möglichkeit, erste Leseeindrücke in einer nonverbalen Form darzustellen. Die Haltung Andris muss seinen Zweifel und seine Distanz dem Pater gegenüber ausdrücken. Problematischer ist es, für die innere Haltung des Paters eine körperliche Entsprechung zu finden. Zum einen muss sein auf den ersten Blick zugewandtes und fürsorgliches Verhalten, das er Andri gegenüber an den Tag legt, Niederschlag finden. Zum anderen muss deutlich werden, dass der Pater ebenso wie alle anderen Figuren Andri auf Grund seiner angeblich jüdischen Abstammung in eine Schablone presst.

2 a) Das Bild des Paters von Andri: Andri hat etwas Gehetztes – er ist gescheiter als andere – ist wie alle Juden überempfindlich – kann sich nicht selbst annehmen – hat mehr Verstand als Gefühl – ist anders als die Andorraner

b/c) Die Eigenschaften, die der Pater Andri zuspricht, umfassen sowohl negative als auch positive Eigenschaften. Wichtig ist, dass deutlich wird, dass das Problem nicht in der Qualität der zugesprochenen Eigenschaften liegt, sondern in dem Umstand, dass Andri diese Eigenschaften zugesprochen werden, weil er angeblich Jude ist. Andri widerspricht dem Pater, weil er fühlt, dass auch dieser nur sein Bild vom Juden in Andri bestätigt sehen möchte. Das ist zwar weniger negativ als das des Tischlers, für Andri aber ebenso wenig zutreffend. Andri wehrt sich dagegen, dass alle zu wissen meinen, wer er ist, ohne ihn überhaupt richtig wahrzunehmen.

3 In den Monologen muss deutlich werden, wie sehr Andri darunter leidet, dass niemand ihn so sehen will, wie er wirklich ist. Die Tatsache, dass alle ein eigenes Bild vom Juden haben, das er lediglich zu bestätigen hat, nimmt ihm die Möglichkeit, sich selbst und seine eigenen Wünsche und Ideen zu leben.

S. 196 „Ich will nicht anders sein!"

1 Die Aufgabenstellung zielt nicht darauf ab, die beiden sehr unterschiedlichen Stücke zwanghaft in ein Korsett zu zwängen. Die Gemeinsamkeiten sollen nicht überbetont werden. Sie liegen darin, dass es in beiden Stücken um die stetig wachsende Ausgrenzung von Menschen geht, die sich angeblich dadurch unterscheiden, dass sie dem jüdischen Glauben angehören. Auf sehr unterschiedliche Weise erzählen beide Stücke von der Kraft des Vorurteils und der Tendenz des Menschen, sich von anderen abzugrenzen, um sich über sie zu erheben.

2 Die Aufgabe verklausuliert die Frage nach der Aktualität von Max Frischs „Andorra". Die Antwort, die die Schüler/innen darauf geben werden, hängt von ihren persönlichen Erfahrungen ab. Zum einen davon, ob sie selbst in ihrer Umwelt beobachten, wie Menschen auf Grund willkürlich gewählter Merkmale (Nationalität, Religion, Hautfarbe, sozialer Status etc.) ausgegrenzt werden. Zum anderen geht es darum, ob die Schüler/innen genug selbstkritische Distanz zu sich selbst aufbringen, um eigene Tendenzen zu bemerken, sich selbst auf ähnliche Weise von anderen abzugrenzen und andere bisweilen auch zu diskriminieren.

[3] Die Nennung einer Fülle an Beispielen wird den Schülern und Schülerinnen sicher nicht schwer fallen: Genannt werden voraussichtlich Ausländer, Behinderte, Zugehörige bestimmter Religionen, Asoziale, Drogenabhängige usw.

◇4 Diese Aufgabe gibt den Schülern und Schülerinnen noch einmal abschließend die Möglichkeit, analytisch gewonnene Erkenntnisse in einer kreativ-künstlerischen Tätigkeit anzuwenden. Dabei sollte es den Schülern und Schülerinnen erlaubt sein, sich von der Vorlage auch deutlich zu entfernen. Je nach Spiellust der Lerngruppe können ausgewählte Szenen inszeniert werden. Besonders reizvoll ist sicher die direkte Gegenüberstellung einiger Schülerszenen mit der Szene des Grips-Theaters.

Lernerfolgskontrolle/Themen für Klassenarbeiten

1. Vorschlag

14. Bild

Am nächsten Tag in der S-Bahn, Richtung Erkner

S-Bahn. Zeitung lesende und andere Fahrgäste. Mehrere Fahrgäste steigen ein, als Letzte, mit Stern auf dem Mantel, Inge, die als Einzige stehen muss. Unterschiedliche Reaktionen auf Inge, von Verachtung bis Entsetzen, vor allem aber Verlegenheit.

(Man hört in vor- und zurückgezogenen, sich überschneidenden Schleifen die Gedanken der Fahrgäste.)

FRAU: Das arme Mädchen! Eine Schande! Was könnte ich denn tun? Ich darf jetzt nicht heulen – nur nicht heulen – das arme Mädchen! Eine …

MANN: Eine Drecksau! Jüdinnen sollen ja unglaublich gut im Bett sein! Einmal eine Jüdin … Eine Drecksau! Jüdinnen sollen ja …

ARBEITER: Ich muss ihr das Frühstücksbrot in die Tasche stecken … Das Frühstücksbrot in die Tasche … Aber die gucken ja alle …

HJLER: 'ne echte Judensau! Mann! Der müssten wa mal auflauern! Die könnte wat erleben, die Stinksau! 'ne echte …

JUNGER MANN: Ich muss was tun. Irgendwas tun. Sie muss wissen, dass ich zu ihr stehe. Das bin ich mir schuldig. Ich muss was tun …

2. FRAU: Nur kein Mitleid. Die ham jenuch verbrochen. Hat der Führer alles bewiesen. Det mit dem Stern jeht allerdings zu weit. Nur kein …

[…]

1. HJLER: Los raus! Hier stinkt's!

2. HJLER: Nach Judenschweiß! *(Beide kreischend ab.)*

(Stille. Der Arbeiter versucht, ihr umständlich das Frühstücksbrot in die Manteltasche zu stecken. In dem Moment springt der junge Mann auf.)

JUNGER MANN: Ich möchte, dass Sie sich sofort auf meinen Platz setzen!

INGE: Nein – das geht nicht –

JUNGER MANN: Ich bitte Sie! Setzen Sie sich!

INGE: Das geht doch nicht –!

JUNGER MANN: Und ob das geht!

INGE *(leise, aber heftig)*: Juden dürfen sich nicht setzen! Wollen Sie unbedingt, dass ich verhaftet werde?

JUNGER MANN: Entschuldigung – ich bitte vielmals –

INGE: Aber nein – Sie sind sehr freundlich – vielen Dank – ich muss jetzt aussteigen.

JUNGER MANN *(hinter ihr her)*: Aber ich darf sie doch begleiten?

INGE: Nein! Bitte – nein!!

(Der Mann zögert, dann steckt er ihr kurz entschlossen seine Lebensmittelmarken in die Tasche, sie gehen in verschiedene Richtungen ab. Der Arbeiter steht da mit seinem Frühstücksbrot – fühlt sich von allen Seiten beobachtet und schlingt es schließlich ängstlich in sich rein.)

(aus: Volker Ludwig/Detlef Michel: Ab heute heißt du Sara. Textbuch. Grips-Theater Berlin 1988)

1 Die Menschen in der Straßenbahn reagieren sehr unterschiedlich auf Inge mit dem Judenstern. Fasse die Reaktionen kurz in eigenen Worten zusammen

2 Verfasse die folgende Szene: Der „Junge Mann“ erzählt am Abend einem guten Freund von der Episode in der Straßenbahn. Der Freund schimpft ihn weichherzig, der junge Mann verteidigt sein Verhalten.

[1] Hinter dieser Aufgabe verbirgt sich eine reine Verstehensabfrage. Sie nötigt die Schüler/innen den Text aufmerksam zu lesen und auch die Verschiedenheit der Reaktionen zu erkennen.

[2] Auf der formalen Ebene muss es den Schülerinnen und Schülern gelingen, einen dialogischen Text zu verfassen (Frage-Antwort, Aufforderung-Reaktion, Argument-Gegenargument). Inhaltlich genießen sie bei der Bewältigung der Aufgabe große Freiheit. Zentral ist die Zerrissenheit des jungen Mannes, der sich an der allgemeinen Diskriminierung der Juden nicht beteiligen will, mit seinem Zuwiderhandeln jedoch sich selbst und auch Inge in Gefahr zu bringen droht. Gegenüber seinem Freund muss er seine Verantwortung für das, was um ihn herum geschieht, betonen.

2. Vorschlag

Wähle eine der beiden Schreibaufgaben aus:

1 Der Pater erfährt vom Tod Andris. Er wird in Gedanken an sein Gespräch mit Andri von Gewissensbissen geplagt. Die Frage, die ihn quält: Hat auch er Mitschuld an Andris Tod? Verfasse einen inneren Monolog für den Pater, in dem er diese Frage reflektiert.

2 Inge („Ab heute heißt du Sara“) und Andri aus „Andorra“ treffen sich und kommen ins Gespräch. Sie tauschen sich darüber aus, wie es ist, als Jude diskriminiert und verfolgt zu werden. Gemeinsam überlegen sie, wie die Menschen lernen könnten, ohne Vorurteile auszukommen.

[1] Die oft erprobte Form des inneren Monologs stellt keine großen Ansprüche an die Schüler/innen. Inhaltlich werden sich die Texte stark darin unterscheiden, wie selbstkritisch der Pater seine Rolle in der Geschichte zu sehen vermag. Die Qualität der Schülertexte lässt sich an ihrer inneren Konsistenz ablesen. Zusätzlich muss der Text die Haltung der Dramenfigur aus dem 7. Bild wenigstens in Teilen übernehmen.

[2] Die Aufgabe ist sehr anspruchsvoll. Sie lässt den bearbeitenden Schülerinnen und Schülern großen Spielraum und gibt ihnen die Möglichkeit, auf eine Fülle an thematischen Aspekten, die in den Dramen angesprochen werden, zurückzugreifen. Die Bandbreite an Ergebnissen ist hier kaum zu antizipieren. Im Einzelfall ist zu prüfen, ob die beiden Figuren angemessen gesehen werden und ob sinnvolle Ideen zu einer Welt ohne Ausgrenzung und Diskriminierung entwickelt werden.

9 „Das Leben hat mich echt genervt!" Jugendsprache und mehr

Konzeption des Gesamtkapitels

In diesem Kapitel wird der Blick auf die Wahl sprachlicher Register, v. a. auf die Jugendsprache gerichtet. Dabei werden Untersuchungen angestellt, in denen das in früheren Jahrgängen entstandene grammatische Sprachwissen reaktiviert werden kann. Es erfolgt jedoch eine besondere Erweiterung im inhaltlich-semantischen Bereich: unterschiedliche Ausrichtungen des Wortschatzes in Szenesprachen, Sportsprachen, Mediensprache; Vorzüge des bildlichen Sprechens. Letztlich sollen sich die Jugendlichen mit dem Phänomen „Jugendsprache" auch kritisch auseinander setzen und die kommunikative Funktion erkennen.

Die verschiedenen Sprachvarianten lassen sich nicht künstlich voneinander isolieren: Jugendliche wechseln leicht die Codes und je nach Situation wählen sie gezielt eine Variante. Jugendliche leben – parallel zur Familienrealität – gleichzeitig in mehreren anderen Realitäten: Schule, Peer-group etc. Im alltäglichen Umgang überlagern sich so die verschiedenen Sprachvarianten. Generell dienen die verschiedenen Jugendsprachen auch der generationsspezifischen Abgrenzung gegenüber der Standardsprache der Erwachsenen sowie der sozialen Identifikation innerhalb der verschiedenen soziokulturellen Lebensstile Jugendlicher. Da die „Szenen" sich nach Moden verändern, sollen die Schüler/innen auf jeden Fall auch eigene Erfahrungen einbeziehen und neuen Sprachgebrauch einbringen. Sie können aus der Perspektive des Sprachforschers ihre eigene Sprache zum Gegenstand der Analyse machen. Eine wesentliche Ergänzung neben den lexikalischen und stilistischen Befunden wäre es, wenn die Schüler/innen zu den benutzten Sprachmustern noch die interaktionalen Zusammenhänge ermitteln könnten, da jugendsprachliche „Sprechstile" auch Instrument kommunikativer Strategien sind.

Im ersten Teilkapitel (**„In der Szene"**) beobachten die Schüler/innen mit Hilfe von Bildern und Texten aus verschiedenen Jugendszenen das Phänomen der Sprachvarianten. Sie entwickeln Untersuchungskategorien und analysieren den Sprachgebrauch. An Beispielen aus der Fußballsprache wird die Funktion metaphorischen Sprechens thematisiert, Metaphern werden entschlüsselt, Bilder erfunden.

Im zweiten Teilkapitel (**„Jugendsprache unter der Lupe"**) werden verschiedene jugendsprachliche Trends anhand verschiedener medialer Beispiele (u. a. Interview, Jugendbuch) untersucht.

Das dritte Teilkapitel (**„Voll im Bild – Metaphern"**) thematisiert sprachliche Bilder am Beispiel der Fußballsprache.

	Texte/Gegenstände	Intentionen
S. 197	**9.1 In der Szene**	– den Begriff „Szene" erörtern – verschiedene Sprachvarianten mit verschiedenen Szenen in Verbindung sehen
S. 197	Szenen	
S. 200	(Initiativantrag der) ÖTV-Jugend	– politischen Sprachgebrauch von Szenejargon abgrenzen
S. 202	**9.2 Jugendsprache unter der Lupe**	– Merkmale der Jugendsprache untersuchen – Wortbildung und Inhalt jugendsprachlicher Ausdrücke untersuchen
S 202	– „Also die Grundschule hab ich …"	– die Grammatik jugendsprachlicher Wendungen mit der Schriftsprache vergleichen – jugendsprachliche Texte produzieren
S 203	– „Prinzipiell bin ich ein großer Schisser"	– die Funktion von Jugendsprache erörtern
S 204	– *Kirsten Boie:* Ich ganz cool	
S 207	**9.3 Voll im Bild – Metaphern**	– metaphorischen Sprachgebrauch am Beispiel des Fußballjargons analysieren und produzieren
S 208	– Der VfB zieht davon	

Literaturhinweise

J. K. Androutsopoulos: Jugendsprache und Textsorten der Jugendkultur. Heidelberg 1997

Silke Hahn: Halbstarke, Hippies und Hausbesetzer. Die Sprache und das Bild der Jugend in der öffentlichen Betrachtung. In: Georg Stötzel/Martin Wengeler: Kontroverse Begriffe. de Gruyter, Berlin 1995, S. 211ff.

Anselm Haverkamp (Hg.): Theorie der Metapher. Wiss. Buchges., Darmstadt 1996

Margot Heinemann: Jugendsprache. In: Der Deutschunterricht 3/1993, S. 84ff.

Helmut Henne: Jugend und ihre Sprache. de Gruyter, Berlin 1994

K. Janke/S. Niehues: Echt abgedreht. Die Jugend der 90er Jahre. Beck, München 1995

Eva Neuland: Jugendsprache im gesell. Wandel. In: Deutschunterricht 4/1986, S. 52ff.

Dies./M. Heinemann: „Tussis": hüben und drüben? In: Deutschunterricht, 1/1997, S. 70ff.

P. Schlobinski u. a.: Jugendsprache. Westdeutscher Verlag, Wiesbaden 1993

9.1 In der Szene

Will man Jugendsprache als Gruppensprache beleuchten, so ist eine Analyse nach den sog. typischen jugendsprachlichen Merkmalen, wie dies in den bisherigen Untersuchungen der Fall ist (Henne, 1986; Heinemann, 1989), nicht unproblematisch. Dafür spricht allein schon die Tatsache, dass einige dieser Merkmale quer durch die Sprachgemeinschaft verbreitet sind und mittlerweile zum standardsprachlichen oder wenigstens umgangssprachlichen Allgemeingut zählen. Trotz dieser Einwände sollen diese typischen Charakteristika zunächst wenigstens kurz vorgestellt werden:

- Grüße, Anreden und Partnerbezeichnungen (Tussi)
- griffige Namen und Sprüche (mach'n Abgang)
- flotte Redensarten und stereotype Floskeln (ganz cool bleiben)
- metaphorische, zumeist hyperbolische Sprechweisen (Obermacker = Direktor)
- Repliken mit Entzückungs- und Verdammungswörtern (saugeil)
- prosodische Sprachspielereien, Lautverkürzungen und Lautschwächungen sowie graphostilistische Mittel (wAhnsinnig)
- Lautwörterkommunikation (bäh, würg)
- Wortbildung: Neuwörter, Neubedeutung, Neubildung (ätzend, Macke); Worterweiterung: Präfix- und Suffixbildung, Kurzwörter (abfahren, Schleimi)

(Henne, 1986, S. 208f.).

- Umdeutungen (Hirsch = Motorrad)
- Polysemie (Asche = 1. Rückstand verbrannter Materie, 2. Geld)
- bedeutungsveränderte Wörter in fest gefügten Wort- und Satzformen (einen im Tee haben)
- Analogiebildungen (auf den Docht/den Keks gehen)
- Sonderwortschätze (jemandem einen Scheitel ziehen)
- Regionalismen
- Archaismen (Klampfe)
- Fremdwörter, speziell Anglizismen (Freak)
- bestimmte Wortbildungsmodelle und grammatische Umdeutungen (rummotzen, 'ne sahne Gruppe)

(vgl. Heinemann, 1989, S. 27f.).

(Zusammenstellungen von Elementen der stilisierten und in Medien kolportierten „Jugendsprache" finden sich in H. Ehmann: affengeil. Ein Lexikon der Jugendsprache. München 1992; ders.: oberaffengeil. Neues Lexikon der Jugendsprache. München 1996.)

Innerhalb von Jugendgruppen können spezifische sprachliche Marker die Funktion haben, Vertrautheit oder Zusammenhalt herzustellen bzw. zu sichern und die Gruppenidentität zu verstärken. Von gleicher Bedeutung für den Aufbau einer Gruppeninteraktion sind dabei gruppenspezifische Zeichen, wie sie sich z. B. in Kleider-, Frisuren-, Accessoires-Moden zeigen, oder Rituale, z. B. besondere Formen der Begrüßung mit der Hand. Wie beim Outfit auf Materialien zurückgegriffen wird, die verändert werden und so eine neue Bedeutung erlangen, so auch in der Sprachverwendung. Sprachliche Elemente werden aus ihrem Kontext herausgelöst (dekontextualisiert) und in neue Zusammenhänge gestellt (rekontextualisiert), woraus sich ihre spezifische Bedeutung für die Gruppe ergibt. Entscheidend für die gruppenspezifischen Differenzierungen sind also nicht allein der Gebrauch sog. jugendsprachlicher Merkmale oder die Techniken dieser Sprechstil-Bastelei (Bricollageprinzip) – diese sind relativ gleich –, entscheidend sind vielmehr der Rückgriff auf vielfältige kulturelle Ressourcen, wie z. B. die Medien, und die Art, wie dieser Rückgriff geschieht. Einen interessanten Beitrag in diese Forschungsrichtung hat Neuland

(1987) in ihrem programmatischen Plädoyer für eine soziologisch fundierte Jugendsprachforschung vorgelegt. Jugendliche Stile werden auf der Folie der oben genannten „Stil-Bastelei" analysiert, soziale Gruppen bilden spezifische Sprechstile aus, wobei andere kulturelle Muster angeeignet und modifiziert werden (Schlobinski, 1989).

S. 197

1 a) Erfahrungsaustausch unmittelbar oder von den Bildern her: Treffpunkte z. B. Disko, Skater auf Bahnhofsvorplatz o. Ä., bei McDonalds, in der Tanzstunde, im Sportverein, auf dem Kirchentag …; Gruppen z. B. Skater, Raver, Junge Christen, Jusos, Surfer, Internet-Surfer, Punker, Streetballer …

b) Von einer „Szene" ist zu sprechen, wenn sich größere Gruppen Jugendlicher in mehr als einem Ort mit einem bestimmten Lebensstil in Abgrenzung von anderen sozialen Gruppen wiederholt treffen und über eine bestimmte Dauer etablieren. Verbindende Elemente sind dabei oft Stars und Idole als Identifikationsfiguren.

c) Lebensstil, verschiedene Szenen, Musikarten, Medieneinflüsse und Moden beschreiben, vorführen, mit eigenen Materialien dokumentieren. – Material mit Szenedarstellungen in: Schüler 1997. Stars – Idole – Vorbilder. Friedrich, Seelze 1997; SpoKK (Hg.): Kursbuch Jugendkultur. Bollmann, Mannheim 1997

2 Mögliche Interpunktion:

Puuuuuuuuuunk

Ich brauch Punk, weil ich sie mag.
Ich will sie, weil sie so schön dreckig sind.
Darum – ich brauch Punk, nur noch Punk, Punk, hej!
Ich finde sie irre, wenn sie Sicherheitsnadeln tragen,
abgelatschte Schuhe haben und dreckige Wörter sagen.
Darum – ich brauch Punk, nur noch Punk, Punk, Punk.
Ich bin ein Punk, das geb ich zu, ich brauche Punk und das find ich gut.
Ich will dreckig sein und abgelatschte Schuhe haben und dreckige Wörter sagen!
Ich brauch Punk, nur noch Punk!
Puuuuuuuuuunk, Punk, hej hej hej hej!

(nach: Jugend – vom Umtausch ausgeschlossen. Rowohlt, Reinbek, 1984, S. 194)

Die Fantastischen Vier
Hip-Hop-Musik

Es hat ein für alle mal mit hip hop nichts zu tun,
sich auf seinem alten gettoimage auszuruhn.
Zum einen hat's für mich den sinn zu sagen, wer ich bin,
zu beschreiben, wo ich herkomm, und da ist's halt nicht so schlimm.
Zum andern kann ich, was ich denke, so zum ausdruck bringen,
indem ich meine sprache nutze, doch vermeiden kann zu singen.
Das hat natürlich den effekt, dass sich einige erschrecken,
denn ich kann mich ja jetzt gar nicht hinter rap-klischees verstecken.
Dennoch wird es einem ohne diese nie gelingen,
in germanien, nen hip hop jam in schwung zu bringen.
Drum zieh ich die konsequenz, die ich im folgenden erklär:
Ich sag „heb die hand hoch" statt „put your hands up in the air",

ich sag „he, leute, was geht ab" statt „say ho" und „motherfucker".
Hast du's jetzt noch nicht kapiert, na, dann scheiß dich halt vom acker.
Deutsches liedermacherbrauchtum ham wir, glaube ich, besiegt.
Wir sprechen, wie wir das sonst auch tun und machen –
hip hop musik.

(nach der CD „Vier gewinnt". © 1992 by EMI Music Publishing Germany GmbH, Hamburg)

• 3 Die Schüler/innen stellen Beispiele zusammen, sichten sie und werten in Auswahl.

- Auffällig z. B.: **Punk und Hip-Hop-Musik:** harte Töne, Umgangs- bis Gossensprache (auch Fäkalsprache/aggressive Sexsprache, die aber z. B. blind aus dem Amerikanischen übernommen ist mit folgendem Unterschied: „fuck" ist im Amerikanischen ein in der Bedeutung völlig abgeschliffenes, fast inhaltsleeres Fluch- und Allerweltswort, während es erst durch Übersetzung ins Deutsche provokativ wirkt und auch hier schon – unübersetzt – nur Worthülse ist.) – **Technoparty:** szeneinterne Verständigung durch Spezialbegriffe, s. Beispiele zu Aufgabe 4. – Möglicher Suchauftrag z. B. zur Sprache in der Sportkultur der Jugendlichen: Body-Styling, Surfen, Skaten, Streetball, no blood – no foul, local crew, street style ... – (zur Sprache der Punker: Albert Bremerich-Vos: Punks und ihre „Sprache" verstehen. In: Loccumer Protokolle, 17/1984).
- Von „Sprachen" (= Kommunikationssystem mit eigenem Wortschatz und eigenen grammatischen Regeln) i. e. S. kann man nicht reden; die sprachliche Basis ist die deutsche Sprache, Abweichungen davon gibt es besonders im Wortschatz.
- Funktionen solcher Kommunikationsformen: Stärkung der Gruppenidentität, Abgrenzung und Provokation von Außenstehenden. (Dazu tragen auch nonverbale Elemente [vgl. S. 150] wie die Kleidung bei.)

4 Techno = Musikrichtung, die die Melodie zurückstellt und mit einem Rhythmuscomputer die Beats akzentuiert, sehr mechanisch-hart; DJ = Diskjockey: Szene = s. o.: Flyer = Werbeflugblatt; Stage-Diving = Herabtauchen eines Musikers oder Zuschauers von der Bühne in die Menge; House = synthetische Tanzmusik seit den 80er-Jahren mit Bassdrumschlägen im 4/4-Takt, weicher als Techno; HipHop = Minderheitenmusik der afroamerikanischen Herkunft mit Rap als einer Richtung; Dancefloor = aus England kommende Version der Tanzmusik; Sampler = Zusammenstellung von Musiktiteln; Merchandising = begleitende Vermarktung von Elementen einer Szene (T-Shirts, Zeitschriften, Sticker etc.); Mainstream = Hauptrichtung der Musik für den breiten Massengeschmack; Rap = einer der Gegenentwürfe zum Mainstream: betonter Sprechgesang mit Ghetto-Image.

S. 200

6 a) Inhalte: Motive und Wünsche Jugendlicher für ihre Gewerkschaftsarbeit; Antrag der Jugendorganisation der Gewerkschaft „Öffentliche Dienste, Transport und Verkehr" zur Verbesserung der Ausbildungssituation in kommunaler Trägerschaft.

b) Die „ÖTV-Jugendlichen im Gespräch" (Text 1 auf S. 200) argumentieren sprachlich korrekt, verwenden Satzgefüge. Die Wortwahl ist nüchtern, der Fremdwortgebrauch nicht auffällig.
Der „Initiativantrag" hat Nominalstil mit vielen (Mehrfach-)Zusammensetzungen.

c) Von „Szene" i. S. v. Aufgabe 1 (b) auf S. 151 kann man nicht sprechen.

S. 201

7 Auffällig ist der kurz angebundene, elliptische Stil, sind die umgangssprachlichen Elemente (Bude, reinquatschen ...)
Feststellbar ist die Durchmischung der Alltagssprache mit szenesprachlichen Elementen in Abhängigkeit vom Alter: hab keinen Bock auf, wahnsinnig beknackt,; eher allgemein jugendsprachlich als spezifisch für eine bestimmte Szene.

9.2 Jugendsprache unter der Lupe

S. 206

1 a) „Szene"-Wörter: *bmp's, abgrooven, Flyer, schnallen, volllabern, affengeil*
Anglizismen: *ghettoimage, abgrooven, jam, Brain-Stand, Casting, cool, chillen*
Metaphern: *beknackt, hat mich genervt, volle Breitseite, Sahneschnitte, tote Hose, eine Sache schnallen, Bock haben auf, rumhängen, sich festfahren, Klugscheißer, scheiße drauf sein*
Verstärker: *voll, super, geil, total, absolut*
Abkürzungen: *ÖTV, DJs, Hirni*
Medien/Werbung: *kicher, ächz, eine Aktion starten*
Verb → Nomen: *Raver, Gemecker, Wuchtbrumme*
Nomen → Verb: *schnallen, nerven*

b) Untersuchenswerte Wörter, Wortbildungen; z. B.:
etwas schnallen (S. 202, Z. 15)
(keinen) Bock haben (S. 203, Z. 29), das bockt (S. 204, Z. 1)
hirnmäßig (S. 204, Z. 64)
Brain-Stand (S. 204, Z. 67)
mutjoggen (S. 204, Z. 7)
stinkig (S. 205, Z. 106)

3 Auffällig sind besonders der imperative Drohstil, die Auslassungen (Ellipsen) bei Wörtern und im Satzbau (Einwortsatz, Satzfragment).

5 Zur Funktion von Jugendsprache(n) vgl. Aufgabe 3, S. 152.
Zu der im Schülerbuch abgedruckten Schülermeinung: Der Jargon mag in seinen Formen bisweilen kürzer als die Schriftsprache sein – **primäres** Motiv ist die „Schnelligkeit" nicht; der Jargon ist vielfach sehr redundant.

Differenzierungsangebot

Jobst-Ulrich Brand
Alles Gelaber oder was?

Egal, ob Hip-Hopper, Punk, Müsli oder Normalo: Wer zu einer der unzähligen Jugendgruppen gehören will, muss so reden wie die anderen. Nicht nur an ihrer Kleidung und Musik erkennen sich die Gleichgesinnten, sondern auch vor allem an ihren Jargons.
Damit wollen sich die Jugendlichen in erster Linie vom „guten Deutsch" der Eltern und Lehrer abgrenzen: „Sie distanzieren sich von der Erwachsenenwelt, indem sie

gegen deren Sprachnormen verstoßen", sagt die Düsseldorfer Sprachwissenschaftlerin Eva Neuland.
Dabei entwickeln die Kids bemerkenswerte Kreativität: Sie erfinden neue Begriffe [???], übernehmen Wörter aus dem Englischen [???] und setzen deutsche Wörter zu neuartigen Wendungen zusammen [???]. Angesichts der Wortspielereien ihrer Kinder warnen viele Eltern schnell vor „schlechtem Deutsch" und „Sprachverfall". Sie vergessen dabei, dass die Sprache nicht festgemauert in der Erde steht, unveränderlich bis ans Ende aller Tage, sondern sich weiterentwickeln muss, um einer sich immer schneller verändernden Welt gerecht zu werden. Für Sprachwissenschaftler ist die Jugendsprache ein wichtiger Motor dieses Sprachwandels. „Mit Twentyfluid no future für Pickel und Keime." Vor allem die Werbung übernimmt gern die Sprachspiele der Kids – und hat dabei den Marktfaktor Jugend fest im Blick. Wie Pickelkeime verbreiten sich die Trend-Wörter über die Medien und landen schließlich in den Lexika der Standardsprache. Wörter wie „abgefuckt", „affengeil" oder „ätzend" stehen zum Beispiel längst im Duden.
Für die Jugendlichen sind sie damit „out", zur Provokation der Alten untauglich, weil sie jetzt selbst ein Teil des „Erwachsenen-Gelabers" sind.

(aus: Stern 41/1993, S. 118)

1 An drei Textstellen stehen Fragezeichen in Klammern:
a) Sucht dafür jeweils passende Beispiele.

b) Erläutert Entstehung und Bedeutung der Ausdrücke.

2 Nennt mindestens fünf Gründe, warum Jugendliche und Jugendszenen sich häufig eine „eigene Sprache" zulegen.

3 Viele Ausdrücke aus der Jugendszene sind sehr schnelllebig. Könnt ihr dafür eine Erklärung finden?

4 Wie man „Verstärker" bilden kann:
- mit Metaphern: *gigantisch*
- durch Ergänzung üblicher Wörter: *voll genial*
- durch Präfixe: *hypernett*
- durch Wortartwechsel: *Das ist klasse!*
- ...

Sucht weitere Beispiele. Auch **negativer** Art.

5 **COOL** – Was bedeutet dieses Wort?
a) Nennt Beispiele; schlagt im Wörterbuch nach.

b) Beschreibt eine bestimmte „coole/uncoole" Person.

9.3 Voll im Bild – Metaphern

S. 208

◇2 Eine Metapher kann man als einen Vergleich, verkürzt um die Partikel „wie" verstehen:
Vergleich: J. Heinrich stoppt Balakov **wie** mit der Notbremse.
Metapher: J. H. zieht bei B. die Notbremse.

[3] Wirbelwind; an die Wäsche gehen; sich das Leder fischen; bombensicher; Turm in der Schlacht; Lufthoheit

[4] a) *alle Sicherungen brennen durch (Z. 4) – von der Tarantel gestochen (Z. 5) – aus dem Kasten stürmen (Z. 5–7) – an den Kragen wollen (Z. 8) – Gigantentreffen (Z. 18) – Black-out (Z. 20) – von den Sitzen reißen (Z. 23) – Power-Fußball (Z. 27) – verzaubern (Z. 23) – das magische Dreieck (Z. 32/33) – den Knock-out verpassen (Z. 37) – voll aufdrehen (Z. 44/45) – stürmen (Z. 46) – Super-Parade (Z. 49) – rundlaufen (Z. 54/55) – Traumkombination (Z. 57) – allererste Sahne (Z. 60)*

b) Die Bilder und Vergleiche machen den Stil der Reportage anschaulich, „deftig".

◇5

Metaphern	*Sportarten*
fest im Sattel sitzen	*Reitsport*
an der langen Leine laufen lassen	*Reitsport*
am Haken zappeln lassen	*Angelsport*
das war ein Blitzstart	*Leichtathletik*
ein Fehlstart	*Sport allg.*

[6] *immer am Ball sein* = auf der Höhe der Ereignisse sein; *die rote Karte gezeigt bekommen* = eine scharfe Warnung/den Ausschluss erhalten; *ins Abseits laufen lassen* = in die Irre gehen lassen; *den Libero spielen* = aus bedrängter Situation befreien; *auf dem falschen Fuß erwischt werden* = in unglücklicher Lage nicht reagieren können; *ein Eigentor schießen* = sich selbst benachteiligen

◇7 a) *den Ball auf den Fuß servieren* – ein Bombenschuss/Bombe zünden, abfeuern – die Mannschaft mauert – den Ball ins Dreieck hämmern – den Gegenspieler umsäbeln/die Beine wegsäbeln – eine Bombe auf die Latte setzen

Lernerfolgskontrolle/Themen für Klassenarbeiten

Vorschlag 1

Bravo TV am 9.2.1997

Moderatorin Jasmin Gerät sitzt mit den Füßen auf dem Sofa und kündigt eine Musikgruppe an:

Echt total witzig, also, als ich meine erste Show moderieren musste und so super aufgeregt war, ja, bin ich so – so in die Maske getrottet, dachte so: oh Mann, jetzt hab ich meine Kassette vergessen, damit ich, weil ich brauch' halt ab und zu so Musik, um einfach nur zu entspannen und auch mal – uhh – die ganze Nervosität wegzuschmeißen. Und ich sitz' so im Stuhl mit so dicken eitrigen Augen, ja, und auf einmal hörst du so Gitarrenklänge und so, Latino-Jungs singen, und klar, wer kann es sein? „No Mercy", ja „No Mercy" ist immer so die, die erste Band, die so anfängt in der Garderobe rumzuträllern, super schön, ich war dann auch super relaxed und entspannt, ja. Und mittlerweile sind die weltweit berühmt, bekannt und auch beliebt, und die geben wahnsinnig, sie starten echt durch. Jetzt haben sie wieder den neusten Song rausgebracht, „Please don't go", hat ja immer irgendwas damit zu tun bei den Jungs: Geh nicht oder bleib doch oder komm doch wieder zurück. Und wir waren bei den Dreharbeiten dabei in Miami, es gab so 'n paar Verzögerungen, weil ihr wisst ja, in Miami gibt's halt immer so Hurrikans oder

Tornados. Darum musste der Drehtermin um eine Woche verschoben werden, aber wir lassen uns nicht abschrecken, wir waren trotzdem nur für euch da.

(aus Andrea Fischer: Die Erhebung und Verarbeitung aktueller jugendsprachlicher Phänomene. 2. Staatsarbeit. Jülich 1997)

1 Schreibe alle jugendsprachlichen Ausdrücke heraus. Was ist damit gemeint?

2 Welche Wirkung soll mit den Ausdrücken erreicht werden? Erläutere das an ausgewählten Beispielen.

3 Nenne weitere jugendsprachliche Ausdrücke.
Anglizismen: *relaxed*
Metaphern/Vergleiche: *eitrige Augen*
Kurzwörter, Abkürzungen: *Alk*
Verstärker: *echt*
Szenewörter: *Halfpipe*
Verb → Nomen: *einen Hänger haben*
Nomen → Verb: *kübeln*

Vorschlag 2

Bilder in der Jugendsprache

1 *bombiges Wetter, der Typ ist 'ne Wolke, Kies in der Tasche, Knete auf der Bank ...*
a) Was bedeuten diese **Metaphern** aus der Jugendsprache?

b) Skizziere Zeichnungen, in denen diese sprachlichen Bilder wörtlich genommen werden.

2 Wodurch zeichnen sich die Sprachbilder der Jugendsprache gegenüber der Standardsprache aus?

3 Wähle aus folgender Liste jugendsprachlicher Metaphern Beispiele aus und erkläre ihre übertragene Bedeutung:

Auf den Putz hauen → angeben, laut werden
der hat 'nen Sprung in der Schüssel → der spinnt
Grufti → sehr alter Mensch (ab 30)
Lungenbrötchen → Zigarette
Programmabsturz haben → völlig durchgedreht sein
wegwabern → sich aus dem Staub machen
... → ...

abknutschen	Bullen	groovy	Polente	super
abgeschlafft	Clique	heiß	Puppe	Szene
Absahne	cool	Hobel	Putz	tierisch
abschnallen	da steh ich drauf	irre	Rabatz	top
Alter	drive	Karre	reinschmeißen	tschau
ankratzen	dufte	Kiste	rocken	tschüss
astrein	echt	Kluft	satt	Typ
ätzend	Flamme	lahm	Schnalle	unheimlich
aufreißen	gallig	Lappen	schnallen	voll
bin geplättet	gammeln	lässig	Schnecke	voll wahnsinnig
Bock haben	geil	Macker	Star	wuchtig
bombig	geplättet	Pauker	stark	Zahn
Boss	geschafft	Penne	sülzen	Zombie

4 Kann man auch als erwachsener Mensch noch Jugendsprache benutzen? Nimm dazu schriftlich Stellung.

Vorschlag 3

1 Erkläre die Bedeutung der folgenden Sprachbilder

Sprachbilder	*Bedeutung*
jemandem Sand in die Augen streuen	...
sich etwas hinter die Ohren schreiben	...
jemanden auf den Arm nehmen	
ein paar Schrauben locker haben	
jemandem etwas auf die Nase binden	
für jemanden die Kastanien aus dem Feuer holen	
sich ins gemachte Nest setzen	
jemanden hinters Licht führen	
jemandem einen Bären aufbinden	
ins Fettnäpfchen treten	

2 a) Ermittle und benenne aus der Zeichnung sechs Sprachbilder.

b) Erkläre ihre Bedeutung.

c) Erfinde zu den Sprachbildern kleine Situationen, auf die die bildliche Redewendung zutrifft.

2 a) Hasenfuß, Dreikäsehoch, gerupftes Huhn, Hahn im Korb, beleidigte Leberwurst, Pustekuchen

10 Grammatiktraining

Konzeption des Gesamtkapitels

Mit den Sachthemen dieses Kapitels werden die Schüler/innen als am öffentlichen Leben Beteiligte angesprochen: zum einen als Medien- und Modekonsumenten (10.1 und 10.3), zum anderen als mit der Berufsfindung Beschäftigte (10.2).
Im ersten Teilkapitel **(„Fehler, die ‚in' sind")** geht es um die Identifizierung und Klassifizierung häufiger Grammatikfehler (in den Medien).
Das zweite Teilkapitel **(„Fehler, die ‚out' sind")** widmet sich der angemessenen sprachlichen Bewältigung beruflicher Situationen mittels Satzgefügen, Relativsätzen, Infinitivsätzen, nominaler und verbaler Konstruktionen.
Teilkapitel 3 **(„Einen Standpunkt vertreten")** greift das Thema des sprachlich angemessenen Argumentierens auf.

	Texte/Gegenstände	Intentionen
S. 211	**10.1 Fehler, die „in“ sind** – Fehlerhafte Medientext-auszüge – Leserbrief zum Thema	– Grammatikfehler verschiedener Art in Medientexten identifizieren, gruppieren und korrigieren
S. 214	**10.2 Fehler, die „out“ sind** – „Der Beruf interessiert mich, weil …“ – Sicher durchs Betriebs-praktikum – Ein Beruf, der … – Morgens so früh aufzustehen, daran … – Speisen garnieren oder Speisengarnierung	– Sachverhalte differenziert mit Hilfe von Satzgefügen/Gliedsätzen darstellen – Relativsätze als Mittel der Attribuierung verwenden – den Infinitivsatz als stilistische Variante eines Gliedsatzes einsetzen – die Stilistik von Nominal- und Verbalstil erfassen
S. 224	**10.3 Einen Standpunkt vertreten** – Sich eine Meinung bilden – Überzeugend argumentieren	– sprachlich überzeugend argumentieren

10.1 Fehler, die „in“ sind

S. 212 1 a) Vgl. Lösung 2.

b) 6, 8, 9: Hier wurden die Fehler bewusst eingesetzt, um z. B. Kunden aufmerksam zu machen. Die anderen Beispiele sind „passiert“.

2

	Falsch	Richtig	Kommentar
1	Feuer ... hatte ... den Mietern ...	... hatte die Mieter	Falscher Kasus: nicht Dativ, sondern Akkusativ!
2	Für viele jungen Leute ... weil es ist viel billiger.	Für viele junge Leute ... weil es viel billiger ... ist.	Falsche Deklination Position des Verbs im Gliedsatz: Personalform am Ende
3	In vielen Länder ...	In vielen Ländern ...	Falscher Kasus: Dativ
4	... ist das halbe Leben	... sind das halbe Leben	Kongruenz von Verbform und Subjekt im Plural
5	Suche Tisch mit Stühle	... mit Stühlen	Falscher Kasus: Dativ
6	anriefende Beantworter	automatische Anrufbeantworter	falsche Wortwahl
	Ich übersetze dich ... von die Englisch nach die Deutsch ...	Ich übersetze dir/Ihnen jeden Text vom Englischen ins Deutsche.	Akkusativ-, Dativ-Verwechslung
	Bitte rede ... nach die Pfeifer	Bitte sprich/sprechen Sie nach dem Pfeifton	Akkusativ statt Dativ
7	... was sie wohl gefangen haben.	... was sie wohl gefangen hatten.	Tempusfehler: Perfekt statt (Vorzeitigkeit!) Plusquamperfekt
8	Das König ...	Der König ...	Falsches grammatisches Geschlecht (Neutrum statt Maskulinum).
9	Schüler helfen Schüler	Schüler helfen Schülern	Falscher Kasus: Akkusativ statt Dativ
	Ihr werdet geholfen	Hier wird euch geholfen	Kasus (Akkusativ statt Dativ) und Numerus (Plural statt Singular) falsch

S. 212 10

	Richies Version	Korrektes Deutsch	Kommentar
1.	Supa Richie wirft *den* Eis in Sand, sagt: „Hier, ist mit Krokant!“	*das* Eis	Nominativ und Akkusativ sind gleich – *das Eis*
2.	Das Müsliglas ist *zugeschräubt*, du kriegst es nicht mehr auf.	zugeschraubt	Hast du Probleme mit den zwei kleinen Punkten? Dann mach eine *Übung* dazu!

3. Ein Butterbrot mit Leberwurst, es fällt *dich* in den Dreck.	*dir*	**Wem** fällt etwas herunter? – Dativ!
4. und *fehltet* nur das Klopapier, Supa Richie rettet *dir*!	fehlte *dich*	fehlte – hier Konjunktiv II („würde fehlen") **Wen** rettet er? – Akkusativ!

S. 213

4 Der Leserbrief soll in der Klasse einen Anstoß zur Diskussion bieten: Sind Fehler „in"? Der Text lenkt das Augenmerk darauf, dass manche offenbar besonders „schwierige" grammatische Fehler entweder hingenommen oder vielfach gar nicht erkannt werden.

6

Fehlerkorrektur	**Kommentar**
des schlechten Wetters ...	*Genitiv nach der Präposition „wegen"*
obwohl	*Nicht Adverb „trotzdem", sondern Konjunktion (Einräumung) leitet Nebensatz ein.*
... er habe seine Jungen ... gelehrt	*Falscher Kasus: nicht Dativ, sondern Akkusativ in Verbindung mit dem Verb „lehren"*
... mehr gekämpft als bei ...	*Bei Steigerung nur „als"*
... ein guter Fußball gespielt wird.	*Falscher (Fall) Kasus: nicht Akkusativ, sondern Nominativ*
... das beste Spiel dieser Saison ...	*Das Adjektiv „optimal" kann nicht gesteigert werden.*
Ist unseren Fans schon geholfen ...	*Numerus (Plural statt Singular) und Kasus (Akkusativ statt Dativ) falsch*

S. 214

7 Z. 1 (besser): Sehr geehrte Dam**en**, sehr geehrte Herr**en** (= Plural)
Z. 5: ... sodass ich nach neue**m** Wohnraum ... (= Dativ)
Z. 8 f.: ... weil ich mich ... verändert **habe**. (= Endstellung des Verbs im Gliedsatz)
Z. 10: ... hat zu**r** Folge (= zu der Folge)
Z. 12: ... Gruppe der ... solventen Miete**r** (= Gen. Pl. ohne n)
Z. 16: ... in Verbindung **setzen**. (= Präsens, nicht Präteritum)
Z. 17: ... in eine**m** persönlichen Gespräch ... klären. (Dativ, nicht Akkusativ)
Z. 19: ... mit freundliche**m** Gruß (Dativ statt Akkusativ)

Auch **formal** ist das Schreiben zu beanstanden:
- Es fehlen Briefkopf und Betreff.
- Z. 1 steht links über.
- Z. 7 ist irregulär eingerückt; auch Z. 17.
- Z. 9 ist zu kurz.
- Z. 11 f. fehlt der Wortzwischenraum nach dem Punkt.
- Z. 14–17 Zeilenlänge ungünstig.

10.2 Fehler, die „out“ sind

S. 214 „Der Beruf interessiert mich, weil …“

1 / 2 *Ich helfe in den Ferien im Tierheim aus, falls sich die Möglichkeit bietet.*
Der GS nennt eine **Bedingung** für den HS. (= Konditionalsatz)

Ich kenne mich gut mit Kindern aus, da ich zwei jüngere Geschwister habe.
Der GS **begründet** den HS. (Kausalsatz)

Ich interessiere mich für diesen Beruf, obwohl die Arbeitszeiten teilweise ungünstig liegen.
Der GS versucht den Hauptsatz **einzuschränken**. (Konzessivsatz)

Ich habe in diesem Sommer an einem sechswöchigen Sprachkurs in England teilgenommen, damit ich meine Sprachkenntnisse verbessern konnte.
Der GS gibt an, was mit dem HS **bezweckt** wird. (Finalsatz)

Dieser Beruf ist für mich geeignet, weil ich das selbstständige Durchführen von chemischen Analysen interessant und abwechslungsreich finde.
Der GS **begründet** den HS. (Kausalsatz)

Ich half meinem Vater bereits in seiner Praxis, wo ich reichlich Erfahrung sammeln konnte.
Der GS nennt den **Ort** des Geschehens. (Lokalsatz)

An den Wochenenden arbeite ich in einem Altenheim, sodass ich die Aufgaben eines Altenpflegers praktisch kennen lernen kann.
Der GS gibt an, was aus dem HS **folgt**. (Konsekutivsatz)

Ich möchte gerne in diesem Beruf arbeiten, seit ich ein dreiwöchiges Betriebspraktikum in einem Chemielabor absolviert habe.
Der GS informiert **zeitlich** über den HS. (Temporalsatz)

Ich habe in dem Beruf „Fliesenleger/in“ erste Erfahrungen gesammelt dadurch, dass ich häufig meinem Onkel auf der Baustelle zur Hand gehen konnte.
Der GS nennt das **Mittel** für den HS. (Modalsatz)

S. 218 Sicher durchs Betriebspraktikum

2 / 4 Trage nicht zu weit geschnittene Kleidung, **wenn** du an Maschinen arbeitest. (Konditionalsatz)
Lange Haare können eine Gefahr sein, **wenn** sie nicht durch Kappe, Band oder Knoten gesichert sind. (Konditionalsatz)
Erkundige dich, **wie** du dich im Falle eines Unfalls zu verhalten hast. (Modalsatz)
Nimm Tipps in Sachen Sicherheit bereitwillig an, **weil** sie lebensrettend sein können. (Kausalsatz)
Uhren, Ringe, Schals und sonstige Schmuckstücke dürfen nicht getragen werden, **sofern** sie zu einer Unfallquelle werden können. (Konditionalsatz)
Beachte strikt jedes Verbotsschild, **da** es vor Unfällen bewahrt. (Kausalsatz)
Frage nach seiner Bedeutung, **wenn** du ein Schild nicht kennst. (Konditionalsatz)

Unfälle können vermieden werden, **wenn** man sich über Gefahren am Arbeitsplatz unterweisen lässt. (Konditionalsatz)
Setze nie Maschinen ohne Erlaubnis, Unterweisung und Aufsicht in Gang, **obwohl** du glaubst sie bedienen zu können. (Konzessivsatz)

Ein Beruf, der ...

S. 219

[1] Der Beruf des Reiseverkehrskaufmanns/der Reiseverkehrskauffrau ist ein Beruf, der besondere Sprachkenntnisse erfordert.
Reiseverkehrskaufleute organisieren z. B. Pauschalreisen, die als besonders günstige Angebote genutzt werden.
Jeder Verkauf setzt kundige Beratung voraus, die Fachkenntnisse über Reisemöglichkeiten und -länder notwendig macht.
Der Umgang mit Kursbüchern und Flugplänen ist Arbeitsalltag, bei dem man die wichtigsten Zoll-, Devisen- und Grenzbestimmungen kennen muss.
Ebenso gehört das Buchen von Hotelunterkünften, das heute weltweit geschieht, zu den Aufgaben einer Reiseverkehrsfachkraft.

Morgens so früh aufzustehen, daran ...

S. 220

[2] / [5] Die Schüler/innen werden die Satzanfänge sowohl mit **dass**-Sätzen als auch mit Infinitivkonstruktionen fortsetzen. Beides ist korrekt.
Da es in diesem Abschnitt um Infinitivkonstruktionen geht, sollten die Schüler/innen versuchen, **dass**-Sätze in Infinitivkonstruktionen umzuwandeln.

[3] Das Gemeinsame sind die Infinitivkonstruktionen.

[4] **Es** war ein komisches Gefühl, nachmittags zu arbeiten und erst gegen 17.00 Uhr nach Hause zu kommen. Das schafft ganz schön!
Das ganze Wochenende brauchte ich dann **dazu**, mich zu erholen.

Andererseits freue ich mich jeden Tag **darauf**, wieder in die Sparkasse zu gehen.
Für mich war **es** eine wichtige Erfahrung, für etwas selbst verantwortlich zu sein.
Ich musste mich erst **daran** gewöhnen, morgens so früh aufzustehen.

⟨6⟩ Im Allgemeinen ist die Umwandlung in **dass**-Sätze möglich. Das Ergebnis wirkt in der Regel „umständlicher“ als die Infinitivkonstruktion.

[7] 1) Das Freiwillige Soziale Jahr und das Freiwillige Ökologische Jahr bieten eine gute Chance sich nach der Schule zu orientieren! S. 222
2) Hier ist **es** möglich, seine eigenen Neigungen und Fähigkeiten für einen angestrebten Beruf herauszufinden.
3) Das FSJ gibt es seit mehr als 30 Jahren. Fast 11 000 Jugendliche verpflichten sich jährlich **dazu**, vor allem in Krankenhäusern, Kinder- und Pflegeheimen und in Einrichtungen für Behinderte zu arbeiten.
4) Ende 1993 wurde die Möglichkeit eingeführt im Umweltbereich mitzuwirken (FÖJ).

5) Heute nutzen etwa 1500 Freiwillige die Chance <u>ein FÖJ an einer ökologischen Station, bei einer öffentlichen Einrichtung oder bei einem anerkannten Umweltverband zu absolvieren</u>.
6) Jugendliche finden sich bereit <u>Biotope zu pflegen</u>.
7) <u>Um an diesen freiwilligen Diensten teilnehmen zu können</u> muss man zwischen 16 und 27 Jahren alt sein und Interesse an sozialem Engagement bzw. konkreter Umweltarbeit mitbringen.
   FSJ und FÖJ können sowohl in Deutschland als auch im europäischen Ausland geleistet werden.
8) <u>Um nähere Informationen zu erhalten</u> kann man sich bei einem der folgenden Träger melden …

(nach: Tipps für Schulabgänger. Bonner Presseverein 9/1999)

Auf die Infinitivsätze 2 und 3 wird im Hauptsatz mit den Hinweiswörtern **es** und **dazu** verwiesen; deshalb ist ein Komma nötig.
Die Infinitivsätze 7 und 8 sind vorangestellt.

S. 222 Speisen garnieren oder Speisengarnierung

2 a) **Kaufmann/Kauffrau im Groß- und Außenhandel**
Großhändler **kaufen** Ware beim Hersteller und **verkaufen** sie an Einzelhändler, Großverbraucher und Weiterverarbeiter. Sie **bearbeiten** Angebote und Aufträge als Wiederverkäufer. Sie **arbeiten** hauptsächlich im Büro und **ermitteln** dabei zum Beispiel Bezugsquellen und Warenbedarf, **prüfen** Rechnungen sowie Lieferpapiere und **kalkulieren** Verkaufspreise. Ebenso **planen** sie Marketingmaßnahmen und **bearbeiten** Reklamationen.
Pferdewirt/Pferdewirtin
[…] Pferdezucht und -haltung: Hier geht es vor allem um die sachgemäße **Versorgung** und **Betreuung** der Pferde. Die Tiere müssen auf ihre spätere **Verwendung** vorbereitet werden. Neben einem einfühlsamen Kontakt mit den Tieren ist die **Kenntnis** der züchterischen Grundlagen und ein gutes Auge für die Anlagen der Tiere nötig.
Reiten: Außer der täglichen **Versorgung** der Tiere sind das **Bewegen** und **Reiten**, das **Longieren** und das **Trainieren** für den Turniereinsatz (**Dressurreiten**, **Springen**, **Geländeritt** und anderes) wichtigste Aufgaben.
Rennreiten: Auch hier ist für den Rennreiter das **Füttern**, **Tränken** und **Pflegen** der Tiere sowie das **Reinigen** der Ställe tägliche Arbeit. Hinzu kommen das **Reiten** von Galopprennpferden in **Ausbildung** und **Training** sowie das **Reiten** als Jockey im **Rennen** mit allen Vorbereitungs- und Nacharbeiten.
Trabrennfahren: **Ausbilden** und **Trainieren** der Trabrennpferde gehören ebenso zum Arbeitsgebiet des Jockeys wie das **Fahren** im Sulky während eines Rennens. Darüber hinaus sind täglich alle Aufgaben der Pferdepflege zu erfüllen.

(nach: Beruf aktuell 2000/2001. Bundesanstalt für Arbeit. Nürnberg 2000, S. 244, S. 209)

b) Der erste Text enthält viele Verben (= Verbalstil), der zweite viele nominalisierte Verben (= Nominalstil).

3 <u>Kauf und Verkauf</u> von Waren … gehören zu den Aufgaben des Großhändlers. Dazu kommt die <u>Bearbeitung</u> … Die <u>Arbeit</u> geschieht hauptsächlich …, wobei es z. B. um das <u>Ermitteln</u>, … das <u>Prüfen</u> … und das <u>Kalkulieren</u> … geht. Auch die <u>Planung</u> … und <u>Bearbeitung</u> … gehört zu seinen Aufgaben.

Hier müssen vor allem die Pferde sachgemäß versorgt und betreut werden. ... muss man die züchterischen Grundlagen kennen ...
Reiten: Hierbei ist es wichtig, die Tiere zu bewegen und zu reiten, zu longieren und zu trainieren ... usw.

4 a) Text 1, 2: Verbalstil; Text 3, 4: Nominalstil

b) Text 1: ... habe ich das Verfassen von Schreiben, die Betreuung von Besuchern und die Aufnahme und Verarbeitung von Patientendaten gelernt.
(= stilistische Verschlechterung)
Text 3: ... zum Beispiel lernte ich, wie man Verbände anlegt, eine Patientenkartei führt und Formulare ausfüllt ...

10.3 Einen Standpunkt vertreten

Überzeugend argumentieren

S. 225

1 / 2 Im ersten Text stehen die Aussagen unverbunden nebeneinander; im zweiten Text werden sie sprachlich miteinander verknüpft, inhaltlich aufeinander bezogen:
Ein wichtiges Argument ist, dass modische Kleidung Selbstbewusstsein vermittelt. Wenn Jugendliche sich entsprechend den neuen Trends kleiden, werden sie meistens von Gleichaltrigen anerkannt. Denn durch die Bewunderung, die sie spüren, werden sie selbstbewusster. Das wird oft durch Beispiele in Modezeitschriften belegt.
Die Wirkung dieser sprachlichen und inhaltlichen Verknüpfungen machen den zweiten Text überzeugender.

3 a) Die meisten Jugendlichen kleiden sich gern nach der neuesten Mode. Denn dadurch sind sie aus ihrer Gruppe nicht ausgeschlossen, sondern gehören dazu. Wer z. B. statt der besonders beliebten grauen, schwarzen oder blauen Kleidung leuchtende Farben trägt, fällt wahrscheinlich aus dem Rahmen. Und wer will das schon?

b) Der Text wird anschaulicher, genauer, überzeugender.

4 Die Adverbien machen die Aussage in der Regel präziser, genauer.

5 a) Man kann seine Meinung sprachlich
- bekräftigen, unterstreichen: *besonders, sehr, ziemlich, gern, nämlich,*
- abschwächen: *niemals, kaum, vielleicht, manchmal, übrigens,*
- verallgemeinern: *meistens, immer, stets, häufig,*
- entgegensetzen, gegenüberstellen: *sondern, doch, andernfalls, weder ... noch, obwohl, dennoch, trotzdem.*

c) Zum Beispiel:
Jugendliche verstecken sich gelegentlich/oft hinter der Mode. Kleidung bestimmt häufig das Aussehen ... Mode ist nicht selten Geldmacherei.

11 Rechtschreibtraining

Konzeption des Gesamtkapitels

In der 9. Jahrgangsstufe treten mehr und mehr Prozesse kontrollierten Schreibens und selbstständiger Fehlervermeidung in den Vordergrund. Dabei geht es nicht nur um unterrichtliche Schreib- und Überprüfungssituationen, sondern auch um Texte für außerschulische Adressaten (Brief, (Praktikums-)Bericht/Mappe). Für die Jugendlichen gewinnt dieser Bereich an Bedeutung, da sie zunehmend entsprechende Situationen bewältigen sollen und gleichzeitig erfahren (haben), dass beim Schreiben in der Öffentlichkeit nur ernst genommen wird, wer fehlerfreie Texte vorlegt.
Das Kapitel will – wie die Trainingskapitel der vorangehenden Bände – die Fähigkeit der Schüler/innen zur eigenständigen Fehlersuche und Nutzung von einschlägigen Hilfsmitteln weiterentwickeln und die Bereitschaft zur kritischen Sicht auf eigene Textentwürfe erhöhen.
Um die Motivation der Schüler/innen fruchtbar zu machen, sollte Rechtschreibung grundsätzlich aus konkreten Sprachverwendungssituationen heraus thematisiert werden. Aus gegebenem Anlass ist das der **berufliche Zusammenhang**; über ihn ergeben sich fruchtbare Querverbindungen zu „Grammatiktraining" (Kapitel 10) und Kapitel 13.
Die Tipps und Fehlerschwerpunkte des Kapitels können einzeln oder nacheinander, individuell oder im Klassenverband genutzt und bearbeitet werden. Der Leistungsstand der Schüler/innen ist dabei ausschlaggebend. Weitere **Differenzierungsmöglichkeiten** ergeben sich aus den im Folgenden angebotenen **Differenzierungsangeboten**.

Literaturhinweise

Die neue Rechtschreibung. Regeln und Beispiele im Überblick. Cornelsen, Berlin 1996

Die neue Rechtschreibung. Trainingskurs für Abschlussklassen 9/10. Cornelsen, Berlin [4]2000

Die neue Rechtschreibung. Trainingskurs für Erwachsene. Cornelsen, Berlin [2]2000

Augst, Gerhard/Dehn, Mechthild: Rechtschreibung und Rechtschreibunterricht. Stuttgart 1998

Eichler, Wolfgang: Schreibenlernen – Schreiben – Rechtschreiben – Texte-Verfassen. Kamp, Bochum 1992

Naumann, Carl Ludwig: Rechtschreibwörter und Rechtschreibregelungen: Hilfen für die Erarbeitung eines lerngruppenbezogenen Grundwortschatzes, mit einem Erfahrungsbericht von Ingrid Niedersteberg. Soest [3]1990

	Texte/Gegenstände	Intentionen
S. 227	**11.1 Tipps zum Rechtschreiben**	– einen Brief nach Fehlern und Fehlergruppen analysieren und korrigieren
S. 227	Briefe fehlerfrei schreiben	– Strategien zur Fehlervermeidung entwickeln – den Umgang mit dem Wörterbuch schulen – eine Bewerbung fehlerfrei schreiben – individuelle Fehleranalyse und Berichtigung üben
S. 229	Zusammenschreiben – Plüschtiere von S. sind bärenstark – Tränenreiches, stundenlanges Kreischen – Türkisblauer Ozean und immergrüne Regenwälder – An alle Schüler/innen des 9er-Jahrgangs!	– zusammengesetzte Wörter erkennen – Groß- und Kleinschreibung von Zusammensetzungen erklären – Regeln der Zusammenschreibung festigen – Text durch Einfügen von Zusammensetzungen anschaulicher gestalten – vorliegendes Material in eigenen Texten verwenden
S. 232	Straßen und Plätze	– unterschiedliche Schreibungen von Straßennamen erkennen, erarbeiten und üben
S. 234	Training Kommasetzung	– fehlende Kommas nach Mustervorgabe einsetzen – Regeln der Kommasetzung bei Aufzählungen anwenden – Sätze mit Hilfe von Konjunktionen verknüpfen – Kommasetzung bei Satzgefügen erkennen und anwenden – Partnerdiktate üben
S. 238	Datum, Uhrzeit und die Kommas	– Kommasetzung bei Datum und Uhrzeit anwenden und festigen

	Texte/Gegenstände	Intentionen
S. 239	**11.2 Übungen zu Fehlerschwerpunkten**	– häufig benutzte Wörter aus Praktikumsmappen in verschiedenen Zusammenhängen anwenden
S. 239	Wörter aus der Praktikumsmappe	– Fremdwörter erklären – Verben und Adjektive aus Nomen bilden
S. 239	Berufsbezeichnungen	– Schreibung von Berufsbezeichnungen üben
S. 240	Die richtige Anrede	– die unterschiedliche Schreibweise von Anredepronomen erkennen – Anredepronomen regelgerecht im Lückentext ergänzen – Partnerdiktat üben
S. 242	Tage und Tageszeiten	– Schreibung häufig gebrauchter Zeitangaben erarbeiten und festigen – Wochentags- und Tageszeitbezeichnungen im Zusammenhang verwenden
S. 244	Nominalisierungen	– nominalisierte Verben und Adjektive erkennen – Verben und Adjektive nominalisieren – Lückentext durch Einfügen von Nominalisierungen vervollständigen
S. 246	Getrenntschreibung	– Regeln zur Getrenntschreibung festigen – Lückentexte vervollständigen – vorliegendes Wortmaterial in eigenen Texten verwenden

11.1 Tipps zum Rechtschreiben

Briefe fehlerfrei schreiben

S. 227

1 a)

Bewerbung um einen Praktikumsplaz als Industriekauffrau

Sehr geehrte Damen und Herren,

beim Arbeitsamt in Wuppertal habe ich erfahren, dass ihre Firma auch in diesem Jahr Praktikantinnen einstellt. Ich bewerbe mich deshalb bei Ihnen um einen Praktikumsplaz als Industriekauffrau.

Zurzeit besuche ich die Gertrud-Bäumer-Realschule in Wuppertal, die ich vorausichtlich im Juli 2002 verlasen werde.
In den Ferien absolwierte ich ein Betriebspraktikum bei der Firma Erbschlö in Wuppertal. Dort lernte ich ansazweise auser dem Kalkulieren von Kosten auch das Bearbeiten von Aufträgen. Dadurch ist mein Interese an diesem Beruf noch größer geworden.
Vor dem Praktikum hatte ich mich schon bei der Berufsberatung im Berufsinformazions-zentrum über die Ausbildung zur Industriekauffrau invormiert.

Über eine einladung zu einem Vorstellungsgespräch würde ich mich sehr freuen.

Mit freundlichen Grüßen

Nina Becker

Anlagen
Lebenslauf
Lichtbild
Fotokopie des lezten Schulzeugnisses

d)

Ninas Fehlerschwerpunkte	Anzahl der Fehler	Fehlerwörter korrigiert
Groß- und Kleinschreibung	2	Ihre (Z. 11) Einladung (Z. 21)
Fremdwörter	4	absolvierte (Z. 16) Interesse (Z. 18) Berufsinformationszentrum (Z. 19f.) informiert (Z. 20)
s-Laute	4	voraussichtlich (Z. 14) verlassen (Z. 15) außer (Z. 17) Interesse (Z. 18)
z-tz	4	Praktikumsplatz (Z. 9, 12) ansatzweise (Z. 17) letzten (Z. 27)

S. 229 Zusammenschreiben

1 Es handelt sich um Zusammensetzungen aus „Nomen + Nomen“ und „Nomen + Adjektiv“. Zusammengesetzte Adjektive haben als letzten Bestandteil ein Adjektiv/Partizip und werden deshalb kleingeschrieben.

2

Nomen + Nomen	Nomen + Adjektiv/Partizip
Plüsch + Tier	*bären + stark*
Plüsch + Tier + Hersteller	*kind + gerecht*
Geschäfts + Führer	*welt + bekannt*
Spiel + Waren + Messe	*jahre + lang*
Branchen + Trend	*welt + weit*
Ertrags + Lage	*preis + bewusst*
Sammler + Figuren	*preis + stabil*
Lizenz + Figuren	
Spiel + Waren	
Wachstums + Markt	
Plüsch + Tier + Fans	
Preis + Erhöhungen	
Plüsch + Bären	
Geld + Beutel	

3

Zusammengesetztes **Nomen**	Zusammengesetztes **Adjektiv**
Samstagabend	*tränenreiches*
Kölnarena	*stundenlanges*
Jugendmagazin	*ohrenbetäubendem*
Leserpreis	*weltweit*
Veranstalterangaben	*lautstark*
Jugendveranstaltung	*tränenselig*
Musikveranstaltung	*schreiblustig*

4 Wichtig ist, dass der zweite Bestandteil ein kleingeschriebenes Adjektiv ist, dann wird auch die Zusammensetzung als Adjektiv kleingeschrieben.

5 Zum Beispiel: wunderschönen (Regenwäldern), türkisblauen (Lagunen), atemberaubende (Gesang), umfangreichem (Bordbuch), reiseerfahrene (Segler), farbenprächtige (Eiland), klangvollen (Namen), riesengroßen (Schiffsankern), wundervollen (Weite), kilometerlange (Sandstrände), türkisblaue (Ozean), reisefrohe (Urlauber)

6 irgendwann – irgendwo – irgendwie – irgendwer – irgendjemand – irgendwelche – irgendwem – irgendetwas – irgendwas – irgendwelche – irgendwann

Straßen und Plätze

S. 232

3 Meistens entstehen unmittelbare Zusammensetzungen.
Besonderheiten:
- Werden die Adjektive **lang, hoch/hohe, alt, kurz, neu** gebeugt, schreibt man sie groß und vom ff. Wort getrennt (**Hohe Promenade, Lange Kuhle, Kurze Gasse** usw.)
- Mehrteilige Namen mit mehreren Bindestrichen:
Turnvater-Jahn-Platz, Sophie-Charlotte-Allee

4 Unter den Linden
Neuer Pfad
Breite Straße
Obere Bahnhofstraße
Untere Parkstraße
Kurzer Weg
Kleiner Hofweg
Auf der Zitadelle
Langgasse
(oder: Lange Gasse)
Grünstraße
(oder: Grüne Straße)
Oberallee
(oder: Obere Allee)

5 Achtung: Bis auf den Artikel werden alle Bestandteile großgeschrieben!

6 Es gilt durchgehend Getrenntschreibung.

Differenzierungsangebot

1 Schreibt die Straßennamen regelgerecht und ordnet sie in die Tabelle:

Zusammenschreibung	Getrenntschreibung	Bindestrich-Schreibung

breslauerring, imwiesental, annefrankweg, zurschönenaussicht, robertkochallee, grünweg, amaltenhafen, berlinerallee, amseedeich, markthallenstraße, theodorstormstraße, münchnerplatz, großewallstraße, amselweg, bebelplatz, annenstraße, käthekollwitzplatz

1

Zusammenschreibung	Getrenntschreibung	Bindestrich-Schreibung
Grünweg	Breslauer Ring	Anne-Frank-Weg
Markthallenstraße	Im Wiesental	Robert-Koch-Allee
Amselweg	Zur Schönen Aussicht	Theodor-Storm-Straße
Bebelplatz	Am Alten Hafen	Käthe-Kollwitz-Platz
Annenstraße	Berliner Allee	
	Am Seedeich	
	Münchner Platz	
	Große Wallstraße	

S. 234 Training Kommasetzung

1 Traumjob …?

Imke war jung, vielseitig, fantasievoll und begeisterungsfähig. Als ihr die Inhaberin einer Werbeagentur einen kreativen, zukunftsorientierten und nicht schlecht bezahlten Job anbot, sagte Imke zu.
In der ersten Zeit entwarf sie kleinere Texte, Ideen für Spots und Bilder. Schnell merkte sie, dass in diesem Beruf nicht nur Einfälle, sondern auch Hartnäckigkeit, Ausdauer und Fleiß gefragt waren.
Mehr als die Realisierung einzelner Projekte lag ihr die Organisation. So ergab es sich fast von selbst, dass sie die nächste Werbekampagne entwarf, die Terminplanung der kleinen Agentur organisierte und auch noch die Verantwortung für die schriftliche Korrespondenz übernahm.
Ob Imke damit wirklich ihren „Traumjob" gefunden hat?

2 Berufe im hauswirtschaftlichen Bereich

Es gibt viele Formen hauswirtschaftlicher Betriebe, in denen Fachkräfte leitende, planerische, beratende oder auch ausführende Aufgaben erfüllen. Sie werden gebraucht in Betriebskantinen, Werksküchen, Kasinos und Messebetrieben, in Kinder-, Jugend- und Altersheimen, Krankenhäusern, Sanatorien und Erholungsheimen.

Überall dort, wo Menschen in größeren Gemeinschaften leben, gepflegt und versorgt werden, sich erholen oder arbeiten, fallen vielfältige hauswirtschaftliche Arbeiten an. Die Mahlzeiten sind nach den Erkenntnissen der Ernährungswissenschaft für Gesunde und Kranke, für Kinder und alte Menschen zuzubereiten.
Die Wäsche muss gepflegt und ergänzt werden, es ist einzukaufen und abzurechnen, Mitarbeiter sind anzuleiten und Praktikanten auszubilden.

Um den Anforderungen in diesen Berufen gerecht zu werden, sind Organisationstalent, körperliche Belastbarkeit, Geduld und Einfühlungsvermögen notwendig.

(nach: Beruf aktuell 2000/2001)

Differenzierungsangebot (Komma bei Aufzählungen)

1 a) Schreibt den nützlichen Merktext zum Lebenslauf ab und setzt alle (9) fehlenden Kommas ein.
<u>Der ausführliche Lebenslauf soll</u>
- alles Wesentliche enthalten **(,)** nur Fakten (Tatsachen) nennen und unnötigen Ballast fortlassen;
- die Tatsachen in logischem Zusammenhang **(,)** in richtiger zeitlicher Abfolge und in überschaubarer Gliederung darstellen;
- in einfachem **(,)** klarem Deutsch geschrieben sein;
- keine Fehler in Rechtschreibung **(,)** Grammatik oder Zeichensetzung enthalten;
- sauber **(,)** ordentlich und exakt in seiner äußeren Form sein;
- keine persönlichen Ansichten **(,)** Gefühle **(,)** Vorlieben **(,)** Abneigungen **(,)** Meinungen und Einstellungen beinhalten.

2 Fallen euch weitere Kriterien ein? Erweitert die Liste! Achtet auf Aufzählungen und Kommas.

Zur Berufswahl

S. 236

2 Eine Berufsentscheidung, die das ganze Leben beeinflusst, muss gründlich überlegt werden.
Dabei spielen die Zukunftsperspektiven, die der Beruf bietet, eine entscheidende Rolle.
Die Berufsberatung kann Jugendlichen, die noch keine genauen Vorstellungen von ihrem zukünftigen Beruf haben, helfen.
Nicht zuletzt muss das Bewerbungsschreiben, das ausschlaggebend für das Vorstellungsgespräch sein kann, sorgfältig angefertigt sein.

Worüber sich Praktikant/inn/en unterhalten

S. 236

3 Ich möchte später in einem Metallberuf arbeiten, obwohl ich jetzt eine Praktikumsstelle als Gärtner habe. = **nachgestellter Gliedsatz**
Ich mach dann halt, obwohl ich einen kaufmännischen Beruf ergreifen möchte, mein Praktikum in diesem Kindergarten. = **eingeschobener Gliedsatz**
Ich, der medizinisch so interessiert ist, finde keinen Praktikumsplatz in einer passenden Praxis! = **eingeschobener Relativsatz**
Da ich von zwei Sendeanstalten eine Absage bekam, mache ich nun mein Praktikum bei der Stadtzeitung. = **vorangestellter Gliedsatz**
Die Arbeit, die ich in dem Hotel machen muss, entspricht leider gar nicht meinen Vorstellungen. = **eingeschobener Relativsatz**
Bevor ich mich auf den Beruf Werkzeugmacher konzentriere, möchte ich in den Ferien noch ein weiteres Praktikum machen. = **vorangestellter Gliedsatz**

Der erste Eindruck – die Bewerbungsmappe

S. 237

Die erste Seite ist der Lebenslauf, auf der Mappe liegt das Anschreiben. Der Briefumschlag ist ein DIN-C4 mit Fenster, damit Sie ihn nicht mit der Hand beschriften oder mit Etiketten bekleben müssen. Der Umfang der Mappe sollte zehn Seiten nicht überschreiten. Achten Sie darauf, ihre Unterlagen durchzublättern, und schauen Sie, ob niemand Kommentare dazugeschrieben hat, bevor Sie sie wieder verschicken. Sicherheitshalber sollten Sie die alten Kopien vernichten und durch neue ersetzen.
Es gibt Personalentscheider/innen, die an den Bewerbungsunterlagen riechen! Dadurch lässt sich feststellen, ob sich ein/e Raucher/in bewirbt. Das kann besonders für amerikanische Unternehmen, aber auch für Nichtraucherbüros wichtig sein.
Abgesehen davon, **dass** Ihre Bewerbung ordentlich aussehen sollte, muss sie auch vollständig sein. Ein Zeugnis, das fehlt, wird als vermutlich schlechtes Zeugnis angesehen, das Sie nicht zeigen möchten. **Wenn** Sie Ihre Bewerbung abschicken, **obwohl** Sie das Zeugnis noch nicht haben, seien Sie aktiv und weisen direkt darauf hin, **dass** das Zeugnis fehlt und warum. Erklären Sie, **dass** Sie es nachreichen, **sobald** Sie es haben.
Machen Sie ordentliche Passbilder! Es lohnt sich, zu guten Fotografen zu gehen: Die rücken Sie optimal ins Bild und passen auf, **dass** Sie nicht unvorteilhaft aussehen. Sie können diese „guten" Bilder, **von denen** Sie in der Regel ein Negativ erhalten, immer wieder preiswert nachmachen lassen.

(nach: Frankfurter Rundschau, 30.10.1999)

S. 238 Datum, Uhrzeit und die Kommas

1 a)

Felix
- Datum ohne Artikel
- kein Komma nach der Uhrzeit

Klassenlehrer
- Datum mit Dativ-Artikel
- kein Komma nach Uhrzeit

Vorstellungsgespräch
- Datum mit Akkusativ-Artikel
- ein Komma nach Uhrzeit

b) Alle Varianten sind korrekt!

5 a) Aktivität – Tätigkeitsdrang
Kooperation – Zusammenarbeit
Negation – Verneinung, Ablehnung
Qualität – Güte, Wert, Beschaffenheit
Information – Nachricht, Mitteilung
Produktion – Herstellung
Intensität – Stärke, Kraft
Situation – (Sach-)Lage, Stellung, Zustand
Dekoration– Ausschmückung, Ausstattung
Passivität – Untätigkeit, Teilnahmslosigkeit
Kreativität – das Schöpferische, Schöpferkraft
Kommunikation – Verständigung
Praktikant/in – in praktischer Ausbildung Stehende/r

b) Aktivität – aktiv, aktivieren
Kooperation – kooperativ, kooperieren
Negation – negativ, negieren
Qualität – qualitativ, qualifizieren
Information – informativ, informieren
Produktion – produktiv, produzieren
Intensität – intensiv, intensivieren
Situation – situativ, situieren
Dekoration – dekorativ, dekorieren
Passivität – passiv
Kreativität – kreativ (kreieren)
Kommunikation – kommunikativ, kommunizieren
Praktikant/in – praktisch, praktizieren

11.2 Übungen zu Fehlerschwerpunkten

S. 240 Die richtige Anrede

1 *Lieber Fabian,*

hast du auch gelesen, was gestern in der Zeitung stand?
Die wollen die Eisbahn schließen!

Das heißt, dass du, ich, wir alle demnächst immer nach Wiehl ausweichen müssen.
Nur – wer fährt uns dort hin? Meine, deine Eltern?
Ich will einen Protestbrief an die Stadtverwaltung schreiben.
Ich weiß, dass dir unsere Eisbahn auch wichtig ist.
Machst du mit?

Bis dann!
Dein Michael

Schließung der Eisbahn

Sehr geehrte Damen und Herren,
vor zwei Tagen wurde in der Zeitung über die geplante Schließung unserer Eisbahn berichtet.
Nehmen Sie bitte zur Kenntnis, dass wir im Namen vieler Jugendlicher gegen diese Maßnahme protestieren.
Ist Ihnen nicht klar, dass die Eisbahn für uns eine der wenigen Möglichkeiten ist unsere Zeit sinnvoll zu gestalten?
Die Erhaltung der kleinen Eisbahn ist im Interesse aller Bürger/innen!

Wir erwarten eine Antwort von Ihnen.

Im ersten, privaten Brief sind alle Anredepronomen **klein-**, im zweiten, offiziellen Brief sind sie **großgeschrieben**.

2 Ihnen – Sie – Ihren – ihre – Ihnen – Ihre – Sie – sie
euch – ihr – euch – dir – deinem – Sie – Ihrem – du – ihr – deinen – du – Ihrer – eurer

Tage und Tageszeiten

S. 242

1 (Spanien-) Montag – Abend – Samstagmorgen – Abend – Freitag – dienstags – morgen – heute – Nacht – morgen – Frühe – Mittwochmorgen – nachmittags – Nachmittag – Abend

2

einfache Tageszeit	doppelte Tageszeiten	mit -s	Nomen	Zusammensetzung
morgen heute morgen	gestern Abend morgen Abend morgen Nachmittag heute Abend	dienstags nach- mittags	am Montag am Freitag zur Nacht in der Frühe	am Samstagmorgen nächsten Samstagmorgen am Mittwochmorgen

3 morgen – heute – Freitagmorgen – Am späten Vormittag – abends – am nächsten Morgen – am frühen Nachmittag – am Samstagmorgen – morgens – Morgen – gegen Mittag – zum frühen Abend – morgens

Differenzierungsangebot

1 Max kommt vor lauter Terminen kaum noch zum (Schul-)Arbeiten!
Das Fußballtraining …, die Freunde …, die Gitarre … Er versucht sich einen **Arbeitsplan** zu machen:
– *Termine, die an den einzelnen Tagen nachmittags anstehen, in einen Wochenplan eintragen (Fußballverein, Klarinette üben, Klarinettenstunde)*
– *mit Hilfe des Stundenplans festlegen, wie viel Hausaufgaben nachmittags jeweils für den nächsten Schultag anfallen (Tage mit mehreren Hauptfächern?)*
– *Arbeit verteilen: da dienstags ab 17.00 Uhr Training ist, montags vorarbeiten*
– *morgens in der Schule: am Ende jeder Unterrichtsstunde die Hausaufgaben schriftlich notieren.*

Solch ein Organisationsplan hilft jedem, die Zeit geschickter zu nutzen. Führt Max' Notizen weiter. Verwendet für die Zeitangaben vor allem **Adverbien** auf **-s**. Sie bezeichnen wiederkehrende Abläufe: *morgens, mittags, nachmittags, … montags, dienstags …*

2 a) Ordnet die folgenden Zeitangaben nach Groß- und Kleinschreibung in einer Tabelle: heute – am Montag – montags – jeden Dienstagvormittag – am letzten Samstag – übermorgen – von Mittwochabend bis Freitagmittag – am frühen Abend – nachts – gestern Nacht – nachmittags – den ganzen Vormittag über – morgen früh – spätabends

b) Wie sah dein persönlicher Arbeitsplan in den letzten beiden Schultagen aus? Notiere die einzelnen Schritte und gib dabei die Tageszeiten an.

S. 244 Das Faszinierendste am Tauchen …

1 a)

nominalisierte Verben	**nominalisierte Adjektive**
das Tauchen	*alles Gute und Liebe*
das Schwimmen	*etwas Schönes*
das Erleben	*viel Aufregendes und Interessantes*
das Auftauchen	*das Faszinierendste*
ihr Erscheinen	
das Betrachten	
das Leuchten	

b) Zum Beispiel:
Mein Hobby war Schwimmen ja schon immer, doch die Unterwasserwelt zu erleben ist noch besser.
Inzwischen hab ich mich daran gewöhnt, dass sie so zahlreich erscheinen.
Die wunderschönen Korallen zu betrachten und die prächtigen Farben satt leuchten zu sehen ist vielleicht …

2 Immer Großschreibung: im **W**esentlichen, im **G**roßen und **G**anzen, im **A**llgemeinen, im **E**inzelnen

4 Auf die durchgängige Großschreibung der nominalisierten Verben achten!

5 fürs **S**chwitzen – **A**nraten – zum **E**rreichen – zum **R**ingen oder **B**oxen – an **D**ehnen, **B**eugen und **S**trecken – das **Z**ählen

6 Auf die Großschreibung der nominalisierten Adjektive achten!

Zusammen sein und getrennt schreiben

S. 246

1 a) bekannt machen – fertig sein – Musik hören – Rad fahren – Computer spielen – kennen lernen – teilen wollen – zusammen sein – Eis essen – stehen lassen – kennen lernen

b) Der zweite Bestandteil ist immer ein **Verb**.

2 **Waagerecht:** Recht haben – Pleite gehen – Schlange stehen – Boot fahren
Senkrecht: Not leiden – Leid tun – Folge leisten – Rat suchen

3 / 4 Strikte Getrenntschreibung beachten!

5 *zurück sein* *rechnen lassen* *Kopf stehen*
pleite sein *sitzen bleiben* *Fuß fassen*
vorüber sein *lieben lernen* *Maß halten*
zufrieden sein *Eis laufen*

12 Rund um Goethe – ein Projekt

Konzeption des Gesamtkapitels

Der Schwerpunkt dieses Projekt-Kapitels liegt auf dem „jungen Goethe" mit schülerorientiert biografischem Einstieg im ersten Teilkapitel **(„Johann Wolfgang")**.
Demgegenüber geht es im textorientierten zweiten Teilkapitel **(„Sein erster Hit")** um Goethes Briefroman „Werther" und die moderne Adaption von Ulrich Plenzdorf.
Im dritten Teilkapitel schließlich **(„Kein Erlkönig")** beschäftigen sich die Schüler/innen produktiv mit Gedichten (Balladen) von Goethe bzw. modernen Anverwandlungen.
Die meisten Texte unserer „Klassiker" sind sprachlich und gedanklich sehr anspruchsvoll. Dennoch ist es wichtig, dass die Schüler/innen sich früh ein erstes Bild machen, in das sie spätere Kenntnisse „eintragen" können. In diesem Sinne soll in diesem Kapitel durch den projekthaften Umgang mit Gedichten, Balladen und Auszügen aus Roman und Lebensbeschreibung eine erste ausführliche Begegnung mit dem Menschen und Autor Goethe stattfinden.
Zum **Projekt** allgemein vgl. „Wegweiser durch ein Projekt" ganz am Ende von „Deutschbuch 9".

Literaturhinweise

Fischer-Lamberg, Hanna (Hg.): Der junge Goethe. Verlag W. de Gruyter, Berlin 1999

Friedenthal, Richard: Goethe. Sein Leben und seine Zeit. Piper Verlag, München 1963

Goethe, Johann Wolfgang: Die Leiden des jungen Werthers. Bd. 1: Text und Arbeitsteil mit Materialien. Bd. 2: Lehrerheft mit Unterrichtsvorschlägen. Cornelsen Verlag, Berlin 1996

Goethe, Johann Wolfgang: Gedichte. Hg. und komm. von E. Trunz. Beck, München 1999

Goethe, Johann Wolfgang: Die Leiden des jungen Werther. CD-ROM, Reclam-Klassiker 1995 (ISBN 3-15-100002-9)

Hansen, Volkmar (Hg.): Ideen und Einfälle zu Goethe. Schülerwettbewerb. Goethe Museum, Düsseldorf 1998

Henscheid, Eckhard/F. W. Bernstein (Hg.): Unser Goethe. Ein Lesebuch. Diogenes, Zürich 1982

Klinger, Eva: Warte nur, balde ruhest du auch. Ein Goethe-Krimi. Rütten & Loening, Berlin 1997

Nicolai, Heinz: Zeittafel zu Goethes Leben und Werk. Fischer Bücherei 617, Frankfurt/M. 1964

Praxis Deutsch 156/1999: Goethe

Segebrecht, Wulf: J. W. Goethe. „Über allen Gipfeln ist Ruh". Texte, Materialien, Kommentar. München 1978

Wende, Waltraud: Goethe-Parodien. Zur Wirkungsgeschichte eines Klassikers. Verlag für Wissenschaft und Forschung, Stuttgart 1996

	Texte/Gegenstände	Intentionen
S. 249	**Rund um Goethe** – Goethe-Mind-Map – Nina trifft Goethe	– ein Projekt planen, durchführen und präsentieren – das vorgegebene Material sichten, die unterschiedlichen Angebote als „Bausteine“ begreifen und sich für einen Teil davon als Kern einer aktiven weiterführenden Beschäftigung entscheiden
S. 251	**12.1 Johann Wolfgang** – *J. W. Goethe:* Das Erdbeben von Lissabon Der Unterricht Kinderkrankheiten	Dabei im Einzelnen: – das Erdbeben von Lissabon als prägend für den jungen Goethe und ansatzweise auch als epochale Erschütterung begreifen – Unterricht damals und heute wertend vergleichen – Kinderkrankheiten und ihre Auswirkungen damals und heute vergleichen
S. 256	**12.2 Sein erster Hit** – Werthers Leiden zieht Verliebte in den Tod – *J. W. Goethe:* Die Leiden des jungen Werthers (1774) – *Ulrich Plenzdorf:* Die neuen Leiden des jungen W. (1972)	– Goethes „Werther“ ansatzweise als Epoche machendes Werk begreifen und es – auch in seiner Wirkungsweise und Rezeptionsgeschichte – in Beziehung setzen zu heutigen „Bestsellern“ – in Auszügen eine der vielen Nachdichtungen kennen lernen und sich – wenn organisatorisch möglich (Videokassette) – mit der filmischen Umsetzung auseinander setzen
S. 260	**12.3 Kein Erlkönig!** – *J. W. Goethe:* Johanna Sebus (1809) – *J. W. Goethe:* Klaggesang von der edlen Frauen des Asan Aga (1775)	– zwei frühe Balladen Goethes kennen lernen, die biografischen Spuren der „Johanna Sebus“ verfolgen sowie wichtige Elemente des kulturellen Hintergrundes der „Asan Aga“-Ballade herausarbeiten – vielleicht aber auch die provozierende Überschrift des Teilkapitels „Kein Erlkönig!“ zum Anlass nehmen, dieser berühmten Ballade in Literatur und Musik nachzuspüren
S. 264	**In der Lyrikwerkstatt** – *J. W. Goethe:* Wanderers Nachtlied (1780) – *Günter Kunert:* Schon einen Hauch (1963) – *Japanisch/Schulisch:* Wanderers Nachtlied – *J. W. Goethe/Erich Kästner:* Kennst du das Land …? – Goethe-Quiz	– in der „Lyrikwerkstatt“ eigene Parallelgedichte, Parodien, Karikaturen zu den vorgegebenen Ausgangstexten schreiben (zeichnen) – ein Goethe-Quiz basteln und als Aufgabe präsentieren

S. 249 Dem Teilkapitel 12.1 sind unterschiedliche Materialien vorangestellt, die einen mehrschrittigen Einstieg in das angestrebte **Projekt** ermöglichen:
- eine **Collage** aus 8 Teilen
- eine **Mind-Map**
- eine **Text-Bild-Collage** mit Bezug zu Frankfurt/M. als Geburtsstadt Goethes und Weimar als „der“ Goethe-Stadt

Dabei repräsentiert die vorangestellte Collage (S. 249) neben dem Goethe-Schiller-Denkmal die tradierte Präsentationsform eines literarischen Klassikers (Buch, Lektüre), aber auch die vielfältigen neuen Möglichkeiten (Computer, CDs, Internet).

S. 251 Um den Kontext des Text-Ausschnitts auf S. 251 deutlicher werden zu lassen, folgt hier ein längerer Abschnitt aus dem Beitrag mehrerer Schüler/innen eines Münsteraner Gymnasiums anlässlich einer Klassenfahrt nach Weimar:

Steffi verkauft Poster, Nina trifft Goethe

Weimar, so könnte man meinen, ist als Stadt der deutschen Klassik mit seinem musealen Charakter eher ein Ort für fotografierende Touristen, für bildungshungrige Akademiker-Familien oder für Japaner und Amerikaner, die Deutschland kennen lernen wollen. Dass Weimar aber auch eine Stadt ist, in der viele Jugendliche zu finden sind, nicht nur solche, die eine Klassenfahrt oder Studienreise in die Stadt an der Ilm unternehmen, wird meist übersehen. Die bestehenden Hochschulen mit ihren zahlreichen Studenten tragen dazu bei, dass Weimar eine junge Stadt ist. Zahlreiche Cafés, Kneipen und gemütliche Lokale, deren Zahl nach der Wende stetig zunimmt, tragen dazu bei, dass Weimar auch für Jugendliche langsam zu einem Ort wird, in dem man arbeiten, wohnen, leben kann. Wenn man Weimar einen Besuch abstattet, so hat man natürlich als Jugendlicher das Bedürfnis, Kontakte zu knüpfen, andere Jugendliche kennen zu lernen. Dieser Wunsch wird gerade im Hinblick auf die neuen Bundesländer noch dadurch verstärkt, dass wir als „Wessis“ natürlich auch gerne erfahren möchten, wie Jugendliche vor der Wende in der DDR gelebt haben, wie sie den politischen Wechsel erlebt haben und wie sei heute als Jugendliche im Bundesland Thüringen leben.

Es ist sicher gut und wichtig, sich Gedanken zu machen über Menschen, die man nicht kennt und für anders, als man selber ist, einschätzt. Fernsehsendungen und Zeitungsberichte sind die oft zur Verfügung stehenden Quellen, die häufig unbewusst, aber unwiderstehlich an dem Bild arbeiten, das wir uns von unseren Mitbürgern im östlichen Teil unseres Landes machen. Und irgendwo im Hinterkopf sind jedem von uns die Brandsätze werfenden Jugendlichen in Hoyerswerda, Rostock ... noch vor Augen, bewusster vielleicht als die aus Mölln und Solingen – in unserer direkten Umgebung scheint doch alles so ruhig zu sein.

Und dann sind wir mitten in Weimar und treffen Maren, Christine, Jens, Mark und Sandy. Wir unterhalten uns mit Steffi und Tobias – sie alle sind Jugendliche, die in der DDR aufgewachsen sind, die Wende erlebt haben und sich in neuer Umgebung zurecht finden sollen.

Maren und Christine kommen uns auf Weimars Haupteinkaufsstraße, der Schillerstraße, entgegengeschlendert. Sie sind 15 und 16 Jahre alt und „haben natürlich Zeit“, sich etwas mit uns zu unterhalten. In „Weimar“, erzählen sie uns, „gefällt es uns gut. Früher war es ruhiger, wenn wir hier rumgegangen sind. Und heute ist halt etwas mehr los, aber es gefällt uns immer noch.“

Es ist schon bemerkenswert, wie leicht wir mit ihnen ins Gespräch kommen. Äußerlich sehen sie nicht anders aus als zwei Mädchen, die uns heute oder morgen auf dem Westenhellweg in Dortmund, der Hohen Straße in Köln oder der Salzstraße in Münster entgegenkommen könnten. Kleidung, Haarschnitt – das alles wirkt ruhig auf uns, weil es uns bekannt ist. Und als wir sie weiter befragen, beginnen sie zu erzählen.

„Abends kann man in Weimar nicht so viel machen. Es gibt hier den „Schützen“, das ist eine Diskothek, und den „Kasse-Turm“, eine Studentenkneipe, in der dann und wann auch kleinere Konzerte gegeben werden. Wir waren auch schon mal in der Kneipe ‚Nina trifft Goethe‘, wo viele Studenten sind. Aber meistens treffen wir uns abends mit Freunden irgendwo zu Hause und unterhalten uns.“

Auf die Frage, was sich in jüngster Zeit in ihrer Umgebung verändert habe, erzählen sie weiter: „Es gibt jetzt schon mehr Jugendgruppen. Hier in der Altstadt sind eigentlich mehr Studenten und Linke. Die Rechten sind eher im Norden der Stadt. Da haben die auch ihre Stammkneipe, den ‚Wagon‘. Außerdem haben wir hier auch Rapper und so. Aber die fahren häufig in andere Städte. Halle zum Beispiel, wo mehr los ist. Bei uns in der Stadt hat sich auch schon etwas verändert, es wird jetzt viel mehr gebaut und restauriert.“

Diesen Eindruck haben wir auch: Weimar ist eine Kleinstadt mit Atmosphäre, die Häuser in der Innenstadt wirken gepflegt und aufeinander abgestimmt. Sicher kommt hier zum Tragen, dass Weimar zu DDR-Zeiten als Vorzeigestädtchen galt, um das sich der Staat bevorzugt kümmerte.

(aus: Bei Goethe. Weimar. Schiller und Co. Ein Stadtbuch. Warendorf: Verlag SCHNELL Buch & Druck 1995, S. 79–81)

12.1 Johann Wolfgang

S. 251

[1] Vgl. dazu die Literaturangaben S. 178; oder auch den Goethe-Band der bekannten „Rowohlt-Monographien“. Weiteres aus Goethes Jugendzeit neben den Episoden im „Deutschbuch“ auf S. 253ff. findet man am Beginn der Autobiografie „Dichtung und Wahrheit“.

◇2 Siegrid Damm: Cornelia Goethe. Insel TB, Frankfurt/M. 1992

Zusatzangebot

Arbeitsplan des Schülers Goethe

Herbst **1752**: Goethe kommt in die Spielschule von Frau Hoff in der Weißadlergasse, die er bis Sommer 1755 besucht.

Weihnachten **1753**: Puppentheater, Geschenk der Großmutter Goethe

April **1755** bis Januar **1756**: Beginn des Hausumbaus am Großen Hirschgraben nach dem Tod der Großmutter. Während des Umbaus besucht Goethe die öffentliche Schule.

1. November **1755**: Erdbeben in Lissabon; religiöse Erschütterung des Knaben

November **1756** bis Februar **1760**: Lateinischer und griechischer Unterricht bei Rektor Scherbius

1757: Neujahrsgedicht an die Großeltern Textor. Ein Heft von Schülerarbeiten „Labores iuveniles“ ist erhalten; darin Diktate und Übersetzungen (deutsch, lateinisch und griechisch) und eine Übung ins Judendeutsch.

Zwischen **1753** und **1759** tritt Faust durch das Puppenspiel in den Gesichtskreis Goethes.

1758: Goethe an den Blattern (Pocken) erkrankt

Etwa Februar **1758**: Beginn des französischen Unterrichts bei Mademoiselle Gachet

September **1759** bis Oktober **1761**: Zeichenunterricht bei Kupferstecher Eben

1760: Schönschreibunterricht bei Thym

Anfang **1760** bis Mitte **1762**: Italienisch-Unterricht bei Giovinazzi

Juni **1762** bis Mitte **1763:** Englisch-Unterricht bei Schade. Während dieser Zeit vierwöchiger Sprachkurs bei einem Engländer

Etwa Sommer **1762**: Beginn des Hebräisch-Unterrichts bei Rektor Albrecht

Niederschriften der Predigten von Johann Phillipp Fresenius

Ostern **1763**: Konfirmation durch Pfarrer Johann Georg Schmidt

Mai: Beginn des Klavierunterrichts bei Kantor Bismann

25. August: Goethe hört ein Konzert des siebenjährigen Mozart.

28. August: Goethe überreicht den ersten Quartband eigener Gedichte dem Vater.

1764: Goethe erhält einen Hofmeister, der neben dem Mansardenzimmer des Knaben wohnt.

1765: Fechtunterricht bei einem französischen und einem deutschen Lehrer

April bis September: Reitunterricht bei Stallmeister Runckel

30. September: Abreise zum Studium nach Leipzig

Lektüre: Als Knabe liest Goethe Kloppstocks „Messias". Erste Bekanntschaft mit Homer in einer prosaischen Nacherzählung aus dem Französischen. Übersetzungsübungen im Alten Testament, Fénelon, Torquato Tasso. Die französischen Klassiker. Tausendundeine Nacht. Die Insel Felsenburg.

(nach: Chronik von Goethes Leben. dtv, München 1963, S. 6-9)

S. 253 *Johann Wolfgang Goethe:* Das Erdbeben von Lissabon

Das Erdbeben, das am 1. November 1755 die portugiesische Hauptstadt zerstörte, wurde nicht nur von den fortschrittlich denkenden Aufklärern der Zeit als Provokation erlebt (ein sinnloses Naturereignis zerstört die von Menschen geschaffene Ordnung und damit die Entwicklung zur „besten aller denkbaren Welten"), sondern auch von Goethe persönlich als Krise erlebt. Der bisher als „weise und gnädig" gedachte Schöpfergott erweist sich als „zornig" und „unberechenbar".

3 Die Katastrophe von Lissabon zeigt die mangelnde Verlässlichkeit der menschlichen Verhältnisse. Das Gebäude stürzt ein, die Natur entfaltet zerstörerische Kräfte. Auch die sozialen Ordnungen gehen verloren. Es herrscht „schrankenlose Willkür" (Z. 31 f.) in allen Bereichen.

Vergleichbare Katastrophen haben ähnliche Folgen:

- von Menschen zu verantwortende Katastrophen wie der Dreißigjährige Krieg, Vertreibung und Flucht nach dem Zweiten Weltkrieg, spanischer Bürgerkrieg
- Naturkatastrophen, die Chaos im gesellschaftlichen Bereich nach sich ziehen: große Überschwemmungen, Vulkanausbrüche

Zusatzangebot

Das Hagelwetter

Der folgende Sommer gab eine nähere Gelegenheit, den zornigen Gott, von dem das Alte Testament so viel überliefert, unmittelbar kennen zu lernen. Unversehens brach ein Hagelwetter herein und schlug die neuen Spiegelscheiben der gegen Abend[1] gelegenen Hinterseite des Hauses unter Donner und Blitzen auf das Gewaltsamste zusammen, beschädigte die neuen Möbeln, verderbte einige schätzbare Bücher und sonst werte Dinge und war für die Kinder umso fürchterlicher, als das ganz außer sich Gesetzte Hausgesinde[2] sie in einen dunklen Gang mit fortriss und dort auf den Knien liegend durch schreckliches Geheul und Geschrei die erzürnte Gottheit zu versöhnen glaubte; indessen der Vater, ganz allein gefasst, die Fensterflügel aufriss und aushob; wodurch er zwar manche Scheiben rettete, aber auch dem auf den Hagel folgenden Regenguss einen desto offnern Weg bereitete, sodass man sich nach endlicher Erholung auf den Vorsälen und Treppen von flutendem und rinnendem Wasser umgeben sah.
Solche Vorfälle, wie störend sie auch im Ganzen waren, unterbrachen doch nur wenig den Gang und die Folge des Unterrichts, den der Vater selbst uns Kindern zu geben sich einmal vorgenommen. […]

1 **gegen Abend:** die Himmelsrichtung Westen
2 **Hausgesinde:** Hausangestellte, Dienerschaft

12.2 Sein erster Hit

Noch ein **Lesetipp** zu Goethes Biografie:
Sigrid Damm: Christiane und Goethe. Insel Verlag, Frankfurt/M. [6]1998

J. W. Goethe: Die Leiden des jungen Werthers

S. 256

Der Brief schildert die erste Begegnung zwischen dem jungen Ich-Erzähler und (Char)-lotte.
Die Illustration auf S. 257 von Klaus Ensikat enthält ironische Elemente:
Charlotte benutzt zum Brotschneiden eine Maschine! Der Pistolenträger oben weist auf den Selbstmord am Ende voraus und der Schattenriss an der Wand gibt Goethe wieder.

④ Die Wortwahl ist einmal ungewöhnlich; z. B.:
verziehen (Z. 21 f.) = warten, *simpel* (Z. 30) = einfach, *rufte* (Z. 38) altertüml. für rief usw.
Auch der Satzbau wirkt oft „gedrechselt“ (z. B. Z. 116ff.), die Sätze sind relativ lang (bes. Z. 31 ff.)
Stilistisch kommt der Ich-Erzähler über Lotte „ins Schwärmen“; z. B. Z. 75ff., Z. 102ff., Z. 124ff.).

S. 258 *Ulrich Plenzdorf:* Die neuen Leiden des jungen W.

6 Die inhaltlichen Berührungspunkte sind sehr zahlreich, Personen und Geschehen sind in die DDR-Gesellschaft von 1970 übertragen; auch formal-technisch: an die Stelle der Briefe des Goetheromans tritt das Tonbandgerät bei U. Plenzdorf.

7 Edgar äußert sich im **Jugendjargon** (vgl. Kapitel 9 im „Deutschbuch").

Medienhinweis

Es gibt eine Verfilmung der „Neuen Leiden des jungen W." von Eberhard Itzenplitz aus dem Jahre 1976 (bei den Landesbildstellen erhältlich).

12.3 Kein Erlkönig!

S. 260 *J. W. Goethe:* Johanna Sebus

Die Ballade basiert auf historischen Ereignissen (s. u. E. Trunz). Sie setzt Natur und Mensch nicht in Parallele (Rangordnung), sondern in Gegensatz (der vorbildlich handelnde Mensch und die Naturkatastrophe). Die dramatische Steigerung entsteht dadurch, dass der Blick auf das steigende Wasser und die Gruppe der Menschen, die auf Rettung hoffen, hin und her geht und dass Teile der Szene in Dialoge aufgelöst werden. Sogar der Erzähler mischt sich kommentierend ein. Für die Schüler/innen schwer verständlich ist das abschließende Urteil, dass es die „schmeichelnden" Fluten sind, die die Retterin „aufnehmen". Sie können hier ein Stück von Goethes Naturauffassung erkennen, der selbst der zerstörerischen Natur des Unwetters und der Überschwemmung noch etwas von der „Mutter Natur" belässt, eine Auffassung, die in Werthers Zorn über das Fällen alter Bäume zum Ausdruck kam. Die „Kantate" verlangt auch den abschließenden Blick auf die Gemeinschaft der Singenden, die zum Lob der „rührenden Tat" zusammenkommt und die Sorge dafür trägt, dass das Mitempfinden und die „Bewunderung in der fühlenden Menschen Brust" weitergegeben wird.

zum historischen Hintergrund der Ballade:

In der Nacht vom 12. zum 13. Januar 1809 verursachte das Hochwasser des Rheins einen Deichbruch in der Nähe von Cleve. Die siebzehnjährige Bauerntochter Johanna Sebus versuchte eine im Haus ihrer Mutter wohnende Familie zu retten und kam dabei ums Leben. Über diese Ereignisse schrieb der Baron v. Keverberg, der als Beamter in diesem Distrikt tätig war, einen Bericht und sandte ihn an Christiane v. Vernijoul. Diese schickte ihn weiter an Goethe und fügte einen eigenen Brief hinzu, in dem sie u. a. schreibt: „Möchten Sie die rührende Tat wert finden, von dem ersten Dichter der lebenden Welt in einer Ballade verewigt zu werden, so wäre diesem edlen Mädchen ein Denkmal errichtet, welches in jedes fühlenden Menschen Brust Bewunderung für die Heldin und heißen Dank für den großmütigen Dichter erwecken würde." Und Goethe schrieb die Ballade. Er hielt sich dabei recht genau an seine Quelle. Er sandte sie dann an Baron Keverberg, und sie wurde bei einer Gedächtnisfeier in Cleve mit großem Erfolg gesprochen. Damit begann die Volkstümlichkeit, die dieses Gedicht sich dann bald erwarb.

(Johann Wolfgang von Goethe, Werke, Hamburger Ausgabe in 14 Bänden, herausgegeben von Erich Trunz, Band 1, Verlag C. H. Beck, München)

J. W. Goethe: Klaggesang von der edlen Frauen …

S. 262

Zusatzangebot

Es folgt als Muster der Tagebucheintrag der Asan-Aga-Gattin von einer 15-jährigen Schülerin beim Düsseldorfer Schülerwettbewerb 1999:

Liebes Tagebuch!
Ich weiß einfach nicht, was ich machen soll!
Soll ich meinen schwer verletzten Mann besuchen oder nicht? Eigentlich darf ich das Haus ohne seine Erlaubnis nicht verlassen, aber ich will ihm doch helfen, ihm beistehen!
Doch vielleicht werde ich dann Ärger bekommen, wenn ich einfach so das Haus verlasse!
Diese Situation ist einfach erdrückend! Doch ich möchte auf keinen Fall Ärger bekommen und sicherlich geht es ihm bald wieder gut, auch ohne meine Unterstützung.
Außerdem muss ich an meine Kinder denken. Sie brauchen mich jetzt mehr denn je!
Ich werde für ihn beten.

1. Wäre eine solche Situation heute noch (in unserer Zeit) möglich? Sprecht darüber.
2. Schreibt weitere Tagebucheinträge, z. B. auch aus der Perspektive einer Tochter, die etwa so alt ist wie ihr.
3. Verfasst einen Briefwechsel zwischen Asan Agas Frau und ihrer Schwester.
4. Verändert die Geschichte so, dass die Frau überleben und sich weiter um ihre Kinder kümmern kann.

In der Lyrikwerkstatt

S. 264

Ein wesentliches Moment „klassischer“ Texte ist es, dass sie immer wieder zu neuen Formen der Rezeption anregen. Klassikerparodien sind nur eine (in der Schule früher sehr häufig geübte) Art der „produktiven Verarbeitung“. Im Bereich der deutschen Literatur reizten neben den Märchen und den Volksliedern vor allem die klassischen Gedichte Goethes und Schillers zu Neuformulierungen.

J. W. Goethe/E. Kästner: Kennst du das Land …?

S. 265

Goethes Gedicht ist eigentlich ein Lied der rätselhaften jungen Mignon in Goethes Entwicklungsroman „Wilhelm Meisters Lehrjahre“ und Ausdruck der Italien-Sehnsucht.
E. Kästner lehnt sich, abgesehen vom Eingangsvers, formal kaum an Goethes Lied/Gedicht an und geißelt den Militarismus im präfaschistischen Deutschland.

13 Vom Betriebspraktikum zur Bewerbung

Konzeption des Gesamtkapitels

Im Verbund mit dem 3. Kapitel des „Deutschbuchs“ wir hier versucht, die Schüler/innen in ihrer Berufsvorbereitung zu unterstützen und zu einer bewussten und überlegten Entscheidung bei der Berufswahl zu befähigen. Sowohl Betriebserkundungen als auch die Betriebspraktika sollen den Schülerinnen und Schülern helfen, sich in der betrieblichen Arbeitswelt zu orientieren, Handlungsmöglichkeiten zu erproben, berufliche Tätigkeiten realistischer einzuschätzen und ihre eigenen Fähigkeiten und Interessen zu erkennen und wahrzunehmen.
Das erste Teilkapitel (**„Fit für die Arbeitswelt?“**) konfrontiert die Schüler/innen mit Fragen zur Arbeitswelt von morgen. Eine Gesellschaft, die am Leben des informationstechnologisch zum „Dorf“ gewordenen Globus teilnehmen will, braucht künftig mehr Beweglichkeit sowie hohe Lern- und Anpassungsfähigkeit. Formen, Zeit und Entlohnung der Arbeit werden sich ändern; bisher ungekannte Tätigkeitsfelder entstehen. Die Schüler/innen werden aus verschiedenen Perspektiven zur Reflexion und Diskussion aufgefordert. Projekttage bieten sich an, den einzelnen Fragestellungen nachzugehen, um dadurch Anregungen für die eigene Berufswahl zu erhalten.
Besonders der Austausch mit älteren Schülerinnen und Schülern und Besuche vor Ort (Betriebe, Berufsschulen ...) stellen eine sinnvolle Ergänzung zur üblichen Berufsberatung dar.
Das zweite Teilkapitel (**„Ernstfall auf Probe – das Betriebspraktikum“**) fordert zu zahlreichen Textproduktion auf. Vom Umgang mit den eigenen Ängsten vor Beginn des Praktikums über das Erstellen unterschiedlicher Textsorten bis hin zur eigentlichen Praktikumsmappe wird die Zeit des Betriebspraktikums vorbereitet, durchgeführt und nachbereitet. Möglichkeiten einer kreativen Umsetzung der Praktikumszeit werden gleichfalls vorgeschlagen. Die Schüler/innen lernen Berufs- und Ausbildungsbedingungen ansatzweise und exemplarisch kennen. Ihre Erfahrungen und Eindrücke aus dem Praktikum lernen sie zu dokumentieren und in einer angemessenen äußeren Form darzustellen.
Das dritte Teilkapitel (**„Countdown Lehrstellensuche“**) führt den Ansatz des 3. Kapitels – Auswahl eines Berufes – weiter. Im Lernbereich „Sprechen und Schreiben“ wird die klassische Abfolge Bewerbungsschreiben – Lebenslauf – Bewerbungsmappe – Bewerbungsgespräch vorgestellt und eingeübt. Hierbei wird auch der neue Weg zur Mitarbeiterrekrutierung online kritisch betrachtet. Die Bewerbung per E-Mail ist auf dem Vormarsch und wird die traditionelle Bewerbungsmappe vielleicht sogar in Zukunft ablösen.
(Das Thema „Bewerbung/Einstellungstests“ wird im „Deutschbuch 10“ noch einmal vertiefend und rechtzeitig vor den ersten Vorstellungsgesprächen aufgegriffen.

Literaturhinweise

Essmann, Elke: Erfolg durch die kreative Bewerbung. Niedernhausen 1997

Das Job-Lexikon. Hg. vom Bundesministerium für Arbeit und Sozialordnung. Bonn 1999

Winkler, Gerhard: Fit für ... den Ausbildungsplatz. Das Wichtigste vom Bewerbungshelfer. AOL/Lichtenau 2000

Wypijeski, Wolfgang: Bewerbungsratgeber für junge Leute. Aller Anfang ist leicht. Bielefeld 1999

	Texte/Gegenstände	Intentionen
S. 267	**13.1 Fit für die Arbeitswelt?**	– die Berufswelt von morgen diskutieren – Anforderungen an den Einzelnen ermitteln und klar herausstellen – Wünsche und Befürchtungen bezüglich des Arbeitens in der Zukunft formulieren
S. 268	Dein Schlüssel zur Arbeitswelt: Qualifikation	– fachliche Qualifikationen und Schlüsselqualifikationen unterscheiden lernen – Zahlenangaben in Grafiken verwandeln – statistische Angaben in deskriptive Texte umwandeln – selbstkritisch die Liste der Qualifikationen auf die eigene Person anwenden
S. 270	Projekttag: Info-Börse „Berufswahl“	– unterschiedliche Möglichkeiten der Info-Beschaffung kennen lernen – Erkundungen durchführen und Dokumentationstechniken erproben
S. 272	**13.2 Ernstfall auf Probe – das Betriebspraktikum**	– Wünsche und Befürchtungen vor dem Betriebspraktikum artikulieren
S. 272	Ein Erkundungsbogen für den Praktikumsplatz	– verschiedene Fragestellungen zu einem sinnvollen Erkundungsbogen zusammenstellen und übersichtlich anlegen
S. 273	Den Arbeitsplatz beschreiben	– mittels sprachlicher Versatzstücke eine sachliche Beschreibung erstellen – Vergleiche mit historischen Vorlagen anstellen
S. 275	Einen Arbeitsvorgang beschreiben	– den Vorgang des Haarewaschens schrittweise nachvollziehen
S. 276	Bausteine für einen Tagesbericht	– die Bedeutung des Tagesberichts erkennen – Bausteine des Tagesberichts ermitteln und anwenden – in Schreibkonferenzen Tagesberichte überarbeiten
S. 278	Vom Wochen- zum Abschlussbericht	– übersichtliche Wochenberichte erstellen – wesentliche Kriterien zum Abfassen des Abschlussberichts ermitteln
S. 280	Die Praktikumsmappe	– eine übersichtliche und ansprechende Praktikumsmappe erstellen
S. 281	Was bleibt? – Projekttag(e)	– interessante Auswertungsmöglichkeiten des Praktikums kennen lernen

S. 283	**13.3 Countdown Lehrstellensuche**	– Online-Bewerbung und Jobbörsen im Internet anklicken
S. 284	Bewerbungsschreiben: Klare Formsache!	– Bewerbungsschreiben analysieren und formulieren
S. 286	Die persönliche Note macht's!	– Möglichkeiten zur individuellen inhaltlichen Gestaltung des Bewerbungsschreibens untersuchen
S. 288	Der Lebenslauf	– den Aufbau eines tabellarischen Lebenslaufs erfassen und nachvollziehen
S. 290	Das Bewerbungsgespräch	– eigenes Verhalten in Bewerbungsgesprächen erkennen und reflektieren

13.1 Fit für die Arbeitswelt?

S. 267

1 Bereits die Abbildung weist auf Veränderungsmöglichkeiten sowie neue Formen der Zusammensetzung bei künftigen Berufsbildern hin. Flexibilität ist gefragt. Ziel ist es zunächst, in einem offenen Gespräch die Berufswelt von morgen beschreibend zu erfassen.
Globalisierung, neue Kommunikationsformen, UMTS, Freizeitgesellschaft, veränderte Bevölkerungsstruktur ... könnten Stichworte für eine angeregte Diskussion sein. Methodisch ließen sich die Ergebnisse stichwortartig (Brainstorming, Mind-Map, Gedankengitter...) an der Tafel sammeln.

2 Der Lückentext der S. 267 muss in der folgenden Reihenfolge mit Wörtern bzw. Überschriften komplettiert werden:
Was bedeutet das für jeden Einzelnen? – Gründe – Technologien – nationalen – Marktplatz – Wie werden sich die Betriebe verändern? – weltweiten – spezialisiert – Wie sieht die Arbeit von morgen aus? – Normalfall – Computer – Künftig wird es also immer wichtiger sein ... – flexibel – Gruppe

3 Begriffe wie Globalisierung, Telearbeit, Spezialisierung, Wanderarbeit, Teamarbeit, Teilzeitarbeit müssen eventuell noch einmal im Gespräch vertieft werden.

Differenzierungsmöglichkeit

Begriffe wie Telearbeit, Globalisierung, Teilzeitarbeit ... als „Mini-Referate“ vorbereiten und in die Diskussion einbringen lassen. GLOBUS bietet hierzu eine Vielzahl von Schaubildern an.

Dein Schlüssel zur Arbeitswelt: Qualifikationen

S. 268

1

fachliche Qualifikationen	**Schlüsselqualifikationen**
spezifische Fähigkeiten und Fertigkeiten	Fähigkeiten und Fertigkeiten eher genereller Natur

3 a) **Schlüsselqualifikationen**

Leistungsbereitschaft	(100/0)
Zuverlässigkeit	(97/3)
Verantwortungsbewusstsein	(97/3)
Konzentrationsfähigkeit	(97/3)
Teamfähigkeit	(95/4)
selbstständiges Lernen	(94/5)
kommunikatives Verhalten	(92/8)
planvolles Arbeiten	(90/10)
Motivation	(88/0)
Belastbarkeit	(83/7)

Fachliche Qualifikationen

Rechnen	(95,7 %)
Abschluss	(94,3 %)
Ausdrucksfähigkeit	(93,9 %)

Rechtschreibung	(91,3%)
Noten	(90,0%)
Form der Bewerbung	(86,3%)
PC/EDV	(64,8%)
Begründung der Bewerbung	(62,0%)
Praktika	(48,4%)
sonstige Zeugnisse	(42,4%)
Zusatzqualifikationen	(33,4%)
Fremdsprachen	(25,3%)
musische Fächer	(6,1%)

Differenzierungsangebot
(auch als **Lernzielkontrolle** einsetzbar)

Eines der ff. Schaubilder versprachlichen lassen. Hierbei helfen Wörterlisten als Strukturierungsmittel besonders Lernschwächeren (vgl. „Deutschbuch", S. 90). Ein gutes Ergebnis kann in der Schülerzeitung oder in der BIZ-Ecke präsentiert werden.

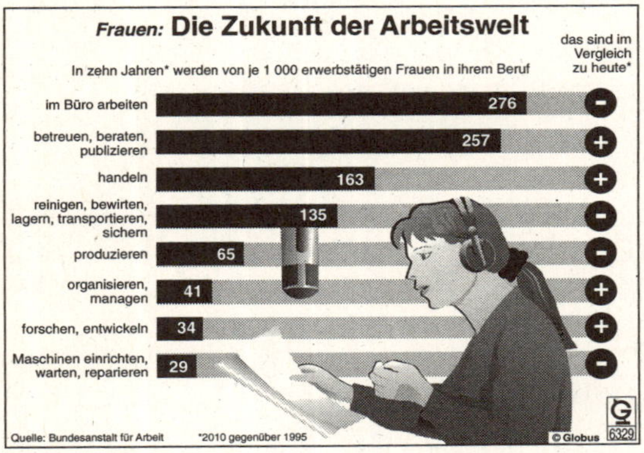

Globus 22.5.2000

Globus 10.1.2000

S. 270 Projekttag: Info-Börse „Berufswahl"

Auf dieser Doppelseite finden die Schüler/innen viele Anregungen, ihre Berufswahl anzugehen. Möglichkeiten der Informationssammlung (Ordner, Erkundungsbögen, BIZ-Ecke ...) sowie der direkten Begegnung mit „Betroffenen" werden vorgestellt. Eine gut organisierte und betreute BIZ-Ecke stellt einen wahren Fundus wichtiger Adressen, Telefonnummern und diverser Nachschlagewerke dar, der im 9. und auch im 10. Schuljahr immer wieder von Bedeutung ist. Nebenbei müssen sich die Schüler/innen mit den unterschiedlichsten Arbeitstechniken auseinander setzen (Fragenkataloge, Interviewbögen entwerfen, Dokumentationstechniken).
Als besonders wertvoll und „nachhaltig" erwies sich stets die direkte Begegnung mit Betroffenen. Es ist ratsam, 2–3 Schüler/innen zu Betreuerinnen und Betreuern der BIZ-Ecke zu machen.

13.2 Ernstfall auf Probe – das Betriebspraktikum

Dieses Teilkapitel gliedert sich in drei Abschnitte: Vorbereitungs-, Durchführungs- und Nachbereitungsphase des Betriebspraktikums. Wobei sich die Schüler/innen vor Beginn des Praktikums mit dem gesamten Kapitel vertraut machen sollten. Wertvoll sind auch die Hinweise auf das Anlegen und Gestalten einer Praktikumsmappe auf S. 280.

Ein Erkundungsbogen für den Praktikumsplatz — S. 272

2 **Allgemeines**
- Wie lautet die genaue Firmenbezeichnung?
- Was stellt der Betrieb her bzw. welche Dienstleistungen bietet er an?
- Zu welcher Branche gehört der Betrieb (Handel, Handwerk ...)?
- Welche Berufe sind im Betrieb vertreten?
- Was kann man zur historischen Entwicklung des Betriebes sagen?

Personal und Arbeitsorganisation
- Wie viele Mitarbeiter/innen gibt es?
- Gibt es unterschiedliche Abteilungen?
- Wie sieht die Weisungsordnung aus?
- Wie ist der Einsatz der elektronischen Datenverarbeitung?
- Welche elektronisch gesteuerten Maschinen werden im Betrieb eingesetzt?

Ausbildung
- Welche Ausbildungsberufe sind im Betrieb vorhanden?
- Wie sind Dauer und Art der Ausbildung?
- Welche Bildungsabschlüsse werden vorausgesetzt?
- Gibt es Fort- und Weiterbildungsmöglichkeiten für die Mitarbeiter/innen?
- Wie ist die Arbeitsmarktsituation der Ausbildungsberufe im Betrieb?

Einen Arbeitsvorgang beschreiben — S. 275

1 Spieleanleitungen – Modellspielzeugbau – Möbelbauanleitungen – Bedienungsanweisungen (Handy, Anrufbeantworter, Stereoanlage ...) ...

2

	Stichwortleiste	*Die Vorgänge im Einzelnen*
Foto2	*– warmes & kaltes Wasser im Rückwärtswaschbecken mischen* *– Temperatur prüfen* *– Haare anfeuchten* *– Wassertemperatur bei Bedarf korrigieren*	

	Stichwortleiste	Die Vorgänge im Einzelnen
Foto 3	– Shampoo auftragen – Kopfhaut massieren. Nicht zu kräftig! – Achtung: Shampoo, Augen!	Daraufhin muss das Haarshampoo gleichmäßig auf die gut angefeuchteten Haare aufgetragen werden. Dabei ist zu beachten, dass die Kopfhaut nicht zu grob massiert wird. Ob es dem Kunden/der Kundin angenehm ist, muss nachgefragt werden. Es ist ferner darauf zu achten, dass kein Shampoo in den Augenbereich gelangt.
Foto 4		Schließlich wird das Shampoo sorgfältig ausgespült. Nach Beachtung und richtiger Dosierung der Wassertemperatur lässt man das Wasser von der Stirn über den Hinterkopf ablaufen. Besonders die Stirn soll geschützt werden, damit kein Shampoo mit dem ablaufenden Wasser in den Augenbereich gelangen kann.
Foto 5	– Wasserlauf schließen – überschüssiges Wasser abstreifen – Kopf anheben – Frottiertuch von hinten umlegen – Frisierstuhl in aufrechte Sitzposition bringen	

S. 276 Bausteine für einen Tagesbericht

1 ① Zeitliche Reihenfolge, schrittweises Berichten

② Präteritum

③ – Einleitung, Z. 1–8
– Hauptteil; Z. 9–33
– Schluss, Z. 34–37

④ W-Fragen beachten!

⑤ sachlich – klar – nüchtern

⑥ Kaum persönliche Meinungsäußerungen

3 Ein Praktikum dauert zu lange, als dass man sich alle wichtigen Einzelheiten ohne Notizen merken könnte.

4 **Kurzform:**
- Gut als Merkhilfe.
- anschaulich/übersichtlich
- Schnell am Tagesende oder in Pausen zu erstellen.
- Als einzige Niederschrift des Praktikums ungeeignet, da zu knapp!

Langform:
- zeitaufwendiger
- ausführliche Darstellung
- Gibt viele Informationen gut im Zusammenhang wieder.

5 Entbehrlich sind evtl.
- ... relativ gemütliches Frühstück (Z. 1)
- das private Gespräch mit dem Betreuer (Z. 5ff.)
- ... zum Glück ... (Z. 28)
- ... abwechslungsreicher Tag (Z. 34f.)

Vom Wochen- zum Abschlussbericht

S. 278

Viele Schulen arbeiten mit fertigen Vordrucken für Praktikumsmappen, die bei Sparkassen, Versicherungen und anderen Institutionen meist kostenlos bezogen werden können. Leider fehlt solchen Mappen die Individualität, und die vorgefertigten „Ausfüllseiten" passen nicht immer für alle Praktikumsplätze. Wir plädieren an dieser Stelle für eine selbst hergestellte Praktikumsmappe, in der auch die Übersichts- und „Ausfüllbögen" von den Schülerinnen und Schülern in Eigenleistung angefertigt werden. Dies steigert die Motivation und das Engagement für die eigene Dokumentation des Praktikums.

4 a/b)
- Wo, wann, in welchem Berufsfeld absolvierte ich das Praktikum?
- Was habe ich im P. gelernt?
  a) Arbeitswelt im Allgemeinen?
  b) spezielle Tätigkeiten?
- Was waren meine Haupttätigkeiten?
- Wie selbstständig konnte ich arbeiten?
- Was hat mir besonders gut/nicht so gut gefallen?
- Wie kam ich mit den Kolleginnen und Kollegen, den Vorgesetzten aus?
- Sind meine Erwartungen erfüllt worden?
- Welchen Einfluss hat das P. auf
  a) meinen Berufswunsch,
  b) meine Einstellung zur Schule?
- Ist das Praktikum eine sinnvolle Einrichtung?
- Kann ich den Praktikumsbetrieb weiterempfehlen?

c)
- Unterschiedliche Zeiträume werden betrachtet.
- Der Tagesbericht ist sachlich und enthält keine persönliche Stellungnahme.
- Der Abschlussbericht ist eine sehr persönliche, abschließende Auseinandersetzung mit der Praktikumszeit.

Die Praktikumsmappe

S. 280

2 Eine Übersichtsseite anzulegen empfiehlt sich sehr, da hier gebündelt alle wichtigen Ansprechpartner und Telefonnummern übersichtlich festgehalten werden.
Eine Kopie dieser Seite sollte dem Betreuungslehrer ausgehändigt werden, da er für die Praktikumsbesuche – zwecks Terminabsprache – die Angaben benötigt.
Stets griffbereit und schnell zugänglich heftet man die Übersichtsseite zuoberst in der Praktikumsmappe ab.

3 b) Ergänzung des Inhaltsverzeichnisses durch:

II. 3 Hygiene
4 Materialien/Werkzeuge
5 Das Berufsfeld des/der ...

III. 3.2.2 Tagesbericht 1 (Kurzform)
3.2.3 Tagesbericht 2 (Langform)
3.2.4 Tagesbericht 2 (Kurzform)
3.2.5 Übersichtsbögen: Wochenberichte 1–3
3.5 Wahlthema
3.6 Ein besonderes Ereignis

S. 281 Was bleibt? – Projekttag(e)

Sehr viele Schulen führen nach Abschluss des Betriebspraktikums Projekttage oder eine Projektwoche durch, um den Schülerinnen und Schülern Gelegenheit zu geben, eine ansprechende Präsentation ihrer Praktikumszeit vorzubereiten.
Die beiden Buchseiten enthalten zahlreiche Tipps und Anregungen, wie solche Projekttage sinnvoll gestaltet werden können. Je anschaulicher und „bildreicher" die Schüler/innen präsentieren, umso engagierter sind sie.
Bereits vor dem Praktikum gilt es, die Schüler/innen auf die Präsentation hinzuweisen, damit sie entsprechende Vorbereitungen (Fotos, Dokumaterialien ...) treffen können.

13.3 Countdown Lehrstellensuche

S. 283

1 Ein **Gedankenstern** zum Thema ließe sich gut an der Tafel realisieren. Hier können Vor- und Detailwissen sowie Vor- und Nachteile einer „Online-Bewerbung" festgehalten werden.
Sollte die Schule über einen Internet-Anschluss verfügen, können „Jobbörsen" im Internet aufgerufen werden.

S. 284 Bewerbungsschreiben: Klare Formsache!

Bewerbung und Lebenslauf, Eingangstests und Vorstellungsgespräche erlangen in den Klassen 9 und 10 eine immer größere Bedeutung. Wobei gerade in der Klasse 9 ein Bewerbungsschreiben und der Lebenslauf für den Praktikumsplatz benötigt werden.
Tests und Vorstellungsgespräche werden in Klasse 10 noch einmal aufgegriffen (vgl. „Deutschbuch 10"), bevor der „Ernst des Lebens" beginnen kann.

1

1 Angelika Koch
Roncallistraße 55
53842 Rungsheim
(0228) 62 69 70

2 Bonn, 10. 01. 2001

3 Firma
Sulzbacher GmbH
Personalabteilung
Frau Müller
Weststraße 17–23

52344 Salzstetten

4 Bewerbung um einen Ausbildungsplatz als Bürokauffrau

5 Sehr geehrte Frau Müller,

6 beim Arbeitsamt in Köln habe ich erfahren, dass Ihre Firma auch in diesem Jahr Auszubildende einstellt. Ich möchte mich deshalb bei Ihnen um einen Ausbildungsplatz als Bürokauffrau bewerben.

7 Zurzeit besuche ich die Heinrich-Böll-Schule in Rungsheim, die ich voraussichtlich im Juni 2002 mit der Fachoberschulreife verlassen werde.

8 Ich interessiere mich für einen kaufmännischen Beruf und arbeite deshalb auch ab und zu im Büro des Schlossereibetriebs meiner Eltern mit. Im Informationszentrum des Arbeitsamtes und bei einer Betriebserkundung mit den 10. Klassen unserer Schule konnte ich weitere Einblicke in die Aufgaben des von mir angestrebten Berufes erhalten.

9 Ich würde mich freuen, wenn Sie mich zu einem Vorstellungsgespräch einladen würden.

10 Mit freundlichen Grüßen
11 *Angelika Koch*

12 Anlagen: Lebenslauf, Passfoto, Zeugniskopie

Textelemente:

4 Betreff
5 Anrede
10 Grußformel
2 Ortsangabe/Datum
3 Anschrift
11 Unterschrift
8 Berufswunsch/Begründung
6 Anliegen
7 derzeitige persönliche Situation
9 Bitte um Einladung
1 Absender
12 Anlagen

Erläuterungen zu den Textelementen:

4 Zeile 11: Warum du diesen Brief schreibst. Am Ende steht kein Satzzeichen!
10 Sie steht nach einer Leerzeile am Briefende.
Sie soll nicht unterwürfig, aber auch nicht salopp sein.

3 Bitte vollständig und möglichst mit Ansprechpartner angeben.
Sie beginnt in Zeile 5. Vor dem Ort eine Leerzeile einfügen.
12 Was du diesem Brief alles beifügst.
6 Die präzise Angabe, um welchen Ausbildungsplatz du dich bewrbst.
9 Hier wird um ein persönliches Gespräch gebeten.
1 Nach einem oberen Seitenrand von 2 cm steht links der Absender.
Tel.-Nr. nicht vergessen!
5 Wenn man die Ansprechperson nicht namentlich kennt, adressiert man
Sehr geehrte Damen und Herren, und schreibt – außer bei Nomen – klein weiter.
2 Steht oben rechts in der ersten Zeile. Auch möglich: ..., 2001-01-10
11 Handschriftlich, linksbündig
7 Was du zurzeit machst.
Schulende und -abschluss.
8 Überzeugende Gründe für deinen Ausbildungswunsch.

2 Die gegenseitige Korrektur schärft das Bewusstsein für Fehler und ihre Quellen, sie dient zugleich als Wiederholung der Formelemente. Die Checkliste (S. 289) systematisiert die Überprüfungen.
Als Begründungen sollten neben formaler Korrektheit und ansprechendem Layout inhaltliche und stilistische Treffsicherheit dienen: Stellt sich der/die Bewerber/in positiv dar? Wird ein Interesse an der Stelle deutlich? Sind die Sätze angemessen komplett? Ist die Wortwahl fachgerecht?

S. 286 Die persönliche Note macht's!

1 a) Die erste Begründung ist persönlicher, konkreter als die zweite. Sie nennt auch ein Beispiel für ein Engagement für den angestrebten Beruf.

b) Deshalb ist Begründung 1 überzeugender als 2.

◇2 Beide Begründungen verwenden Satzgefüge mit kausalen (*weil*-)Gliedsätzen. Dazu kommen *dass*-Sätze, Infinitivsätze und ein Relativsatz (Beispiel 2).

3

– Brieffreundschaften:	spricht und interessiert sich für andere Sprachen und Kulturen, kontaktfreudig
– Lichtanlage warten:	engagiert, handwerklich geschickt, sozial
– freiwillige Feuerwehr:	sozial engagiert, scheut keine Gefahr
– Jugendgruppen begleiten:	übernimmt Verantwortung, sozial-integrativ, motiviert Jugendliche
– Hobby: Modellbauen:	geschickt, geduldig, arbeitet genau
– Pfadfinder:	sozial engagiert, gruppenfähig

S. 288 Der Lebenslauf

1 Ergänzungen in dieser Reihenfolge:
- Persönliche Daten
- Schulausbildung
- Berufserfahrung
- Sprachkenntnisse

- Zusatzqualifikationen
- Persönliche Interessen

Das Bewerbungsgespräch

S. 290

1 b) Die Fragen werden in erster Linie zielen auf
- Gründe für das Interesse am Beruf,
- Fähigkeiten und Abschlüsse,
- Persönlichkeitsmerkmale, z. B. Interessen und Hobbys (es sind nicht nur „Fachidioten", sondern vielseitig interessierte Bewerber/innen mit breiter Allgemeinbildung gefragt), Teamfähigkeit, bereits übernommene Verantwortung.

c) Hier kann variiert werden: Entweder tauschen die Gruppen die Gesprächspartner untereinander, sodass die Fragen unbekannt sind, oder die Gruppen bleiben unter sich – dann liegt der Akzent stärker auf Haltung und Gesprächsführung, da der Inhalt der Fragen bekannt ist. In jeder Gruppe sollte auf der Grundlage der im Schülerbuch aufgeführten Punkte ein Beobachtungsbogen angelegt werden, sodass eine weitgehend gleichartige Beobachtung gewährleistet ist.

Lernerfolgskontrolle/Themen für Klassenarbeiten/ Differenzierungsmaterial

Vorschlag 1

ist die führende Handelsgruppe des Lebensmittelhandels mit einem breiten Spektrum an Fachmärkten und eigenen Produktionsstätten. Unser Jahresumsatz beträgt mehr als 61 Milliarden Mark.

Der Mensch steht im Mittelpunkt unseres Handelns – als Kunde und als Mitarbeiter.

Sie erwartet

- ein vielseitiger Einsatz in den verschiedenen Abteilungen eines modernen Großunternehmens
- selbstständiges und abwechslungsreiches Arbeiten
- Unterstützung der betrieblichen Ausbildung durch hausinternen Unterricht
- bei Interesse und Eignung: Unterstützung bei Weiterbildungsmöglichkeiten nach der Ausbildung

Unsere Ausbildung:
Startschuss für Ihre Karriere

Auszubildende

für die Ausbildungsberufe:

Bürokaufmann/frau
sowie
Fachinformatiker/in Systemintegration

zum Ausbildungsbeginn Herbst 1999

Wir freuen uns auf Sie!

Bürokaufmann/frau

Sie
- bringen als zukünftige **Bürokaufleute** einen guten Abschluss der Höheren Berufsfachschule oder Abitur mit
- verfügen über EDV-Grundkenntnisse (Word, Excel, evtl. Access)
- kennen kaufmännische Tätigkeiten durch Praktika, idealerweise im Handelsbreich
- sind innovativ, beweglich und kommunikativ
- haben den Ehrgeiz innerhalb einer 2½-jährigen Ausbildungszeit eine anspruchsvolle Ausbildung erfolgreich abzuschließen.

Fachinformatiker/in Systemintegration

Sie
- bringen als **zukünftige/r Fachinformatiker/in Systemintegration** ein gutes Abitur (Allgemeine Hochschulreife) mit
- verfügen über gute EDV-Kenntnisse (Word, Excel, evtl. Access) sowie idealerweise Kenntnisse in einer Programmiersprache
- kennen kaufmännische Tätigkeiten durch Praktika, idealerweise im Handelsbereich
- sind innovativ, beweglich und kommunikativ
- haben den Ehrgeiz, innerhalb einer 3-jährigen Ausbildungszeit eine anspruchsvolle Ausbildung erfolgreich abzuschließen.

1 Entwirf eine Bewerbung und einen Lebenslauf einer ausgedachten Person deiner Wahl für einen der Ausbildungsplätze der obigen Annonce.

2 Beschreibe und begründe, womit deiner Meinung nach in einem Vorstellungsgespräch zu rechnen ist, wie du dich darauf vorbereiten und im Gespräch verhalten würdest.

Vorschlag 2

In einem Brief an ihren neuen dänischen Brieffreund Sven schreibt Doris:

Lieber Sven,

ich habe deine Adresse im Jugendmagazin „Echo" entdeckt. Ich möchte dir gerne schreiben. Zuerst will ich mich einmal vorstellen.

Ich heiße Doris Keller und wohne in der Hubertus-Falke-Str. 8 in Neustadt an der Weinstraße. Neustadt hat die Postleitzahl 25683. Heute ist der 10.10.1994 und es regnet stark. Bei einem solchen Regen wurde ich auch am 30.4.1979 in Mailand, was auf Italienisch Milano heißt, geboren. Mein Vater heißt Hermann Keller, meine Mutter ist eine geborene Piazza und heißt mit Vornamen – richtig italienisch – Carina. Wir haben ein Lebensmittelgeschäft.

Ich habe noch zwei Brüder, deswegen konnte meine Mutter nie den Beruf als Kindergärtnerin ausüben. Der jüngere besucht das hiesige Gymnasium, der ältere die 12. Klasse der Fachoberschule. Stell dir vor, ich besitze sowohl einen italienischen als auch einen deutschen Pass!

Hier bei uns in Deutschland muss man zuerst 4 Jahre in die Grundschule gehen. Das tat ich auch von 1985–1989 hier zu Hause. Anschließend wechselte ich zur Gesamtschule. Ich werde sie wahrscheinlich mit der mittleren Reife verlassen. Zurzeit besuche ich in meiner Freizeit Kurse für Maschinenschreiben und Stenografie. In den Arbeitsgemeinschaften, die wir in der Schule haben, wählte ich unter anderem Computer und Karate für Mädchen. Meine Lieblingsfächer sind Biologie, Geografie und Deutsch. Am Wochenende lese ich gerne. Außerdem liegen mir kunsthandwerkliche Arbeiten.

In den letzten Ferien habe ich ein bisschen gejobbt. Dabei hatte ich Gelegenheit mich über Aufgaben und Tätigkeiten einer Bürokauffrau zu informieren. Mir gefallen diese Arbeiten wirklich. Deshalb möchte ich diesen Beruf auch erlernen.

Jetzt hat es aufgehört zu regnen. Ich schreibe dir in ein paar Tagen weiter ...

Doris

1 Benutze die Informationen aus diesem Brief für einen tabellarischen Lebenslauf von Doris Keller.

Vorschlag 3

Bewerbungsstrategien

VON CLAUS P. MÜLLER-THURAU

Hamburg – Nein, es geht nicht um das, was gerade modisch angesagt ist, und schon gar nicht um inhaltsleere Formalismen. Es geht bei einer Bewerbung um Schlüsselqualifikationen, die jedes Unternehmen braucht, wenn es die Zukunft gewinnen will. Hier die zehn wichtigsten „Do's" und „Don'ts", die beim Abfassen einer Bewerbung beachtet werden sollten:

Tippfehler

Jeder weiß, dass man bei der Korrektur selbst verfasster Texte bisweilen „blind" ist. negativ angekreidet wird einem Bewerber deshalb nicht der Tippfehler, sondern der Verstoß gegen das „Vier-Augen-Prinzip". Bewerber, die es nicht für nötig halten, andere zu bitten, Korrektur zu lesen, handeln leichtfertig. Diese Haltung kann im späteren Job großen finanziellen Schaden anrichten.

Niemals Unterlagen einzeln in Prospekthüllen stecken

„Gut gemeint" ist ein anderes Wort für „schlecht". Wenn jede Seite der Bewerbung in einer Plastikhülle steckt, kann der Empfänger den Vorlageneinzug vom Kopierer nicht benutzen. Dies ist ein Verstoß gegen die wichtige Schlüsselqualifikation „Serviceorientierung".

Keine überdimensionierten Mappen benutzen

Der Handel bietet Bewerbungsmappen an, mit denen man sich aufgeklappt – auf drei Seiten nebeneinander – präsentieren kann. Das mag nett aussehen, ist aber sehr umständlich. Wer zehn Bewerber der engeren Wahl miteinander abgleichen möchte, braucht dazu den Fußboden. Auch hier wird vom Bewerber nicht serviceorientiert gedacht und gehandelt.

„Abgegriffene" Unterlagen

Manchen Bewerbungen ist anzusehen, dass sie schon viel auf Reisen waren. Zuweilen lassen sich die Notizen von früheren Adressaten auf dem Plastikdeckel entziffern, weil ein Kugelschreiber unbeabsichtigt seine Spuren hinterlassen hat. Man sollte sich also hin und wieder einen neuen Schnellhefter gönnen.

„Spielereien" und Effekthascherei mit dem Computer

Der Computer macht's möglich und manche Bewerbung deshalb optisch „unmöglich". Arial, Courier und Times New Roman, ein wenig Farbe dazu und wichtige Informationen fett, kursiv, unterstrichen und auch mal im Rahmen. Nein – der „werbliche Auftritt" in eigener Sache muss auch optisch stimmen .Man sollte sich für einige gestalterische Stilmittel entscheiden und die dann auch „durchhalten". Grundsatz: Weniger ist mehr.

Foto nicht mit einer Büroklammer befestigen

Immer wieder bleibt bei Rekrutierungsaktionen ein Foto zurück, das sich im Nachhinein keiner Unterlage mehr zuordnen lässt. Meist war es nur mit einer Büroklammer befestigt, die sich prompt mit anderen Bewerbungsunterlagen verhakt hat. Empfehlung: den Namen auf die Rückseite schreiben und das Foto oben rechts auf die Seite mit dem tabellarischen Lebenslauf kleben. Wer einen passablen Scanner und Drucker hat, kann selbstverständlich die moderne Technik nutzen.

Das persönliche Anschreiben nicht einheften

Dieses „Don't" mag noch einmal verdeutlichen, dass es nicht um Formalismen geht. Das Anschreiben und die Bewerbungsunterlagen sind juristisch getrennt zu betrachtende Vorgänge. Das Anschreiben geht in den Besitz des Adressaten über, die Bewerbungsunterlagen werden diesem nur leihweise überlassen und können jederzeit zurückgefordert werden. Also: das Anschreiben auf die Bewerbungsmappe legen. Übrigens: Wenn jeder Bewerber sein Anschreiben einheftet, bedeutet dies für eine Personalabteilung eine erhebliche und vor allem lästige Mehrarbeit.

Drei Mark Porto

Wer bei den zurzeit geltenden Tarifen mehr als 3,00 Mark Porto braucht, hat etwas falsch gemacht. Daraus ergibt sich auch, dass die Unterlagen nicht per Einschreiben zu versenden sind. Man stelle sich vor, jeder Bewerber wählte diesen Weg und der Eingang eines jeden Schriftstücks müsste quittiert werden. Klarer Verstoß gegen den Servicegedanken!

Die Welt, 29.1.2000

1 Lege eine tabellarische Übersicht mit den wichtigsten „Do's" und „Don'ts" für eine Bewerbung an.
Schreibe einprägsame Stichpunkte in diese Tabelle.

BILDQUELLENVERZEICHNIS

S. 66: Cartoon Reinhard Löffler/CCC, www.c5.net; **S. 72:** © VG Bild-Kunst, Bonn 2000; **S. 74:** Tanguy © VG Bild-Kunst, Bonn 2000/Man Ray © Man Ray Trust, Paris/VG Bild-Kunst, Bonn 2000, Miro © VG Bild-Kunst, Bonn 2000; **S. 80:** © Demart pro Arte B.V./VG Bild-Kunst, Bonn 2000; **S. 81:** © VG Bild-Kunst, Bonn 2000; **S. 134/135:** aus: Samy Molcho: Körpersprache. Mosaik Verlag, München 1983, S. 46f (Fotos: Thomas Klinger und Hans Albrecht Lusznat); **S. 157:** I. Steinert/G. Heisig: Bilder – Sprachbilder – Sprache. In: Praxis Deutsch 16/1976, S. 47; **S. 190:** Globus Infografik, Hamburg

Nicht in allen Fällen war es uns möglich, den Rechteinhaber der Abbildungen ausfindig zu machen. Berechtigte Ansprüche werden selbstverständlich im Rahmen der üblichen Vereinbarungen abgegolten.

Deutschbuch 9
Handbuch für den Unterricht

Redaktion: Otmar Käge

Umschlaggestaltung: Katharina Wolff
(Foto: Thomas Schulz, Illustration: Barbara Schumann)
Technische Umsetzung: werkstatt für gebrauchsgrafik, Berlin

Dieses Werk berücksichtigt die Regeln der reformierten Rechtschreibung und Zeichensetzung.
Bei den mit [R] gekennzeichneten Texten haben die Rechteinhaber einer Anpassung widersprochen.

Cornelsen online
http://www.cornelsen.de

1. Auflage ✓ €   Druck 4 3 2 1   Jahr 04 03 02 2001

Druck: CS-Druck Cornelsen Stürz, Berlin

ISBN 3-464-60335-0

Bestellnummer 603350

Gedruckt auf Recyclingpapier, hergestellt aus 100 % Altpapier.